W9-BJS-470

PROSE CLASSIQUE

A BLAISDELL BOOK
IN THE MODERN LANGUAGES

Charles N. Staubach, *University of Michigan*
CONSULTING EDITOR

PROSE classique

M. LEROY ELLIS

LEWIS AND CLARK COLLEGE

BLAISDELL PUBLISHING COMPANY

A DIVISION OF GINN AND COMPANY

Waltham, Massachusetts · Toronto · London

Copyright © 1966, by Blaisdell Publishing Company
A Division of Ginn and Company
"Du côté de chez Swann," © Editions Gallimard 1919
"Citadelle," © Editions Gallimard 1948
"L'éxil et le royaume," © Editions Gallimard 1957
All rights reserved
Library of Congress Catalog Card Number: 65-14565
Printed in the United States of America

DESIGNED BY
Larry Kamp *and* Emily Harste

Preface

THIS COLLECTION of prose selections in French is intended primarily for the second year of college French or the third year of high-school French. The stories have been selected for their literary merit and their usability in the classroom. Representative authors of the eighteenth, nineteenth, and twentieth centuries have been included to give a wide variety of material. Several of the selections have never been published before in a text of this kind.

Students will find the marginal vocabulary of great help, eliminating to a large degree the tedious task of turning to the end vocabulary to find the meanings of unknown words. In most cases difficult words are repeated in the marginal vocabulary when the words appear again on succeeding pages of the text. This arrangement means that the teacher may start with any story in the text and still not put the students to a disadvantage as far as cumulative vocabulary is concerned.

The questionnaire and other exercises that accompany each story will be found most usable and will not be beyond the level of students who have completed a basic course in French grammar.

PREFACE

All of the material has been included unaltered except Voltaire's "Visite chez le seigneur Pococuranté" and Proust's "La Jalousie de Swann," which are excerpts from longer works. In both cases it was found desirable to eliminate a few sentences that had reference to other parts of the works but had no meaning as far as the excerpts themselves were concerned.

The marginal vocabulary gives the singular form and the gender of each noun listed and the infinitive form of each verb. The English equivalent of the French word is given in the form that best fits the text. Thus at times in the marginal vocabulary an infinitive in French is translated as a present participle in English because the participial form would be the proper translation in the context.

In the marginal vocabulary two or more meanings are often given for a French word or expression, one meaning a close translation of the word, the others words that may better fit the context. The student may at times prefer a translation other than those suggested in the vocabulary.

The end vocabulary is complete except for a few high-frequency words that are normally in the vocabulary of a student on the intermediate level, obvious cognates, and a few words that appear only once or twice in the text and are explained fully in the marginal vocabulary.

I want to thank the many friends and colleagues who helped and encouraged me during the preparation of this text. I wish to thank in particular Mrs. E. E. Spicer, Jr., Prof. Dayton M. Kohler, Miss Nita Pitts, Miss Emily Suydam, Dr. and Mrs. P. A. Bredenberg, and Miss Eleanor Wall.

M. LEROY ELLIS

Blackburg, Virginia

CONTENTS

Visite chez le seigneur Pococuranté

du roman *Candide*
VOLTAIRE (1694–1778)

1. **Pococuranté**   name derived from the Italian, meaning "caring little"
2. **Brenta,** *f.*   Italian river that has its mouth near Venice
3. **prétend** (prétendre)   claim, assert
4. **chagrin,** *m.*   grief; regret, annoyance
9. **entendus** (entendu)   arranged, kept up
9. **ornés** (orné)   adorned, embellished
10. **logis,** *m.*   house, dwelling
12. **empressement,** *m.*   eagerness, haste
13. **déplut** (déplaire)   displeased
14. **proprement**   properly, correctly
14. **mises** (mettre)   dressed
15. **mousser**   froth, foam
16. **louer**   to praise
17. **adresse,** *f.*   skill
18. **las**   tired
20. **petitesses** (petitesse, *f.*)   narrowness
20. **sottises** (sottise, *f.*)   silliness
25. **Raphaël**   Italian painter (1483–1520)
28. **rembrunie** (rembruni)   dark, gloomy
30. **étoffe,** *f.*   fabric, cloth
31. **quoi qu'on en dise**   whatever is said about them

ON PARLE, dit Candide, du sénateur Pococuranté qui demeure dans ce beau palais sur la Brenta, et qui reçoit assez bien les étrangers. On prétend que c'est un homme qui n'a jamais eu de chagrin. — Je voudrais voir une espèce si rare, dit Martin. Candide aussitôt fit demander au seigneur Pococuranté la 5 permission de venir le voir le lendemain.

Candide et Martin allèrent en gondole sur la Brenta et arrivèrent au palais du noble Pococuranté. Les jardins étaient bien entendus et ornés de belles statues de marbre; le palais, d'une belle architecture. Le maître du logis, homme de soixante 10 ans, fort riche, reçut très poliment les deux curieux, mais avec très peu d'empressement, ce qui déconcerta Candide et ne déplut point à Martin.

D'abord deux filles jolies et proprement mises servirent du chocolat qu'elles firent très bien mousser. Candide ne put 15 s'empêcher de les louer sur leur beauté, sur leur bonne grâce et sur leur adresse. — Ce sont d'assez bonnes créatures, dit le sénateur Pococuranté; je suis bien las des dames de la ville, de leurs coquetteries, de leurs jalousies, de leurs querelles, de leurs humeurs, de leurs petitesses, de leur orgueil, de leurs sottises, et 20 des sonnets qu'il faut faire ou commander pour elles; mais, après tout, ces deux filles commencent fort à m'ennuyer.

Candide, après le déjeuner, se promenant dans une longue galerie, fut surpris de la beauté des tableaux. Il demanda de quel maître étaient les deux premiers. — Ils sont de Raphaël, dit 25 le sénateur; je les achetai fort cher par vanité il y a quelques années; on dit que c'est ce qu'il y a de plus beau en Italie, mais ils ne me plaisent point du tout: la couleur en est très rembrunie, les figures ne sont pas assez arrondies, et ne sortent point assez; les draperies ne ressemblent en rien à une étoffe: en un 30 mot, quoi qu'on en dise, je ne trouve point là une imitation vraie de la nature. Je n'aimerai un tableau que quand je croirai

6. **ose** (oser)   dares
8–9. **à la longue**   in the long run
11–12. **Ira voir qui voudra**   Those who please may go to see
13. **amener**   to introduce
13. **mal à propos**   inappropriately
14. **font valoir** (faire)   show off
14. **gosier,** *m.*   gullet, voice
14–15. **se pâmera** (pâmer)   swoon
14–15. **se pâmera de plaisir qui voudra ou qui pourra**   those who will or can may swoon with pleasure
16. **châtré,** *m.*   eunuch
16. **fredonner**   hum, trill
21. **avis,** *m.*   opinion
22. **se mit à table** (mettre)   sat down at the table
23. **Homère**   a volume of Homer, Greek epic poet of c. 10th century B.C.
24. **relié** (relier)   bound
24. **illustrissime**   the most illustrious gentleman
25. **délices,** *f.pl.*   delight, pleasure
27. **accroire**   believe
32. **assiège** (assiéger)   besiege

voir la nature elle-même : il n'y en a point de cette espèce. J'ai
beaucoup de tableaux, mais je ne les regarde plus.

Pococuranté, en attendant le dîner, se fit donner un concerto.
Candide trouva la musique délicieuse. « Ce bruit, dit Pococuranté, peut amuser une demi-heure ; mais, s'il dure plus 5
longtemps, il fatigue tout le monde, quoique personne n'ose
l'avouer. La musique aujourd'hui n'est plus que l'art d'exécuter
des choses difficiles, et ce qui n'est que difficile ne plaît point à la
longue.

« J'aimerais peut-être mieux l'opéra, si on n'avait pas trouvé 10
le secret d'en faire un monstre qui me révolte. Ira voir qui
voudra de mauvaises tragédies en musique, où les scènes ne
sont faites que pour amener très mal à propos deux ou trois
chansons ridicules qui font valoir le gosier d'une actrice ; se
pâmera de plaisir qui voudra ou qui pourra en voyant un 15
châtré fredonner le rôle de César et de Caton, et se promener
d'un air gauche sur des planches ; pour moi, il y a longtemps
que j'ai renoncé à ces pauvretés, qui font aujourd'hui la gloire
de l'Italie, et que des souverains payent si chèrement. » Candide
disputa un peu, mais avec discrétion. Martin fut entièrement 20
de l'avis du sénateur.

On se mit à table ; et, après un excellent dîner, on entra dans
la bibliothèque. Candide, en voyant un Homère magnifiquement
relié, loua l'illustrissime sur son bon goût. « Voilà, dit-il, un
livre qui faisait les délices du grand Pangloss, le meilleur 25
philosophe de l'Allemagne. — Il ne fait pas les miennes, dit
froidement Pococuranté ; on me fit accroire autrefois que j'avais
du plaisir en le lisant ; mais cette répétition continuelle de
combats qui se ressemblent tous, ces dieux qui agissent toujours
pour ne rien faire de décisif, cette Hélène qui est le sujet de la 30
guerre, et qui à peine est une actrice de la pièce ; cette Troie
qu'on assiège et qu'on ne prend point : tout cela me causait le
plus mortel ennui. J'ai demandé quelquefois à des savants
s'ils s'ennuyaient autant que moi à cette lecture : tout les gens
sincères m'ont avoué que le livre leur tombait des mains, mais 35
qu'il fallait toujours l'avoir dans sa bibliothèque, comme un

1. **médailles** (médaille, *f.*)   medallions, coins
1. **rouillées** (rouillé)   rusty
2. **de commerce**   in circulation
3. **Virgile**   Virgil, Roman poet (70–19 B.C.)
4. **conviens** (convenir)   admit, agree
5. **Énéide**   *The Aeneid*, epic poem by Virgil
6. **pieux**   pious
6. **Énée**   Aeneas, hero of *The Aeneid*
6. **Cloanthe**   Cloanthus, friend of Aeneas
6. **Achates**   Achates, companion and friend of Aeneas
7. **Ascanius**   Ascanius, son of Aeneas
7. **Latinus**   Latinus, legendary king of the people of Latium and father of Lavinia
7. **Amata**   Amata, wife of Latinus and mother of Lavinia
8. **Lavinia**   Lavinia, daughter of Latinus
9. **Tasse,** *m.*   Tasso, Italian poet (1544–1595)
9–10. **les contes à dormir debout**   tall tales, fantastic stories
10. **Arioste**   Ariosto, Italian poet (1474–1533)
12. **Horace**   Horace, Roman lyric poet and satirist (65–8 B.C.)
14. **faire son profit** (de)   profit by
14. **resserrées** (resserré)   confined
15. **se gravent** (graver)   are engraved, are impressed
15. **me soucie** (soucier)   care, am concerned
16. **Brindes**   Brundisium (now, Brindisi), seaport in SE Italy
17. **crocheteurs** (crocheteur, *m.*)   vulgar men
18. **pus,** *m.*   pus
21. **sorcières** (sorcière, *f.*)   sorceress, witch
21. **il peut y avoir**   there can be
22. **Mecenas**   Maecenas
23. **sots** (sot, *m.*)   fools
25. **à mon usage**   I enjoy personally
29. **un Cicéron**   a volume by Cicero, Roman writer, statesman, and orator (106–43 B.C.)
30. **vous lassez** (lasser)   tire, grow tired
31. **que m'importe**   what does it matter to me
31. **plaidé** (plaider)   pleaded
32. **procès,** *m.*   lawsuits, trials
33. **me serais... accommodé** (s'accommoder)   would have agreed

monument de l'antiquité, et comme ces médailles rouillées qui
ne peuvent être de commerce.

— Votre Excellence ne pense pas ainsi de Virgile? dit Candide.

— Je conviens, dit Pococuranté, que le second, le quatrième et
le sixième livre de son *Énéide* sont excellents; mais pour son 5
pieux Énée, et le fort Cloanthe, et l'ami Achates, et le petit
Ascanius, et l'imbécile roi Latinus, et la bourgeoise Amata, et
l'insipide Lavinia, je ne crois pas qu'il y ait rien de si froid et de
plus désagréable. J'aime mieux le Tasse et les contes à dormir
debout de l'Arioste. 10

— Oserais-je vous demander, monsieur, dit Candide, si
vous n'avez pas un grand plaisir à lire Horace? — Il y a des
maximes, dit Pococuranté, dont un homme du monde peut
faire son profit, et qui, étant resserrées dans des vers énergiques,
se gravent plus aisément dans la mémoire; mais je me soucie 15
fort peu de son voyage à Brindes, et de sa description d'un
mauvais dîner, et de la querelle de crocheteurs entre je ne sais
quel Pupilus, dont les paroles, dit-il, *étaient pleines de pus*, et un
autre dont les paroles *étaient du vinaigre*. Je n'ai lu qu'avec un ex-
trême dégoût ses vers grossiers contre des vieilles et contre des 20
sorcières; et je ne vois pas quel mérite il peut y avoir à dire à
son ami Mecenas, que, s'il est mis par lui au rang des poètes
lyriques, il frappera les astres de son front sublime. Les sots
admirent tout dans un auteur estimé. Je ne lis que pour moi;
je n'aime que ce qui est à mon usage. » Candide, qui avait été 25
élevé à ne jamais juger de rien par lui-même, était fort étonné
de ce qu'il entendait; et Martin trouvait la façon de penser de
Pococuranté assez raisonnable.

« Oh! voici un Cicéron, dit Candide; pour ce grand homme-
là, je pense que vous ne vous lassez point de le lire? — Je ne le lis 30
jamais, répondit le Vénitien. Que m'importe qu'il ait plaidé
pour Rabirius ou pour Cluentius? J'ai bien assez des procès
que je juge; je me serais mieux accommodé de ses œuvres
philosophiques; mais quand j'ai vu qu'il doutait de tout, j'ai
conclu que j'en savais autant que lui, et que je n'avais besoin de 35
personne pour être ignorant.

1. **recueils** (recueil, *m*.)   selections, collections
4. **fatras**, *m. sing. or pl.*   rubbish
4. **épingles** (épingle, *f*.)   pins
5. **que de**   how many
10. **sermons** (sermon, *m*.)   sermons
10. **Sénèque**   Seneca (c. 4 B.C.–A.D. 65), Roman philosopher and writer of tragedies
13. **rayons** (rayon, *m*.)   shelves
14. **se plaire à**   take pleasure in
18. **Antonins**   Antonines, name given to seven Roman emperors
19. **jacobin**, *m*.   Jacobin friar; Dominican
23. **un Milton**   a volume of Milton, English poet (1608–1674)
25. **barbare**, *m*.   barbarian
25. **un long commentaire**   a long commentary, i.e., *Paradise Lost*
29. **compas**, *m*.   compass
29–30. **prendre... dans une armoire**   take from a closet
31. **gâté** (gâter)   spoiled
31. **Tasse**   Tasso, Italian poet (1544–1595)
32. **tantôt... tantôt**   now... now
32. **crapaud**, *m*.   toad
32. **rebattre**   repeat
35. **Arioste**   Ariosto, Italian poet (1474–1533), author of *Orlando Furioso*
35. **fait tirer le canon**   has the cannon fired

— Ah! voilà quatre-vingts volumes de recueils d'une académie des sciences, s'écria Martin; il se peut qu'il y ait là du bon.
— Il y en aurait, dit Pococuranté, si un seul des auteurs de ces fatras avait inventé seulement l'art de faire des épingles; mais il n'y a dans tous ces livres que de vains systèmes, et pas une 5 seule chose utile.

— Que de pièces de théâtre je vois là, dit Candide, en italien, en espagnol, en français! — Oui, dit le sénateur, il y en a trois mille, et pas trois douzaines de bonnes. Pour ces recueils de sermons, qui tous ensemble ne valent pas une page de Sénèque, 10 et tous ces gros volumes de théologie, vous pensez que je ne les ouvre jamais, ni moi, ni personne.»

Martin aperçut des rayons chargés de livres anglais. « Je crois, dit-il, qu'un républicain doit se plaire à la plupart de ces ouvrages écrits si librement. — Oui, répondit Pococuranté, il est beau 15 d'écrire ce qu'on pense; c'est le privilège de l'homme. Dans toute notre Italie, on n'écrit que ce qu'on ne pense pas; ceux qui habitent la patrie des Césars et des Antonins n'osent avoir une idée sans la permission d'un jacobin. Je serais content de la liberté qui inspire les génies anglais si la passion et l'esprit de 20 parti ne corrompaient pas tout ce que cette précieuse liberté a d'estimable. »

Candide, apercevant un Milton, lui demanda s'il ne regardait pas cet auteur comme un grand homme. « Qui? dit Poco-curanté, ce barbare qui fait un long commentaire du premier 25 chapitre de la Genèse en dix livres de vers durs? ce grossier imitateur des Grecs, qui défigure la création, et qui, tandis que Moïse représente l'Être éternel produisant le monde par la parole, fait prendre un grand compas par le Messiah dans une armoire du ciel pour tracer son ouvrage? Moi, j'estimerais 30 celui qui a gâté l'enfer et le diable du Tasse; qui déguise Lucifer tantôt en crapaud, tantôt en pygmée; qui lui fait rebattre cent fois les mêmes discours; qui le fait disputer sur la théologie; qui, en imitant sérieusement l'invention comique des armes à feu de l'Arioste, fait tirer le canon dans le ciel par les diables? Ni 35 moi, ni personne en Italie n'a pu se plaire à toutes ces tristes

1. **péché**, *m.*   sin
1-2. **couleuvres** (couleuvre, *f.*)   snakes
2. **accouche** (accoucher)   is delivered
4. **fossoyeur**, *m.*   gravedigger
5. **méprisé**   despised, slighted
8. **affligé**   distressed
10-11. **que cet homme-ci n'ait un souverain mépris pour**   that this man
has an extreme scorn for
13. **disait... entre ses dents**   mumbled to himself
16. **loua** (louer)   praised
18. **colifichets** (colifichet, *m.*)   trinkets, knick-knacks
20. **eurent pris congé** (prendre)   had taken leave
21. **Or ça**   well, now
21. **conviendrez** (convenir)   will agree
24. **Platon**   Plato
25. **rebutent** (rebuter)   reject, refuse

extravagances. Le mariage du péché et de la mort, et les couleuvres dont le péché accouche, font vomir tout homme qui a le goût un peu délicat; et sa longue description d'un hôpital n'est bonne que pour un fossoyeur. Ce poème obscur, bizarre et dégoûtant, fut méprisé à sa naissance; je le traite aujourd'hui 5 comme il fut traité dans sa patrie par les contemporains. Au reste, je dis ce que je pense, et je me soucie fort peu que les autres pensent comme moi.» Candide était affligé de ces discours; il respectait Homère, il aimait un peu Milton. «Hélas! dit-il tout bas à Martin, j'ai bien peur que cet homme-ci n'ait un 10 souverain mépris pour nos poètes allemands. — Il n'y aurait pas grand mal à cela, dit Martin. — Oh! quel homme supérieur! disait encore Candide entre ses dents, quel grand génie que ce Pococuranté! rien ne peut lui plaire.»

Après avoir fait ainsi la revue de tous les livres, ils descendirent 15 dans le jardin. Candide en loua toutes les beautés. «Je ne sais rien de si mauvais goût, dit le maître; nous n'avons ici que des colifichets; mais je vais dès demain en faire planter un d'un dessin plus noble.»

Quand les deux curieux eurent pris congé de Son Excellence: 20 «Or çà, dit Candide à Martin, vous conviendrez que voilà le plus heureux de tous les hommes, car il est au-dessus de tout ce qu'il possède. — Ne voyez-vous pas, dit Martin, qu'il est dégoûté de tout ce qu'il possède? Platon a dit, il y a longtemps, que les meilleurs estomacs ne sont pas ceux qui rebutent tous 25 les aliments. — Mais, dit Candide, n'y a-t-il pas du plaisir à tout critiquer, à sentir des défauts où les autres hommes croient voir des beautés? — C'est-à-dire, reprit Martin, qu'il y a du plaisir à n'avoir pas de plaisir?»

EXERCICES

I. Répondez aux questions suivantes:

1. Pococuranté reçoit-il bien les etrangers?
2. Dans quoi Candide et Martin sont-ils allés au palais?

3. Comment le maître du logis les a-t-il reçus?
4. Sur quoi Candide loue-t-il les deux jeunes filles?
5. Où Candide se promenait-il après le déjeuner?
6. Quand Pococuranté a-t-il acheté les deux premiers tableaux?
7. Est-ce que les tableaux lui plaisent?
8. Pococuranté trouve-t-il une imitation vraie de la nature dans les tableaux?
9. Selon Pococuranté, que fait le bruit de la musique s'il dure plus d'une demi-heure?
10. Selon Pococuranté qui est-ce qui fredonne le rôle de César et de Caton?
11. Dans quelle pièce est-on entré après le dîner?
12. Qu'est-ce que Candide y a vu?
13. Pourquoi fallait-il toujours avoir un Homère dans sa bibliothèque?
14. Selon Pococuranté, de quoi un homme du monde peut-il faire son profit?
15. Pourquoi ces maximes se gravent-elles plus aisément dans la mémoire?
16. Pourquoi Candide était-il fort étonné de ce qu'il entendait?
17. Combien de volumes de recueils d'une académie de sciences Martin voit-il?
18. Pococuranté lit-il ces gros volumes de théologie?
19. De quoi les rayons sont-ils chargés?
20. Selon Pococuranté, écrit-on ce qu'on pense en Italie?
21. Est-ce que Pococuranté regardait Milton comme un grand homme?
22. De qui était-il imitateur?
23. Qu'est-ce qui fait vomir tout homme qui a le goût un peu délicat?
24. Est-ce que Pococuranté se soucie que les autres pensent comme lui?
25. Pourquoi Candide était-il affligé de ces discours?
26. Pourquoi Pococuranté est-il un homme supérieur et un grand génie?
27. Après avoir fait la revue de tous les livres, où sont-ils descendus?

II. Traduisez en français les mots entre parenthèses:

1. Elles se gravent (more easily) dans la mémoire.
2. Je me soucie (very little) de son voyage.
3. Je (never) le lis.
4. J'ai vu qu'il (doubted) tout.
5. Je (didn't need anyone) pour être ignorant.
6. Voilà (80) volumes de recueils.

7. Il y en a (3,000).
8. Il n'y en a pas (3 dozen) de bonnes.
9. Dans (all) notre Italie, on n'écrit que ce qu'on ne pense pas.
10. Il n'y a dans (all) ces livres que de vains systèmes.
11. Il ne regardait pas (that) auteur comme un grand homme.
12. (This) barbare fait un commentaire.
13. (This) grossier imitateur des Grecs défigure la création.
14. Personne n'a pu se plaire à toutes (these) tristes extravagances.
15. (This) longue description n'est bonne que pour un fossoyeur.
16. (What a) homme supérieur!
17. Il est au-dessus de tout (that) il possède.
18. Ne voyez-vous pas (that) il est dégoûté de tout?
19. (That) poème fut méprisé à sa naissance.
20. J'ai bien peur (that) cet homme-ci n'ait un souverain mépris pour
    nos poètes allemands.

III. Remplacez les noms en italique par un pronom personnel:

1. Candide a trouvé *la musique* délicieuse.
2. *Ce bruit* peut amuser une demi-heure.
3. On se pâme de plaisir en voyant *un châtré* fredonner le rôle.
4. Ils ont vu *de mauvaises tragédies*.
5. Des souverains payent si chèrement *ces pauvretés*.

IV. Remplacez les mots en italique par un antonyme:

1. *En dernier lieu* deux filles jolies servirent du chocolat.
2. Ce sont d'assez *mauvaises* créatures.
3. Candide, *avant* le déjeuner, se promenait dans une longue galerie.
4. Il fut surpris de *la laideur* des tableaux.
5. Je les ai *vendus* fort cher.
6. Je ne trouve point là une imitation *fausse* de la nature.
7. J'ai *peu de* tableaux.
8. On *est sorti de* la bibliothèque.
9. Il le loua sur son *mauvais* goût.
10. Pangloss est le philosophe *le plus mauvais* de l'Allemagne.
11. Il ne fait pas les miennes, dit *chaudement* Pococuranté.
12. Ces dieux agissent toujours pour *tout* faire de décisif.

V. Mettez les verbes au passé composé:

1. Candide et Martin y allèrent en gondole.
2. Ils arrivèrent au palais.

3. Le maître du logis les reçut très poliment.
4. Cela déconcerta Candide et ne déplut point à Martin.

VI. Apprenez les expressions suivantes:

1. **un étranger**
2. **aussitôt**
3. **s'empêcher de**
4. **las**
5. **après tout**
6. **plaire à**
7. **ressembler à**
8. **quoique**
9. **à la longue**
10. **aimer mieux**
11. **mal à propos**
12. **fredonner**
13. **être de l'avis de**
14. **se mettre à table**
15. **se ressembler**
16. **convenir**
17. **douter de**
18. **importer** (que m'importe que ...?) to matter (what does it matter to me that...?)
19. **faire son profit de**
20. **se soucier**
21. **il se peut que**   it can be that
22. **que de**   how many
23. **se plaire à**
24. **tandis que**
25. **prendre dans**   take from
26. **gâter**
27. **tantôt... tantôt**
28. **tirer**
29. **mépriser**
30. **au reste**
31. **prendre congé de**
32. **convenir**
33. **au-dessus de**

Mateo Falcone

PROSPER MÉRIMÉE (1803–1870)

En sortant de Porto-Vecchio et se dirigeant au nord-ouest, vers l'intérieur de l'île, on voit le terrain s'élever assez rapidement, et, après trois heures de marche par des sentiers tortueux, obstrués par de gros quartiers de rocs, et quelquefois coupés par des ravins, on se trouve sur le bord d'un *maquis* très 5 étendu. Le maquis est la patrie des bergers corses et de quiconque s'est brouillé avec la justice. Il faut savoir que le laboureur corse, pour s'épargner la peine de fumer son champ, met le feu à une certaine étendue de bois : tant pis si la flamme se répand plus loin que besoin n'est; arrive que pourra, on est sûr d'avoir 10 une bonne récolte en semant sur cette terre fertilisée par les cendres des arbres qu'elle portait. Les épis enlevés, car on laisse la paille, qui donnerait de la peine à recueillir, les racines qui sont restées en terre sans se consumer poussent, au printemps suivant, des cépées très épaisses qui, en peu d'années, parvien- 15 nent à une hauteur de sept ou huit pieds. C'est cette manière de taillis fourré que l'on nomme maquis. Différentes espèces d'arbres et d'arbrisseaux le composent, mêlés et confondus comme il plaît à Dieu. Ce n'est que la hache à la main que l'homme s'y ouvrirait un passage, et l'on voit des maquis si 20 épais et si touffus, que les mouflons eux-mêmes ne peuvent y pénétrer.

Si vous avez tué un homme, allez dans le maquis de Porto-Vecchio, et vous y vivrez en sûreté, avec un bon fusil, de la poudre et des balles; n'oubliez pas un manteau brun garni d'un 25 capuchon, qui sert de couverture et de matelas. Les bergers vous donnent du lait, du fromage et des châtaignes, et vous n'aurez rien à craindre de la justice ou des parents du mort, si ce n'est quand il vous faudra descendre à la ville pour y renouveler vos munitions. 30

Mateo Falcone, quand j'étais en Corse en 18.., avait sa maison à une demi-lieue de ce maquis. C'était un homme assez

2. **troupeaux** (troupeau, *m.*) flocks, herds
3. **paître** to graze
5. **tout au plus** at the very most
6. **crépus** (crépu) frizzled
7. **jais**, *m.* jet
8. **teint**, *m.* complexion
8. **revers**, *m.* top
8. **botte**, *f.* boot
8. **habileté**, *f.* skill
8–9. **tir du fusil**, *m.* rifle firing
11. **chevrotines** (chevrotine, *f.*) buckshot
12. **abattait** (abattre) would bring down
14. **trait**, *m.* mark
14. **adresse**, *f.* skill
16–17. **transparent de papier**, *m.* paper ruled with black lines; transparent paper
17. **mettait en joue** (mettre) aimed
18. **éteignait** (éteindre) extinguished
19. **sur** out of
21. **transcendant** superior
23. **serviable** obliging, helpful
23. **faisant l'aumône** being charitable
25. **Corte** town in the interior of Corsica, northwest of Porto-Vecchio
26. **s'était débarrassé... de** (débarrasser) had gotten rid of
27. **redoutable** formidable
29. **se raser** shaving
30. **assoupie** (assoupi) lulled, quieted down
31. **enrageait** (enrager) was enraged
33. **héritier**, *m.* heir
34. **au besoin** in case of need
34. **poignards** (poignard, *m.*) daggers
34. **escopettes** (escopette, *f.*) carbines
35. **gendres** (gendre, *m.*) sons-in-law

riche pour le pays; vivant noblement, c'est-à-dire sans rien faire, du produit de ses troupeaux, que des bergers, espèces de nomades, menaient paître çà et là sur les montagnes. Lorsque je le vis, deux années après l'événement que je vais raconter, il me parut âgé de cinquante ans tout au plus. Figurez-vous un 5 homme petit mais robuste, avec des cheveux crépus, noirs comme le jais, un nez aquilin, les lèvres minces, les yeux grands et vifs, et un teint couleur de revers de botte. Son habileté au tir du fusil passait pour extraordinaire, même dans son pays, où il y a tant de bons tireurs. Par exemple, Mateo n'aurait jamais 10 tiré sur un mouflon avec des chevrotines; mais, à cent vingt pas, il l'abattait d'une balle dans la tête ou dans l'épaule, à son choix. La nuit, il se servait de ses armes aussi facilement que le jour, et l'on m'a cité de lui ce trait d'adresse qui paraîtra peut-être incroyable à qui n'a pas voyagé en Corse. A quatre-vingts pas, 15 on plaçait une chandelle allumée derrière un transparent de papier, large comme une assiette. Il mettait en joue, puis on éteignait la chandelle, et au bout d'une minute, dans l'obscurité la plus complète, il tirait et perçait le transparent trois fois sur quatre. 20

Avec un mérite aussi transcendant, Mateo Falcone s'était attiré une grande réputation. On le disait aussi bon ami que dangereux ennemi : d'ailleurs serviable et faisant l'aumône, il vivait en paix avec tout le monde dans le district de Porto-Vecchio. Mais on contait de lui qu'à Corte, où il avait pris 25 femme, il s'était débarrassé fort vigoureusement d'un rival qui passait pour aussi redoutable en guerre qu'en amour : du moins on attribuait à Mateo certain coup de fusil qui surprit ce rival comme il était à se raser devant un petit miroir pendu à sa fenêtre. L'affaire assoupie, Mateo se maria. Sa femme 30 Giuseppa lui avait donné d'abord trois filles (dont il enrageait), et enfin un fils, qu'il nomma Fortunato: c'était l'espoir de sa famille, l'héritier du nom. Les filles étaient bien mariées : leur père pouvait compter au besoin sur les poignards et les escopettes de ses gendres. Le fils n'avait que dix ans, mais il annonçait déjà 35 d'heureuses dispositions.

2. **clairière,** *f.* clearing, glade
8. **étendu** stretched out
10. **caporal,** *m.* Corsican tribune or administrative officer
13. **tirés** (tirer) fired
16. **coiffé** wearing on his head
16. **bonnet,** *m.* cap
17. **barbu** bearded
17. **haillons** (haillon, *m.*) rags
17. **se traînant** (traîner) dragging himself
18. **s'appuyant** (appuyer) leaning
18. **venait de** (venir) had just
18–19. **coup de feu,** *m.* shot
19. **cuisse,** *f.* thigh
20. **bandit,** *m.* outlaw
22. **embuscade,** *f.* ambush
22. **voltigeurs** (voltigeur, *m.*) riflemen who assisted the policemen in carrying out their duties
24. **tiraillant** (tirailler) firing, shooting wildly
25. **blessure,** *f.* wound
26. **rejoint** overtaken
30–31. **les collets jaunes** yellow collars (name given to Corsican riflemen (*voltigeurs*), who at that time wore brown uniforms with yellow collars)

Un certain jour d'automne, Mateo sortit de bonne heure avec sa femme pour aller visiter un de ses troupeaux dans une clairière du maquis. Le petit Fortunato voulait l'accompagner, mais la clairière était trop loin ; d'ailleurs, il fallait bien que quelqu'un restât pour garder la maison ; le père refusa donc : on verra 5 s'il n'eut pas lieu de s'en repentir.

Il était absent depuis quelques heures, et le petit Fortunato était tranquillement étendu au soleil, regardant les montagnes bleues, et pensant que, le dimanche prochain, il irait dîner à la ville, chez son oncle le caporal, quand il fut soudainement 10 interrompu dans ses méditations par l'explosion d'une arme à feu. Il se leva et se tourna du côté de la plaine d'où partait ce bruit. D'autres coups de fusil se succédèrent, tirés à intervalles inégaux, et toujours de plus en plus rapprochés ; enfin, dans le sentier qui menait de la plaine à la maison de Mateo parut un 15 homme, coiffé d'un bonnet pointu comme en portent les montagnards, barbu, couvert de haillons, et se traînant avec peine en s'appuyant sur son fusil. Il venait de recevoir un coup de feu dans la cuisse.

Cet homme était un *bandit*, qui, étant parti de nuit pour 20 aller chercher de la poudre à la ville, était tombé en route dans une embuscade de voltigeurs corses. Après une vigoureuse défense, il était parvenu à faire sa retraite, vivement poursuivi et tiraillant de rocher en rocher. Mais il avait peu d'avance sur les soldats, et sa blessure le mettait hors d'état de gagner le 25 maquis avant d'être rejoint.

Il s'approcha de Fortunato et lui dit :

— Tu es le fils de Mateo Falcone ?

— Oui.

— Moi, je suis Gianetto Sanpiero. Je suis poursuivi par les 30 collets jaunes. Cache-moi, car je ne puis aller plus loin.

— Et que dira mon père si je te cache sans sa permission ?

— Il dira que tu as bien fait.

— Qui sait ?

— Cache-moi vite ; ils viennent.   35

— Attends que mon père soit revenu.

1. **malédiction,** *f.*   damnation
2. **tue** (tuer)   kill
3. **sang-froid,** *m.*   coolness
4. **déchargé**   discharged
4. **cartouches** (cartouche, *f.*)   cartridges
5. **carchera,** *f.*   leather cartridge-pouch
6. **stylet,** *m.*   stiletto; dagger with narrow blade
8. **saut,** *m.*   leap
8. **hors d'atteinte**   out of reach
13. **fouilla** (fouiller)   searched
13. **cuir,** *m.*   leather
14. **ceinture,** *f.*   belt
19. **Aussitôt**   Immediately
19. **tas,** *m.*   pile
19. **foin,** *m.*   hay
20. **se blottit** (blottir)   crouched
22. **soupçonner**   to suspect
23. **s'avisa** (aviser)   thought of
23. **finesse,** *f.*   cunning
25. **remué** (remuer)   moved
26. **remarquant**   (remarquer)   noticing
27. **poussière,** *f.*   dust
31. **adjudant,** *m.*   first sergeant
33. **parenté,** *f.*   relationship
36. **traqué** (traquer)   hunted out

— Que j'attende? malédiction! Ils seront ici dans cinq minutes.
Allons, cache-moi, ou je te tue.

Fortunato lui répondit avec le plus grand sang-froid :

— Ton fusil est déchargé, et il n'y a plus de cartouches dans
ta carchera.   5

— J'ai mon stylet.

— Mais courras-tu aussi vite que moi?

Il fit un saut, et se mit hors d'atteinte.

— Tu n'es pas le fils de Mateo Falcone! Me laisseras-tu donc
arrêter devant ta maison?   10

L'enfant parut touché.

— Que me donneras-tu si je te cache? dit-il en se rapprochant.

Le bandit fouilla dans une poche de cuir qui pendait à
sa ceinture, et il en tira une pièce de cinq francs qu'il avait
réservée sans doute pour acheter de la poudre. Fortunato   15
sourit à la vue de la pièce d'argent; il s'en saisit, et dit à
Gianetto :

— Ne crains rien.

Aussitôt il fit un grand trou dans un tas de foin placé auprès
de la maison. Gianetto s'y blottit, et l'enfant le recouvrit de 20
manière à lui laisser un peu d'air pour respirer, sans qu'il fût
possible cependant de soupçonner que ce foin cachât un
homme. Il s'avisa, de plus, d'une finesse de sauvage assez
ingénieuse. Il alla prendre une chatte et ses petits, et les établit
sur le tas de foin pour faire croire qu'il n'avait pas été remué 25
depuis peu. Ensuite, remarquant des traces de sang sur le
sentier près de la maison, il les couvrit de poussière avec soin,
et, cela fait, il se recoucha au soleil avec la plus grande tranquillité.

Quelques minutes après, six hommes en uniforme brun à   30
collet jaune, et commandés par un adjudant, étaient devant la
porte de Mateo. Cet adjudant était quelque peu parent de
Falcone. (On sait qu'en Corse on suit les degrés de parenté
beaucoup plus loin qu'ailleurs.) Il se nommait Tiodoro Gamba :
c'était un homme actif, fort redouté des bandits dont il avait 35
déjà traqué plusieurs.

1. **abordant** (aborder) coming up to
2. **comme te voilà grandi!** how you have grown up!
2–3. **tout à l'heure** just a little while ago
5. **niais** simple
9. **velours**, *m.* velvet
10. **brodée** (brodé) embroidered
17. **drôle**, *m.* rascal
17. **tu fais le malin** you're trying to be clever
22. **passants** (passant, *m.*) passers-by
23. **vaurien**, *m.* good-for-nothing, scamp
25. **escopette**, *f.* carbine
26. **confonde** (confondre) confound, confuse
26. **maudit** cursed
26. **garnement**, *m.* scamp
29. **patte**, *f.* foot
30. **coquin**, *m.* rogue, rascal
31. **clopinant** (clopiner) hobbling
32. **ricanant** (ricaner) sneering
36. **il ne tient qu'à moi** it depends only on me

— Bonjour, petit cousin, dit-il à Fortunato en l'abordant;
comme te voilà grandi! As-tu vu passer un homme tout à
l'heure?

— Oh! je ne suis pas encore si grand que vous, mon cousin,
répondit l'enfant d'un air niais.   5

— Cela viendra. Mais n'as-tu pas vu passer un homme, dis-
moi?

— Si j'ai vu passer un homme?

— Oui, un homme avec un bonnet pointu en velours noir, et
une veste brodée de rouge et de jaune?   10

— Un homme avec un bonnet pointu, et une veste brodée de
rouge et de jaune?

— Oui, réponds vite, et ne répète pas mes questions.

— Ce matin, M. le curé est passé devant notre porte, sur son
cheval Piero. Il m'a demandé comment papa se portait, et je lui   15
ai répondu...

— Ah! petit drôle, tu fais le malin! Dis-moi vite par où
est passé Gianetto, car c'est lui que nous cherchons; et, j'en suis
certain, il a pris par ce sentier.

— Qui sait?   20

— Qui sait? C'est moi qui sais que tu l'as vu.

— Est-ce qu'on voit les passants quand on dort?

— Tu ne dormais pas, vaurien; les coups de fusil t'ont réveillé.

— Vous croyez donc, mon cousin, que vos fusils font tant de
bruit? L'escopette de mon père en fait bien davantage.   25

— Que le diable te confonde, maudit garnement! Je suis bien
sûr que tu as vu le Gianetto. Peut-être même l'as-tu caché.
Allons, camarades, entrez dans cette maison, et voyez si notre
homme n'y est pas. Il n'allait plus que d'une patte, et il a trop de
bon sens, le coquin, pour avoir cherché à gagner le maquis en   30
clopinant. D'ailleurs, les traces de sang s'arrêtent ici.

— Et que dira papa? demanda Fortunato en ricanant; que
dira-t-il s'il sait qu'on est entré dans sa maison pendant qu'il
était sorti?

— Vaurien! dit l'adjudant Gamba en le prenant par l'oreille,   35
sais-tu qu'il ne tient qu'à moi de te faire changer de note? Peut-

1. **plat de sabre,** *m.* flat side of a sabre
6. **Bastia** port on northeastern coast of Corsica
6. **cachot,** *m.* dungeon
7. **fers** (fer, *m.*) irons, chains
9. **éclata** (éclater) burst out
11–12. **ne nous brouillons pas** (brouiller) let's not have trouble
15. **cabane,** *f.* cabin
16. **carrée** (carré) square
17. **coffres** (coffre, *m.*) chests, coffers
18. **chasse,** *f.* hunting
18. **ménage,** *m.* housekeeping
19. **jouir... de** to enjoy
20. **malignement** maliciously
24. **ne trahit pas** (trahir) didn't betray; didn't reveal, display
26. **se donnaient au diable** were cursing their luck
30. **tenter** try
31. **pouvoir,** *m.* power
32. **gaillard,** *m.* sprightly fellow
32. **éveillé** wide-awake
34–35. **le diable m'emporte** may the devil take me

être qu'en te donnant une vingtaine de coups de plat de sabre tu parleras enfin.

Et Fortunato ricanait toujours.

— Mon père est Mateo Falcone! dit-il avec emphase.

— Sais-tu bien, petit drôle, que je puis t'emmener à Corte ou 5 à Bastia. Je te ferai coucher dans un cachot, sur la paille, les fers aux pieds, et je te ferai guillotiner si tu ne dis où est Gianetto Sanpiero.

L'enfant éclata de rire à cette ridicule menace. Il répéta :

— Mon père est Mateo Falcone.   10

— Adjudant, dit tout bas un des voltigeurs, ne nous brouillons pas avec Mateo.

Gamba paraissait évidemment embarrassé. Il causait à voix basse avec ses soldats, qui avaient déjà visité toute la maison. Ce n'était pas une opération fort longue, car la cabane d'un 15 Corse ne consiste qu'en une seule pièce carrée. L'ameublement se compose d'une table, de bancs, de coffres et d'ustensiles de chasse ou de ménage. Cependant le petit Fortunato caressait sa chatte, et semblait jouir malignement de la confusion des voltigeurs et de son cousin.   20

Un soldat s'approcha du tas de foin. Il vit la chatte, et donna un coup de baïonnette dans le foin avec négligence, et en haussant les épaules, comme s'il sentait que sa précaution était ridicule. Rien ne remua; et le visage de l'enfant ne trahit pas la plus légère émotion.   25

L'adjudant et sa troupe se donnaient au diable; déjà ils regardaient sérieusement du côté de la plaine, comme disposés à s'en retourner par où ils étaient venus, quand leur chef, convaincu que les menaces ne produiraient aucune impression sur le fils de Falcone, voulut faire un dernier effort et tenter le 30 pouvoir des caresses et des présents.

— Petit cousin, dit-il, tu me parais un gaillard bien éveillé! Tu iras loin. Mais tu joues un vilain jeu avec moi; et, si je ne craignais de faire de la peine à mon cousin Mateo, le diable m'emporte! je t'emmènerais avec moi.   35

— Bah!

2. **fouet,** *m.*   whip
4. **Savoir?**   Really?
5. **tiens** (tenir)   here
7. **avis,** *m.*   opinion
9. **luron,** *m.*   good fellow
12. **écus** (écu, *m.*)   crown
13. **étincelaient** (étinceler)   were sparkling
14. **acier,** *m.*   steel
15. **Fripon,** *m.*   Rascal
17. **paon,** *m.*   peacock
23. **à la vérité**   I admit, indeed
24. **soupira** (soupirer)   sighed
26. **lorgnant** (lorgner)   squinting at
28. **on se moque de lui** (moquer)   they are making fun of him
28. **ose** (oser)   dares
28. **griffe,** *f.*   claw
30. **se lèche** (lécher)   licks
30. **babines** (babine, *f.*)   lips
31. **a l'air de** (avoir)   seems
31–32. **plaisanterie,** *f.*   joke
33. **de bonne foi**   in good faith
35. **amer**   bitter

— Mais, quand mon cousin sera revenu, je lui conterai
l'affaire, et, pour ta peine d'avoir menti il te donnera le fouet
jusqu'au sang.

— Savoir?

— Tu verras... Mais, tiens... sois brave garçon, et je te don- 5
nerai quelque chose.

— Moi, mon cousin, je vous donnerai un avis : c'est que,
si vous tardez davantage, le Gianetto sera dans le maquis,
et alors il faudra plus d'un luron comme vous pour aller l'y
chercher.   10

L'adjudant tira de sa poche une montre d'argent qui valait
bien dix écus; et, remarquant que les yeux du petit Fortunato
étincelaient en la regardant, il lui dit en tenant la montre
suspendue au bout de sa chaîne d'acier :

— Fripon! tu voudrais bien avoir une montre comme celle-ci 15
suspendue à ton col, et tu te promènerais dans les rues de Porto-
Vecchio, fier comme un paon; et les gens te demanderaient :
« Quelle heure est-il? » et tu leur dirais : « Regardez à ma
montre. »

— Quand je serai grand, mon oncle le caporal me donnera 20
une montre.

— Oui; mais le fils de ton oncle en a déjà une... pas aussi
belle que celle-ci, à la vérité... Cependant il est plus jeune que toi.

L'enfant soupira.

— Eh bien, la veux-tu cette montre, petit cousin?   25

Fortunato, lorgnant la montre du coin de l'oeil, ressemblait
à un chat à qui l'on présente un poulet tout entier. Comme il
sent qu'on se moque de lui, il n'ose y porter la griffe, et de
temps en temps il détourne les yeux pour ne pas s'exposer à
succomber à la tentation; mais il se lèche les babines à tout 30
moment, et il a l'air de dire à son maître : « Que votre plaisanterie est cruelle! »

Cependant l'adjudant Gamba semblait de bonne foi en
présentant sa montre. Fortunato n'avança pas la main; mais il
lui dit avec un sourire amer :   35

— Pourquoi vous moquez-vous de moi?

1. **Par Dieu!** By heaven!
4. **s'efforçait de** (efforcer)   tried to
6. **Que je perde**   May I lose
6. **épaulette**, *f.*   epaulette
8. **témoins** (témoin, *m.*)   witness
8. **m'en dédire**   go back on my word
10. **joue**, *f.*   cheek
11. **se livraient** (livrer)   were fighting, were making (compound subject: « la convoitise et le respect »)
12. **convoitise**, *f.*   covetousness
12–13. **se soulevait** (soulever)   heaved
13. **étouffer**   to choke
14. **oscillait** (osciller)   was swinging
14. **heurtait** (heurter)   struck
18. **cadran**, *m.*   face
18. **azuré**   sky-blue
18. **boîte**, *f.*   watch-case
18. **fourbie** (fourbi)   polished
21. **pouce**, *m.*   thumb
22. **était adossé**   had his back against
25. **daim**, *m.*   buck
26. **se mirent... à** (mettre)   began
26. **culbuter**   to throw over
27. **sanglant**   bloody
28. **poignard**, *m.*   dagger
29. **refroidie** (refroidi)   grown cold
30. **arracha** (arracher)   snatched away
31. **garrotta** (garrotter)   bound firmly
32. **lié** (lier)   tied up
32. **fagot**, *m.*   bundle of sticks
34. **mépris**, *m.*   scorn
36. **proscrit**, *m.*   outlaw

— Par Dieu! je ne me moque pas. Dis-moi seulement où est Gianetto, et cette montre est à toi.

Fortunato laissa échapper un sourire d'incrédulité; et, fixant ses yeux noirs sur ceux de l'adjudant, il s'efforçait d'y lire la foi qu'il devait avoir en ses paroles.   5

— Que je perde mon épaulette, s'écria l'adjudant, si je ne te donne pas la montre à cette condition! Les camarades sont témoins; et je ne puis m'en dédire.

En parlant ainsi, il approchait toujours la montre, tant, qu'elle touchait presque la joue pâle de l'enfant. Celui-ci montrait 10 bien sur sa figure le combat que se livraient en son âme la convoitise et le respect dû à l'hospitalité. Sa poitrine nue se soulevait avec force, et il semblait près d'étouffer. Cependant la montre oscillait, tournait, et quelquefois lui heurtait le bout du nez. Enfin, peu à peu, sa main droite s'éleva vers la montre : 15 le bout de ses doigts la toucha; et elle pesait tout entière dans sa main sans que l'adjudant lâchât pourtant le bout de la chaîne... Le cadran était azuré... la boîte nouvellement fourbie..., au soleil, elle paraissait toute de feu... la tentation était trop forte.   20

Fortunato éleva aussi sa main gauche, et indiqua du pouce, pardessus son épaule, le tas de foin auquel il était adossé. L'adjudant le comprit aussitôt. Il abandonna l'extrémité de la chaîne; Fortunato se sentit seul possesseur de la montre. Il se leva avec l'agilité d'un daim, et s'éloigna de dix pas du tas de 25 foin, que les voltigeurs se mirent aussitôt à culbuter.

On ne tarda pas à voir le foin s'agiter; et un homme sanglant, le poignard à la main, en sortit; mais, comme il essayait de se lever en pied, sa blessure refroidie ne lui permit plus de se tenir debout. Il tomba. L'adjudant se jeta sur lui et lui arracha son 30 stylet. Aussitôt on le garrotta fortement, malgré sa résistance.

Gianetto, couché par terre et lié comme un fagot, tourna la tête vers Fortunato qui s'était rapproché.

— Fils de...! lui dit-il avec plus de mépris que de colère.

L'enfant lui jeta la pièce d'argent qu'il en avait reçue, sentant 35 qu'il avait cessé de la mériter; mais le proscrit n'eut pas l'air

5. **chevreuil,** *m.* roebuck
5. **repartit** (repartir) replied quickly
7. **lieue,** *f.* league (2½ miles)
8. **litière,** *f.* litter
9. **capote,** *f.* overcoat
12. **commodément** comfortable
14. **brancard,** *m.* stretcher
14. **châtaignier,** *m.* chestnut tree
15. **panser** to dress
16. **détour,** *m.* turn
17. **courbée** (courbé) bent over
17. **péniblement** laboriously
18–19. **se prélassait** (prélasser) stalked along
19–20. **en bandoulière,** *f.* slung across his shoulder
20. **indigne** unworthy, beneath the dignity
21. **fardeau,** *m.* burden
24. **démêlés** (démêlé, *m.*) disputes
25. **particulier,** *m.* individual
26. **bien famé** of a good reputation
27. **scrutant** (scruter) scrutinizing
28. **peccadille,** *f.* slight fault
28. **telle que** (tel que) such as
29. **bagatelles** (bagatelle, *f.*) mere trifles
35. **sur-le-champ** at once
36. **qui aurait pu le gêner** which could have gotten in his way
36. **arma** (armer) cocked

de faire attention à ce mouvement. Il dit avec beaucoup de sangfroid à l'adjudant :

— Mon cher Gamba, je ne puis marcher; vous allez être obligé de me porter à la ville.

— Tu courais tout à l'heure plus vite qu'un chevreuil, repartit 5 le cruel vainqueur; mais sois tranquille: je suis si content de te tenir, que je te porterais une lieue sur mon dos sans être fatigué. Au reste, mon camarade, nous allons te faire une litière avec des branches et ta capote; et à la ferme de Crespoli nous trouverons des chevaux. 10

— Bien, dit le prisonnier; vous mettrez aussi un peu de paille sur votre litière, pour que je sois plus commodément.

Pendant que les voltigeurs s'occupaient, les uns à faire une espèce de brancard avec des branches de châtaignier, les autres à panser la blessure de Gianetto, Mateo Falcone et sa femme 15 parurent tout d'un coup au détour d'un sentier qui conduisait au maquis. La femme s'avançait courbée péniblement sous le poids d'un énorme sac de châtaignes, tandis que son mari se prélassait, ne portant qu'un fusil à la main et un autre en bandoulière; car il est indigne d'un homme de porter d'autre 20 fardeau que ses armes.

A la vue des soldats, la première pensée de Mateo fut qu'ils venaient pour l'arrêter. Mais pourquoi cette idée? Mateo avait-il donc quelques démêlés avec la justice? Non. Il jouissait d'une bonne réputation. C'était, comme on dit, *un particulier* 25 *bien famé*; mais il était Corse et montagnard, et il y a peu de Corses montagnards qui, en scrutant bien leur mémoire, n'y trouvent quelque peccadille, telle que coups de fusil, coups de stylet et autres bagatelles. Mateo, plus qu'un autre, avait la conscience nette; car depuis plus de dix ans il n'avait dirigé son 30 fusil contre un homme; mais toutefois il était prudent, et il se mit en posture de faire une belle défense, s'il en était besoin.

— Femme, dit-il à Giuseppa, mets bas ton sac et tiens-toi prête.

Elle obéit sur-le-champ. Il lui donna le fusil qu'il avait en 35 bandoulière et qui aurait pu le gêner. Il arma celui qu'il avait à

1. **longeant** (longer)   going along
2. **bordaient** (border)   bordered
2. **moindre**   least
4. **faire feu**   to shoot
4. **à couvert**   under cover
4. **talons** (talon, *m.*)   heels
5. **fusil de rechange,** *m.*   extra rifle
5. **giberne,** *f.*   cartridge-box
6. **ménagère,** *f.*   housewife
6. **charger**   to load
8. **était fort en peine**   was very much troubled
9. **à pas comptés**   slowly
10. **détente,** *f.*   trigger
13. **bourres** (bourre, *f.*)   wads (small plugs of cloth or paper used to hold shot in place in a gun)
14. **visait** (viser)   aimed at
14. **nonobstant**   notwithstanding
16. **prit un parti** (prendre)   came to a decision
20. **Holà!**   Hello, there!
22. **à mesure que**   as
23. **canon,** *m.*   barrel
30. **Pepa** = Giuseppa, wife of Mateo
30. **traite,** *f.*   trip
31. **plaindre**   pity
32. **prise,** *f.*   capture, seizure
32. **venons de** (venir)   have just
32. **empoigner**   caught, seized
33–34. **chèvre laitière,** *f.*   milking goat

la main, et il s'avança lentement vers sa maison, longeant les arbres qui bordaient le chemin, et prêt, à la moindre démonstration hostile, à se jeter derrière le plus gros tronc, d'où il aurait pu faire feu à couvert. Sa femme marchait sur ses talons, tenant son fusil de rechange et sa giberne. L'emploi d'une bonne 5 ménagère, en cas de combat, est de charger les armes de son mari.

D'un autre côté, l'adjudant était fort en peine en voyant Mateo s'avancer ainsi, à pas comptés, le fusil en avant et le doigt sur la détente. 10

— Si par hasard, pensa-t-il, Mateo se trouvait parent de Gianetto, ou s'il était son ami, et qu'il voulût le défendre, les bourres de ses deux fusils arriveraient à deux d'entre nous, aussi sûr qu'une lettre à la poste, et s'il me visait, nonobstant la parenté!... 15

Dans cette perplexité, il prit un parti fort courageux, ce fut de s'avancer seul vers Mateo pour lui conter l'affaire, en l'abordant comme une vieille connaissance; mais le court intervalle qui le séparait de Mateo lui parut terriblement long.

— Holà! eh! mon vieux camarade, criait-il, comment cela 20 va-t-il, mon brave? C'est moi, je suis Gamba, ton cousin.

Mateo, sans répondre un mot, s'était arrêté, et, à mesure que l'autre parlait, il relevait doucement le canon de son fusil, de sorte qu'il était dirigé vers le ciel au moment où l'adjudant le joignit. 25

— Bonjour, frère, dit l'adjudant en lui tendant la main. Il y a bien longtemps que je ne t'ai vu.

— Bonjour, frère.

— J'étais venu pour te dire bonjour en passant, et à ma cousine Pepa. Nous avons fait une longue traite aujourd'hui; mais il ne 30 faut pas plaindre notre fatigue, car nous avons fait une fameuse prise. Nous venons d'empoigner Gianetto Sanpiero.

— Dieu soit loué! s'écria Giuseppa. Il nous a volé une chèvre laitière la semaine passée.

Ces mots réjouirent Gamba. 35

— Pauvre diable! dit Mateo, il avait faim.

7. **s'écria** (écrier) exclaimed
10. **malice**, *f.* trick
13. **avocat général**, *m.* Solicitor-General
14. **Malédiction**, *f.* Damnation
18. **cracha** (cracher) spit
18. **seuil**, *m.* threshold
20. **qui eût osé** who would have dared
25. **accablé** overwhelmed, crushed
27. **jatte**, *f.* bowl
29. **foudroyante** (foudroyant) thundering
32. **gourde**, *f.* flask, gourd
33. **venait de** (venir) had just
35. **de manière que** so that

— Le drôle s'est défendu comme un lion, poursuivit l'adjudant un peu mortifié ; il m'a tué un de mes voltigeurs, et, non content de cela, il a cassé le bras au caporal Chardon ; mais il n'y a pas grand mal, ce n'était qu'un Français... Ensuite, il s'était si bien caché, que le diable ne l'aurait pu découvrir. Sans mon petit 5 cousin Fortunato, je ne l'aurais jamais pu trouver.

— Fortunato ! s'écria Mateo.

— Fortunato ! répéta Giuseppa.

— Oui, le Gianetto s'était caché sous ce tas de foin là-bas ; mais mon petit cousin m'a montré la malice. Aussi je le dirai à 10 son oncle le caporal, afin qu'il lui envoie un beau cadeau pour sa peine. Et son nom et le tien seront dans le rapport que j'enverrai à M. l'avocat général.

— Malédiction ! dit tout bas Mateo.

Ils avaient rejoint le détachement. Gianetto était déjà couché 15 sur la litière et prêt à partir. Quand il vit Mateo en la compagnie de Gamba, il sourit d'un sourire étrange ; puis, se tournant vers la porte de la maison, il cracha sur le seuil en disant :

— Maison d'un traître !

Il n'y avait qu'un homme décidé à mourir qui eût osé pro- 20 noncer le mot de traître en l'appliquant à Falcone. Un bon coup de stylet, qui n'aurait pas eu besoin d'être répété, aurait immédiatement payé l'insulte. Cependant Mateo ne fit pas d'autre geste que celui de porter sa main à son front comme un homme accablé. 25

Fortunato était entré dans la maison en voyant arriver son père. Il reparut bientôt avec une jatte de lait, qu'il présenta les yeux baissés à Gianetto.

— Loin de moi ! lui cria le proscrit d'une voix foudroyante.

Puis, se tournant vers un des voltigeurs : 30

— Camarade, donne-moi à boire, dit-il.

Le soldat remit sa gourde entre ses mains, et le bandit but l'eau que lui donnait un homme avec lequel il venait d'échanger des coups de fusil. Ensuite il demanda qu'on lui attachât les mains de manière qu'il les eût croisées sur sa poitrine, au lieu de 35 les avoir liées derrière le dos.

2. **s'empressa** (empresser)   hurried
6. **inquiet**   uneasy
6–7. **tantôt... tantôt**   now ... now
14. **Arrière**   Behind
15. **sanglota** (sangloter)   sobbed
29. **trahison**, *f*.   treason, treachery
30. **hoquets** (hoquet, *m*.)   hiccups
30. **redoublèrent** (redoubler)   increased
31. **lynx**, *m*.   lynx
32. **crosse**, *f*.   butt

— J'aime, disait-il, à être couché à mon aise.

On s'empressa de le satisfaire; puis l'adjudant donna le signal
du départ, dit adieu à Mateo, qui ne lui répondit pas, et descendit au pas accéléré vers la plaine.

Il se passa près de dix minutes avant que Mateo ouvrît la 5
bouche. L'enfant regardait d'un œil inquiet tantôt sa mère et
tantôt son père, qui, s'appuyant sur son fusil, le considérait avec
une expression de colère concentrée.

— Tu commences bien! dit enfin Mateo d'une voix calme,
mais effrayante pour qui connaissait l'homme.   10

— Mon père! s'écria l'enfant en s'avançant les larmes aux
yeux comme pour se jeter à ses genoux.

Mais Mateo lui cria :

— Arrière de moi!

Et l'enfant s'arrêta et sanglota, immobile, à quelques pas de 15
son père.

Giuseppa s'approcha. Elle venait d'apercevoir la chaîne de la
montre, dont un bout sortait de la chemise de Fortunato.

— Qui t'a donné cette montre? demanda-t-elle d'un ton
sévère.   20

— Mon cousin l'adjudant.

Falcone saisit la montre, et, la jetant avec force contre une
pierre, il la mit en mille pièces.

— Femme, dit-il, cet enfant est-il de moi?

Les joues brunes de Giuseppa devinrent d'un rouge de 25
brique.

— Que dis-tu, Mateo? et sais-tu bien à qui tu parles?

— Eh bien, cet enfant est le premier de sa race qui ait fait
une trahison.

Les sanglots et les hoquets de Fortunato redoublèrent, et 30
Falcone tenait ses yeux de lynx toujours attachés sur lui. Enfin
il frappa la terre de la crosse de son fusil, puis le rejeta sur
son épaule et reprit le chemin du maquis en criant à Fortunato
de le suivre. L'enfant obéit.

Giuseppa courut après Mateo et lui saisit le bras.   35

— C'est ton fils, lui dit-elle d'une voix tremblante en attachant

1–2. **se passait** (passer)   was happening
5. **Vierge**, *f.*   Virgin
7. **ravin**, *m.*   ravine
8. **sonda** (sonder)   tested
9. **molle** (mou)   soft
9. **creuser**   to dig
9. **convenable**   suitable
11. **auprès de**   near
12. **s'agenouilla** (agenouiller)   knelt down
16. **balbutiant** (balbutier)   stammering
16. **Pater**, *m.*   paternoster, the Lord's Prayer
17. **Credo**, *m.*   creed, Apostles' creed
20. **Ave Maria**, *m.*   Hail Mary (a prayer in the Roman Catholic Church)
20. **litanie**, *f.*   litany
23. **éteinte** (éteint)   extinguished, dying, faint
25. **grâce**, *f.*   mercy
26. **on fera grâce à**   they will pardon
27–28. **couchait en joue** (coucher)   aimed
31–32. **fit feu** (faire)   fired
32. **raide mort**   killed on the spot
34. **bêche**, *f.*   spade
35. **enterrer**   to bury
35. **à peine**   hardly, scarcely
36. **accourait** (accourir)   was running up

ses yeux noirs sur ceux de son mari, comme pour lire ce qui se passait dans son âme.

— Laisse-moi, répondit Mateo : je suis son père.

Giuseppa embrassa son fils et entra en pleurant dans sa cabane. Elle se jeta à genoux devant une image de la Vierge et pria avec 5 ferveur. Cependant Falcone marcha quelques deux cents pas dans le sentier et ne s'arrêta que dans un petit ravin où il descendit. Il sonda la terre avec la crosse de son fusil et la trouva molle et facile à creuser. L'endroit lui parut convenable pour son dessein. 10

— Fortunato, va auprès de cette grosse pierre.

L'enfant fit ce qu'il lui commandait, puis il s'agenouilla.

— Dis tes prières.

— Mon père, mon père, ne me tuez pas.

— Dis tes prières! répéta Mateo d'une voix terrible. 15

L'enfant, tout en balbutiant et en sanglotant, récita le *Pater* et le *Credo*. Le père, d'une voix forte, répondait *Amen!* a la fin de chaque prière.

— Sont-ce là toutes les prières que tu sais?

— Mon père, je sais encore l'*Ave Maria* et la litanie que ma 20 tante m'a apprise.

— Elle est bien longue, n'importe.

L'enfant acheva la litanie d'une voix éteinte.

— As-tu fini?

— Oh! mon père, grâce! pardonnez-moi! Je ne le ferai plus! Je 25 prierai tant mon cousin le caporal qu'on fera grâce au Gianetto!

Il parlait encore; Mateo avait armé son fusil et le couchait en joue en lui disant :

— Que Dieu te pardonne!

L'enfant fit un effort désespéré pour se relever et embrasser 30 les genoux de son père; mais il n'en eut pas le temps. Mateo fit feu, et Fortunato tomba raide mort.

Sans jeter un coup d'œil sur le cadavre, Mateo reprit le chemin de sa maison pour aller chercher une bêche afin d'enterrer son fils. Il avait fait à peine quelques pas qu'il 35 rencontra Giuseppa, qui accourait alarmée du coup de feu.

5. **gendre**, *m.*　son-in-law

— Qu'as-tu fait? s'écria-t-elle.

— Justice.

— Où est-il?

— Dans le ravin. Je vais l'enterrer. Il est mort en chrétien; je lui ferai chanter une messe. Qu'on dise à mon gendre Tiodoro 5 Bianchi de venir demeurer avec nous.

(1829)

EXERCICES

I. Répondez aux questions suivantes :

1. De qui le maquis est-il la patrie?
2. Qui est-ce qui met le feu à une certaine étendue de bois? Pourquoi?
3. Où va-t-on si on a tué un homme?
4. Si vous allez dans le maquis, que les bergers vous donnent-ils?
5. Où se trouvait la maison de Mateo Falcone?
6. Mateo Falcone était-il riche?
7. Comment a-t-il paru à l'auteur quand celui-ci l'a vu deux ans après l'événement?
8. Comment Mateo s'est-il débarrassé d'un rival?
9. Qu'est-ce que sa femme lui avait donné d'abord?
10. Qui était l'espoir de la famille et l'héritier du nom?
11. Pourquoi Mateo est-il sorti de bonne heure avec sa femme un certain jour d'automne?
12. Pourquoi Fortunato ne pouvait-il les accompagner?
13. Qu'est-ce qui a interrompu les méditations de Fortunato?
14. Qui est-ce qui a paru dans le sentier?
15. Qu'est-ce qu'il venait de recevoir?
16. Pourquoi était-il tombé dans une embuscade de voltigeurs?
17. Pourquoi voulait-il que Fortunato le cache?
18. Quand les voltigeurs arriveront-ils?
19. Quelles armes le bandit porte-t-il?
20. Qu'est-ce que le bandit a tiré de la poche de cuir qui pendait à sa ceinture?
21. Où Fortunato a-t-il fait un grand trou?

22. Qu'est-ce qu'il a établi sur le tas de foin? Pourquoi?
23. De quoi a-t-il couvert les traces de sang?
24. Qui est-ce qui est arrivé quelques minutes après?
25. Quelle question a-t-il posée à Fortunato?
26. Quelle a été la réponse de Fortunato?
27. Selon Fortunato, qu'est-ce qui fait plus de bruit que les fusils des voltigeurs?
28. Quel ordre l'adjudant donne-t-il à ses hommes?
29. Où se sont arrêtées les traces de sang?
30. Après la menace de l'adjudant, qu'est-ce que Fortunato a répété?
31. En quoi consistait la cabane d'un Corse?
32. Quel dernier effort l'adjudant voulait-il faire quand il était convaincu que ses menaces ne produiraient aucune impression sur Fortunato?
33. Qu'est-ce que Fortunato donnera à l'adjudant?
34. Qu'est-ce que l'adjudant a tiré de sa poche?
35. Qui est-ce qui en a déjà une, pas aussi belle que celle de l'adjudant?
36. Que faut-il que Fortunato fasse pour avoir la montre?
37. Quelle a été la réaction de Fortunato à la proposition de l'adjudant?
38. Pourquoi l'adjudant ne pouvait-il s'en dédire?
39. Que faisait-il en parlant ainsi?
40. Comment était le cadran de la montre? Comment était la boîte?
41. Qu'est-ce que Fortunato a indiqué du pouce?
42. Qu'est-ce que l'adjudant a abandonné?
43. Pourquoi le bandit ne pouvait-il pas se tenir debout?
44. Qu'est-ce que Fortunato a jeté au bandit? Pourquoi?
45. Comment le bandit courait-il tout à l'heure?
46. Qui est-ce qui a paru tout d'un coup au détour d'un sentier?
47. Que portait la femme de Mateo?
48. Que portait le mari?
49. Quelle a été la première pensée de Mateo à la vue des soldats?
50. De quelle réputation jouissait-il?
51. Y a-t-il beaucoup de Corses qui trouvent quelque peccadille dans leur mémoire?
52. Quel ordre Mateo a-t-il donné à sa femme?
53. Comment a-t-elle obéi?
54. A qui Mateo a-t-il donné le fusil qu'il avait en bandoulière? Pourquoi?

55. Quel est l'emploi d'une bonne ménagère en cas de combat?
56. Quel parti l'adjudant a-t-il pris?
57. Comment l'intervalle qui séparait l'adjudant de Mateo a-t-il paru?
58. Qu'est-ce que le bandit a volé la semaine passée?
59. Est-ce que les mots de Giuseppa ont réjoui Gamba?
60. Le bandit a cassé le bras du caporal Chardon. Pourquoi l'adjudant a-t-il dit qu'il n'y avait pas grand mal?
61. Sans qui l'adjudant n'aurait-il pu découvrir le bandit?
62. Quels noms seront dans le rapport de l'adjudant?
63. Où Gianetto était-il déjà couché?
64. Qu'a-t-il fait en voyant Mateo en la compagnie de Gamba?
65. Qu'est-ce que Fortunato avait quand il a reparu?
66. Qui est-ce que l'enfant regardait d'un œil inquiet?
67. Pourquoi Giuseppa s'est-elle approchée?
68. Pourquoi les joues de Giuseppa sont-elles devenues d'un rouge de brique?
69. Quel chemin Mateo a-t-il repris?
70. Qu'est-ce que Giuseppa a fait avant d'entrer dans sa cabane?
71. Où Mateo s'est-il arrêté?
72. Qu'a-t-il fait avec la crosse de son fusil?
73. Que Mateo a-t-il dit à son fils en arrivant à l'endroit?
74. Quelles prières l'enfant a-t-il récitées?
75. Qu'est-ce que Mateo couchait en joue?
76. Est-ce que l'enfant a eu le temps d'embrasser les genoux de son père?
77. Où Mateo est-il allé après avoir tué son fils?
78. Pourquoi Giuseppa a-t-elle accouru?
79. Est-ce que Fortunato est mort en chrétien?

II. Traduisez en français les mots entre parenthèses :

1. (Upon leaving) Porto-Vecchio, on voit le terrain s'élever assez rapidement.
2. (Too bad) si la flamme se répand plus loin que besoin n'est.
3. On est sûr (of having) une bonne récolte.
4. Vous (will live there) en sûreté.
5. Le maquis est la patrie (of whoever) s'est brouillé avec la justice.
6. N'oubliez pas un manteau, qui (serves as) couverture.
7. Vous n'aurez rien (to fear).
8. (Just imagine) un homme petit mais robuste.

9. (At night), il (used) ses armes aussi facilement que le jour.
10. Il tirait et perçait le transparent (three times out of four).
11. Il se tourna (in the direction of) la plaine.
12. (Other) coups de fusil se succédèrent.
13. Il (had just) recevoir un coup de feu dans la cuisse.
14. Il (approached) Fortunato. (Use the *passé composé*.)
15. Je ne puis aller (any farther).
16. (Wait until) mon père soit revenu.
17. Ils seront ici (in) cinq minutes.
18. (What) me donneras-tu si je te cache?
19. Il l'avait réservée (doubtless) pour acheter de la poudre.
20. (Immediately) il fit un grand trou dans un tas de foin.
21. Il ne tient qu'à moi de (make you change) de note.
22. L'escopette de mon père en fait bien (more).
23. (Go into) cette maison, et voyez si notre homme n'y est pas.
24. Et Fortunato ricanait (still).
25. L'enfant (burst out laughing) à cette ridicule menace. (Use the *passé composé*.)
26. La cabane d'un Corse (consists only) en une seule pièce.
27. Un soldat (approached) le tas de foin. (Use the *passé composé*.)
28. Quand mon cousin (has returned), je lui conterai l'affaire.
29. Ils regardaient sérieusement (in the direction of) la plaine.
30. L'adjudant tira (from his pocket) une montre.
31. Elle (was worth) bien dix écus.
32. Les gens te demanderaient, ("What time is it?")
33. Le fils de ton oncle (already has one [*f.*]).
34. Il est (younger) que toi.
35. Pourquoi (are you making fun of) moi?
36. Il s'efforçait (to) y lire la foi qu'il devait avoir en ses paroles.
37. Je te donne la montre (on) cette condition.
38. Il semblait près (to) étouffer.
39. (In the) soleil, elle paraissait toute de feu.
40. Il a indiqué (with his) pouce le tas de foin.
41. Les voltigeurs se sont mis (to) culbuter le tas de foin.
42. Un homme en sortit, le poignard (in) la main.
43. Mateo (had stopped).
44. Il y a bien longtemps que je ne te (have seen).
45. Je (had come) pour te dire bonjour.
46. Nous (have made) une longue traite aujourd'hui.

47. Nous (have just) empoigner Gianetto Sanpiero.
48. Pauvre diable! il (was hungry).
49. Ce (was only) un Français.
50. Le diable (would not have been able) découvrir le bandit.
51. Le Gianetto (had hidden) sous ce tas de foin là-bas.

III. Mettez les verbes au passé composé:

1. Il vivait en paix avec tout le monde.
2. Il s'était débarrassé d'un rival.
3. Mateo se maria.
4. Mateo sortit de bonne heure avec sa femme.
5. Il irait dîner à la ville.
6. Fortunato remarqua des traces de sang sur le sentier.
7. Il les (*f.*) couvrit de poussière.
8. Il se recoucha au soleil.
9. Le curé passa devant notre porte ce matin.
10. L'enfant répondit d'un air niais.
11. Un soldat s'approcha du foin.
12. Il vit la chatte.
13. Rien ne remua.
14. Il voulut faire un dernier effort.
15. Tu joues un vilain jeu avec moi.
16. L'enfant lui jeta la pièce d'argent.
17. Le proscrit n'eut pas l'air de faire attention à ce mouvement.
18. Tu courais tout à l'heure plus vite qu'un chevreuil.
19. Mateo et sa femme parurent au détour du sentier.
20. La femme s'avançait courbée sous le poids d'un énorme sac de châtaignes.

IV. Remplacez les mots en italique par un antonyme:

1. Il y a *beaucoup* de Corses qui ne trouvent quelque peccadille dans leur mémoire.
2. Depuis *moins* de dix ans il n'avait pas dirigé son fusil contre un homme.
3. Elle obéit *lentement*.
4. L'adjudant était fort *heureux* en voyant Mateo s'avancer ainsi.
5. Un *long* intervalle le séparait de Mateo.
6. — Malédiction! dit *tout haut* Mateo.
7. Fortunato *était sorti de* la maison en voyant *partir* son père.

8. Il dit *bonjour* à Mateo.
9. Il descendit *lentement* vers la plaine.
10. L'enfant regardait d'un œil *tranquille* tantôt sa mère et tantôt son père.
11. — Tu *finis* bien! dit enfin Mateo d'une voix *agitée.*
12. Giuseppa *s'est éloignée.*
13. Cet enfant est le *dernier* de sa race qui ait fait une trahison.

V. Apprenez les expressions suivantes :

1. sortir de
2. quiconque
3. être sûr de
4. parvenir à
5. servir de
6. c'est-à-dire
7. tout au plus
8. se servir de
9. au bout de
10. sur   out of
11. d'ailleurs
12. se débarrasser de
13. du moins
14. un coup de fusil
15. au besoin
16. compter sur
17. de bonne heure
18. du côté de
19. venait de   had just
20. s'approcher de
21. dans   in (at the end of)
22. aussi... que
23. sans doute
24. aussitôt
25. cependant
26. remarquer   to notice
27. près de
28. couvrir de
29. ailleurs
30. beaucoup plus loin
31. un vaurien
32. davantage
33. entrer dans
34. une vingtaine de
35. faire + inf. (faire changer, faire guillotiner, faire coucher)
36. à voix basse
37. cependant
38. jouir de
39. s'approcher de
40. du côté dé
41. faire de la peine à
42. au bout de
43. ressembler à
44. se moquer de
45. de temps en temps
46. détourner
47. avoir l'air de
48. celui-ci   the latter
49. peu à peu
50. au soleil
51. par-dessus
52. se mettre à   to begin
53. faire attention à
54. tout à l'heure
55. les uns... les autres
56. tout d'un coup
57. à la vue de
58. peu de

59. tel que
60. plus de dix ans
61. par hasard
62. prendre un parti
63. à mesure que
64. de sorte que
65. il ne faut pas
66. venir de
67. se cacher
68. prêt à + inf.
69. cracher
70. avoir besoin de
71. à son aise
72. s'empresser de
73. au pas accéléré

74. près de
75. inquiet
76. tantôt... tantôt
77. se jeter
78. sangloter
79. se passer
80. à genoux
81. auprès de
82. s'agenouiller
83. faire grâce à
84. jeter un coup d'œil
85. afin de
86. à peine
87. le gendre

L'Élixir du Révérend Père Gaucher

ALPHONSE DAUDET (1840–1897)

élixir, *m.* alcoholic liquid; cure-all

1. **vous m'en direz des nouvelles** tell me what you think of it
2. **goutte**, *f.* drop
2. **soin**, *m.* care
3. **curé**, *m.* parish priest
3. **Graveson** village about 15 miles from Arles in Southern France
3. **versa** (verser) poured
4. **liqueur**, *f.* cordial; after-dinner digestive
4. **dorée** (doré) gilded, golden
4. **étincelante** (étincelant) sparkling
5. **ensoleillé** sunny
7. **Provence** region in southeastern France
7. **fit** (faire) said
8. **Prémontrés** (Prémontré) members of a religious order of regular canons, established by Saint Norbert in 1120
9. **moulin**, *m.* mill (where Daudet lived when he wrote some of his stories)
9. **chartreuses** (chartreuse) liqueur originated by Carthusian order
12. **entendre** intending
13. **presbytère**, *m.* parsonage
13–14. **Chemin de la croix** Way of the Cross, series of pictures showing stages of Christ's Passion
14. **rideaux** (rideau, *m.*) curtains
14. **empesés** (empesé) starched
15. **surplis**, *m.* surplice, white linen vestment of clergymen
15. **abbé**, *m.* abbot, priest
16. **Erasme** Erasmus, Dutch humanist
17. **d'Assoucy** (also, Assouci, Charles) French burlesque poet (1605–1677)
18. **Pères blancs** White Fathers, so called because of their white robes
19. **Provençaux** (Provençal) inhabitants of the region of Provence
20. **misère**, *f.* poverty
22. **tour Pacôme** Pacôme tower (Saint Pacôme started communal monastic life)
23. **cloître**, *m.* cloister
23. **rempli** (remplir) filled

BUVEZ CELA, mon voisin; vous m'en direz des nouvelles. Et, goutte à goutte, avec le soin minutieux d'un lapidaire comptant des perles, le curé de Graveson me versa deux doigts d'une liqueur verte, dorée, chaude, étincelante, exquise... J'en eus l'estomac tout ensoleillé.   5

— C'est l'élixir du Père Gaucher, la joie et la santé de notre Provence, me fit le brave homme d'un air triomphant; on le fabrique au couvent des Prémontrés, à deux lieues de votre moulin... N'est-ce pas que cela vaut bien toutes les chartreuses du monde?... Et si vous saviez comme elle est amusante, 10 l'histoire de cet élixir! Ecoutez plutôt...

Alors, tout naïvement, sans y entendre malice, dans cette salle à manger de presbytère, si candide et si calme avec son Chemin de la croix en petits tableaux et ses jolis rideaux clairs empesés comme des surplis, l'abbé me commença une historiette légère- 15 ment sceptique et irrévérencieuse, à la façon d'un conte d'Érasme ou de d'Assoucy.

— Il y a vingt ans, les Prémontrés, ou plutôt les Pères blancs, comme les appellent nos Provençaux, étaient tombés dans une grande misère. Si vous aviez vu leur maison de ce temps-là, elle 20 vous aurait fait peine.

Le grand mur, la tour Pacôme s'en allaient en morceaux. Tout autour du cloître rempli d'herbes, les colonnettes se fendaient, les saints de pierre croulaient dans leurs niches. Pas un vitrail debout, pas une porte qui tînt. Dans les préaux, dans 25

---

23. **herbes** (herbe, *f.*)   weeds
23. **colonnettes** (colonnette, *f.*)   small columns
23–24. **se fendaient** (fendre)   were splitting
24. **croulaient** (crouler)   were crumbling
25. **vitrail**, *m.*   stained-glass window
25. **debout**   intact
25. **préaux** (préau, *m.*)   courtyards

1. **Camargue**   delta of two branches of Rhône river near Marseilles
2. **cierges** (cierge, *m.*)   candles
2. **plomb**, *m.*   lead (lining)
2. **vitrages** (vitrage, *m.*)   windowpanes
3. **bénitiers** (bénitier, *m.*)   holy-water fonts
4. **pigeonnier**, *m.*   pigeon house
5. **faute de**   for lack of
6. **matines**, *f. pl.*   morning prayers
6. **cliquettes** (cliquette, *f.*)   clappers
6. **amandier**, *m.*   almond wood
8. **Fête-Dieu**   Corpus-Christi, festival on the Thursday after Trinity Sunday
8. **défilant** (défiler)   filing by
8. **rapiécées** (rapiécé)   patched
9. **citres** (citre, *f.*)   citrons
9. **pastèques** (pastèque, *f.*)   watermelons
10. **abbé**, *m.*   abbot; head of monastery
10. **honteux**   ashamed
11. **crosse**, *f.*   crozier, staff
11. **dédorée** (dédoré)   with the gilt off
11. **mitre**, *f.*   mitre, abbot's headdress
12. **vers**, (ver, *m.*)   moths
12. **confrérie**, *f.*   organization
13. **porte-bannière**, *sing.* or *pl.*   standard bearers
13. **ricanaient** (ricaner)   were sneering
15. **étourneaux** (étourneau, *m.*)   starlings
16–17. **en étaient arrivés... à**   had reached the point of
18. **vol**, *m.*   flight
21. **chapitre**, *m.*   chapter meeting
21. **prieur**, *m.*   prior
23. **gouverne**, *f.*   guidance, information
23. **bouvier**, *m.*   cowherd
25. **étiques** (étique)   consumptive
26. **fentes** (fente, *f.*)   cracks
27. **Baux**   town near Arles where bauxite was first discovered, the ore of aluminum
28. **recueilli**   taken in
30. **Pater noster**   Lord's Prayer
31. **cervelle**, *f.*   brain

les chapelles, le vent du Rhône soufflait comme en Camargue, éteignant les cierges, cassant le plomb des vitrages, chassant l'eau des bénitiers. Mais le plus triste de tout, c'était le clocher du couvent, silencieux comme un pigeonnier vide, et les Pères, faute d'argent pour s'acheter une cloche, obligés de sonner 5 matines avec des cliquettes de bois d'amandier!...

Pauvres Pères blancs! Je les vois encore, à la procession de la Fête-Dieu, défilant tristement dans leurs capes rapiécées, pâles, maigres, nourris de *citres* et de pastèques, et derrière eux monseigneur l'abbé, qui venait la tête basse, tout honteux de 10 montrer au soleil sa crosse dédorée et sa mitre de laine blanche mangée des vers. Les dames de la confrérie en pleuraient de pitié dans les rangs, et les gros porte-bannière ricanaient entre eux tout bas en se montrant les pauvres moines:

— Les étourneaux vont maigres quand ils vont en troupe.   15

Le fait est que les infortunés Pères blancs en étaient arrivés eux-mêmes à se demander s'ils ne feraient pas mieux de prendre leur vol à travers le monde et de chercher pâture chacun de son côté.

Or, un jour que cette grave question se débattait dans le 20 chapitre, on vint annoncer au prieur que le frère Gaucher demandait à être entendu au conseil... Vous saurez pour votre gouverne que ce frère Gaucher était le bouvier du couvent; c'est-à-dire qu'il passait ses journées à rouler d'arcade en arcade dans le cloître, en poussant devant lui deux vaches étiques qui 25 cherchaient l'herbe aux fentes des pavés. Nourri jusqu'à douze ans par une vieille folle du pays des Baux, qu'on appelait tante Bégon, recueilli depuis chez les moines, le malheureux bouvier n'avait jamais pu rien apprendre qu'à conduire ses bêtes et à réciter son *Pater noster*; encore le disait-il en provençal, 30 car il avait la cervelle dure et l'esprit fin comme une dague de plomb. Fervent chrétien du reste, quoiqu'un peu visionnaire,

---

31. **dague**, *f.*   dagger
32. **plomb**, *m.*   lead

1. **cilice,** *m.* hair-cloth shirt
1. **discipline,** *f.* lash
2. **et des bras!** and with what arms!
4. **balourd** stupid
4. **prieur,** *m.* prior
5. **chanoines** (chanoine, *m.*) canons
5. **argentier,** *m.* treasurer
7. **grisonnante** (grisonnant) greying
8. **aussi** so, thus
8. **s'émut** (émouvoir) was roused
9. **fit** = dit
9. **bonasse** silly
9. **tortillant** (tortiller) twisting
10. **chapelet,** *m.* rosary
10. **noyaux** (noyau, *m.*) pits
11. **tonneaux** (tonneau, *m.*) tuns, casks
12. **creuser** digging deeply into
12. **creuse** (creux) hollow, empty
16. **coquine,** *f.* rascal, hussy
16. **vilaines** (vilain) naughty
16–17. **après boire** = **après avoir bu** after having drunk
18. **de son vivant** in her lifetime
18. **se connaissait à** (connaître) knew all about
19. **merle,** *m.* blackbird
19. **Voire** Indeed
21. **simples,** *m.pl.* medicinal plants
22. **cueillir** to gather
22. **Alpilles** small mountain range in the department of Bouches-du-Rhône
22. **Il y a belles années de cela** That was a number of years ago
23. **Augustin** The Rule of Saint Augustine (A.D. 354–430), leader of early Christian church, was followed by the Prémontré order
27. **doucettement** gently, slowly
28. **la Trappe** Trappist abbey in Normandy
28. **la Grande** Grande Chartreuse, monastery where the liqueur "chartreuse" is manufactured
29–30. **lui sauter au cou** to throw his arms around him
31. **ému** moved
32. **bord,** *m.* edge

à l'aise sous le cilice et se donnant la discipline avec une conviction robuste, et des bras!...

Quand on le vit entrer dans la salle du chapitre, simple et balourd, saluant l'assemblée la jambe en arrière, prieur, chanoines, argentier, tout le monde se mit à rire. C'était 5 toujours l'effet que produisait, quand elle arrivait quelque part, cette bonne face grisonnante avec sa barbe de chèvre et ses yeux un peu fous; aussi le frère Gaucher ne s'en émut pas.

— Mes Révérends, fit-il d'un ton bonasse en tortillant son chapelet de noyaux d'olives, on a bien raison de dire que ce 10 sont les tonneaux vides qui chantent le mieux. Figurez-vous qu'à force de creuser ma pauvre tête déjà si creuse, je crois que j'ai trouvé le moyen de nous tirer tous de peine.

« Voici comment. Vous savez bien tante Bégon, cette brave femme qui me gardait quand j'étais petit. (Dieu ait son âme, 15 la vieille coquine! elle chantait de bien vilaines chansons après boire.) Je vous dirai donc, mes Révérends Pères, que tante Bégon, de son vivant, se connaissait aux herbes des montagnes autant et mieux qu'un vieux merle de Corse. Voire, elle avait composé, sur la fin de ses jours, un élixir incomparable en 20 mélangeant cinq ou six espèces de simples que nous allions cueillir ensemble dans les Alpilles. Il y a belles années de cela; mais je pense qu'avec l'aide de saint Augustin et la permission de notre Père abbé, je pourrais — en cherchant bien — retrouver la composition de ce mystérieux élixir. Nous n'aurions plus 25 alors qu'à le mettre en bouteilles, et à le vendre un peu cher, ce qui permettrait à la communauté de s'enrichir doucettement, comme ont fait nos frères de la Trappe et de la Grande...»

Il n'eut pas le temps de finir. Le prieur s'était levé pour lui sauter au cou. Les chanoines lui prenaient les mains. L'argentier, 30 encore plus ému que tous les autres, lui baisait avec respect le bord tout effrangé de sa cucule... Puis chacun revint à sa chaire

---

32. **effrangé**   frayed
32. **cucule**, *f.*   cowl, hooded garment worn by monks
32. **chaire**, *f.*   stall

1.   **séance tenante**   without delay
3.   **confection**, *f.*   preparation
7.   **veilles** (veille, *f.*)   nights without sleeping
10. **Comtat**   Comtat-Venaissin, old province in southern France that remained under pontifical authority from 1274 until 1791.
11. **mas**, *m.*   farm; country house
11. **grange**, *f.*   barn
11. **dépense**, *f.*   pantry
12. **vin cuit**, *m.*   fortified wine
12. **olives à la picholine**   pickled olives
13. **flacon**, *m.*   flask, bottle
13. **cacheté**   sealed
13. **armes**, *f.pl.*   coat of arms
14. **étiquette**, *f.*   label
17. **vitraux** (vitrail, *m.*)   stained-glass windows
17. **ouvragés** (ouvragé)   finely detailed
17. **dentelle**, *f.*   lace (work)
19. **s'abattre**   to burst forth
19. **Pâques**   Easter
19. **tintant** (tinter)   ringing
19. **carillonnant** (carillonner)   chiming
19–20. **à la grande volée**   at full peal
21. **Quant à**   as for
21. **lai**   lay
21. **rusticités** (rusticité, *f.*)   rustic manners
22. **égayaient** (égayer)   used to amuse
23. **désormais**   from then on, henceforth
24. **de tête**   clever
25. **menues** (menu)   trifling, insignificant
27. **battaient** (battre)   scoured, searched
32. **par aventure**   by chance
32. **moinillon**, *m.*   novice, young monk
32. **hardi**   daring
33. **s'accrochant à** (accrocher)   hanging to
33. **grimpantes** (grimpant)   climbing
33. **rosace**, *f.*   rose window
34. **portail**, *m.*   portal
34. **dégringolait** (dégringoler)   scampered down

pour délibérer; et, séance tenante, le chapitre décida qu'on confierait les vaches au frère Thrasybule, pour que le frère Gaucher pût se donner tout entier à la confection de son élixir.

Comment le bon frère parvint-il à retrouver la recette de tante Bégon? au prix de quels efforts? au prix de quelles veilles? L'histoire ne le dit pas. Seulement, ce qui est sûr, c'est qu'au bout de six mois, l'élixir des Pères blancs était déjà très populaire. Dans tout le Comtat, dans tout le pays d'Arles, pas un *mas*, pas une grange qui n'eût au fond de sa *dépense*, entre les bouteilles de vin cuit et les jarres d'olives à la picholine, un petit flacon de terre brune cacheté aux armes de Provence, avec un moine en extase sur une étiquette d'argent. Grâce à la vogue de son élixir, la maison des Prémontrés s'enrichit très rapidement. On releva la tour Pacôme. Le prieur eut une mitre neuve, l'église de jolis vitraux ouvragés; et, dans la fine dentelle du clocher, toute une compagnie de cloches et de clochettes vint s'abattre, un beau matin de Pâques, tintant et carillonnant à la grande volée.

Quant au frère Gaucher, ce pauvre frère lai dont les rusticités égayaient tant le chapitre, il n'en fut plus question dans le couvent. On ne connut plus désormais que le Révérend Père Gaucher, homme de tête et de grand savoir, qui vivait complètement isolé des occupations si menues et si multiples du cloître, et s'enfermait tout le jour dans sa distillerie, pendant que trente moines battaient la montagne pour lui chercher des herbes odorantes... Cette distillerie, où personne, pas même le prieur, n'avait le droit de pénétrer, était une ancienne chapelle abandonnée, tout au bout du jardin des chanoines. La simplicité des bons Pères en avait fait quelque chose de mystérieux et de formidable; et si, par aventure, un moinillon hardi et curieux, s'accrochant aux vignes grimpantes, arrivait jusqu'à la rosace du portail, il en dégringolait bien vite, effaré d'avoir vu le Père

5

10

15

20

25

30

---

34. **effaré** frightened

1. **nécromant**, *m.*   sorcerer
1. **fourneaux** (fourneau, *m.*)   stoves
2. **pèse-liqueur**, *m.*   alcoholometer
2. **cornues** (cornue, *f.*)   retorts
2. **grès**, *m.*   sandstone
3. **alambics** (alambic, *m.*)   stills
3. **serpentins** (serpentin, *m.*)   coils
4. **encombrement**, *m.*   obstruction, confused mass
4. **flamboyait** (flamboyer)   flamed
4. **ensorcelé**   bewitched
6. **Au jour tombant**   At nightfall
6. **Angélus**   bell ringing that announced the evening prayer service
8. **office**, *m.*   prayer service
9. **faisaient la haie** (faire)   lined up
12. **basse** (bas)   bowed
13. **s'épongeant le front** (éponger)   wiping his brow
14. **tricorne**, *m.*   three-cornered clerical hat
14. **bords** (bord, *m.*)   brim
14. **auréole**, *f.*   halo
15. **complaisance**, *f.*   complacency
16. **cours** (cour, *f.*)   courtyards
17. **girouettes** (girouette, *f.*)   weather vanes
17. **éclatant** (éclater)   brightly shining
18–19. **habillé de frais**   dressed in new robes
22. **bouffées** (bouffée, *f.*)   puffs
22. **orgueil**, *m.*   pride
26. **essoufflé**   out of breath
26. **capuchon**, *m.*   hood, cowl
27. **de travers**   crooked
27. **trempa** (tremper)   dipped
30. **révérences** (révérence, *f.*)   genuflections, bows
30. **orgue**, *m.*   organ
30. **tribunes** (tribune, *f.*)   galleries
31. **maître-autel**, *m.*   main altar
31. **en coup de vent**   like a gust of wind
31. **errer**   wander
34. **béat**   blissful
34. **nefs** (nef, *f.*)   naves
35. **chuchotait** (chuchoter)   whispered
35. **bréviaire**, *m.*   prayer book

Gaucher, avec sa barbe de nécromant, penché sur ses fourneaux,
le pèse-liqueur à la main; puis, tout autour, des cornues de grès
rose, des alambics gigantesques, des serpentins de cristal, tout un
encombrement bizarre qui flamboyait ensorcelé dans la lueur
rouge des vitraux...   5

Au jour tombant, quand sonnait le dernier Angélus, la porte
de ce lieu de mystère s'ouvrait discrètement, et le Révérend se
rendait à l'église pour l'office du soir. Il fallait voir quel accueil
quand il traversait le monastère! Les frères faisaient la haie sur
son passage. On disait :   10

— Chut!... il a le secret!...

L'argentier le suivait et lui parlait la tête basse... Au milieu
de ces adulations, le Père s'en allait en s'épongeant le front, son
tricorne aux larges bords posé en arrière comme une auréole,
regardant autour de lui d'un air de complaisance les grandes   15
cours plantées d'orangers, les toits bleus où tournaient des
girouettes neuves, et, dans le cloître éclatant de blancheur, —
entre les colonnettes élégantes et fleuries, — les chanoines habillés
de frais qui défilaient deux par deux avec des mines reposées.

— C'est à moi qu'ils doivent tout cela! se disait le Révérend   20
en lui-même; et chaque fois cette pensée lui faisait monter des
bouffées d'orgueil.

Le pauvre homme en fut bien puni. Vous allez voir...

Figurez-vous qu'un soir, pendant l'office, il arriva à l'église   25
dans une agitation extraordinaire : rouge, essoufflé, le capuchon
de travers, et si troublé qu'en prenant de l'eau bénite il y trempa
ses manches jusqu'au coude. On crut d'abord que c'était
l'emotion d'arriver en retard; mais quand on le vit faire de
grandes révérences à l'orgue et aux tribunes au lieu de saluer le   30
maître-autel, traverser l'église en coup de vent, errer dans le
choeur pendant cinq minutes pour chercher sa stalle, puis,
une fois assis, s'incliner de droite et de gauche en souriant d'un
air béat, un murmure d'étonnement courut dans les trois nefs.
On chuchotait de bréviaire à bréviaire :   35

— Qu'a donc notre Père Gaucher?... Qu'a donc notre Père
Gaucher?

1. **crosse**, *f.* staff
2. **dalles** (dalle, *f.*) flagstones
3. **répons**, *m. sing.* or *pl.* responses (in church)
4. **entrain**, *m.* enthusiasm
5. **Ave verum** Ave Verum, Latin hymn
6. **se renverse** (renverser) leans back
6. **entonne** (entonner) intones, sings out
9. **Patatin, patatan, tarabin, taraban** (meaningless rhythmic words)
11. **Emportez** (emporter) Carry away
11. **possédé** possessed by a demon
12. **se signent** (signer) make the sign of the cross
12–13. **se démène** (démener) waves wildly
14. **entraîner** to drag off
15. **se débattant** (débattre) struggling
15. **exorcisé** one freed of devils
16. **de plus belle** worse than ever
18. **au petit jour** at the break of day
19. **oratoire**, *m.* oratory, chapel
19. **coulpe**, *f.* confession of sin
19. **ruisseau**, *m.* stream
23. **marri** grieved
26. **rosée**, *f.* dew
31. **Vous aurez eu la main trop lourde** You must have poured too much to taste
32. **Schwartz** Berthold Schwartz, German monk, who is supposed to have invented gunpowder and to have been killed by his own invention

Par deux fois le prieur, impatienté, fit tomber sa crosse sur les dalles pour commander le silence... Là-bas, au fond du choeur, les psaumes allaient toujours, mais les répons manquaient d'entrain...

Tout à coup, au beau milieu de l'*Ave verum*, voilà mon Père Gaucher qui se renverse dans sa stalle et entonne d'une voix éclatante :

> *Dans Paris, il y a un Père blanc,*
> *Patatin, patatan, tarabin, taraban...*

Consternation générale. Tout le monde se lève. On crie :
— Emportez-le... il est possédé!

Les chanoines se signent. La crosse de monseigneur se démène... Mais le Père Gaucher ne voit rien, n'écoute rien; et deux moines vigoureux sont obligés de l'entraîner par la petite porte du choeur, se débattant comme un exorcisé et continuant de plus belle ses *patatin* et ses *taraban*.

Le lendemain, au petit jour, le malheureux était à genoux dans l'oratoire du prieur, et faisait sa *coulpe* avec un ruisseau de larmes :

— C'est l'élixir, Monseigneur, c'est l'élixir qui m'a surpris, disait-il en se frappant la poitrine.

Et de le voir si marri, si repentant, le bon prieur en était tout ému lui-même.

— Allons, allons, Père Gaucher, calmez-vous, tout cela séchera comme la rosée au soleil... Après tout, le scandale n'a pas été aussi grand que vous pensez. Il y a bien eu la chanson qui était un peu... hum! hum!... Enfin il faut espérer que les novices ne l'auront pas entendue... A présent, voyons, dites-moi bien comment la chose vous est arrivée... C'est en essayant l'élixir, n'est-ce pas? Vous aurez eu la main trop lourde... Oui, oui, je comprends... C'est comme le frère Schwartz, l'inventeur de la poudre : vous avez été victime de votre invention... Et dites-moi, mon brave ami, est-il nécessaire que vous l'essayiez sur vous-même, ce terrible élixir?

1. **éprouvette,** *f.* test-tube
2. **fini,** *m.* right taste, perfection
3. **velouté,** *m.* smoothness
3. **me fie** (se fier) trust
9. **bouquet,** *m.* bouquet, aroma
9. **arôme,** *m.* scent, aroma
10. **Aussi** Consequently
11. **Tant pis** Too bad
12. **si elle ne fait pas assez la perle** if it doesn't form droplets well enough
13. **Gardez-vous-en bien** You'll do nothing of the sort!
14. **s'exposer** risk
15. **prévenu** (prévenir) forewarned
17. **pour vous rendre compte** to let you know
18. **mettons** (mettre) let's say
18. **fin** cunning
19. **prévenir** to prevent
20. **dorénavant** henceforth
23. **eut beau** (avoir beau) in vain
24. **ne... lâcha plus** (lâcher) didn't release
28. **réchauds** (réchaud, *m.*) small stoves
28. **triait** (trier) sorted
28. **soigneusement** carefully
29. **dentelées** (dentelé) lacy
30. **brûlées de parfums** permeated with flavors
31. **infusés** (infuser) brewed
31. **et que = et quand** and when
31. **tiédissait** (tiédir) cooled off
31. **bassines** (bassine, *f.*) pans
32. **cuivre rouge,** *m.* brass
32. **martyre,** *m.* the martyrdom
34. **chalumeau,** *m.* tube
34. **gobelet,** *m.* goblet, tumbler
34. **vermeil,** *m.* silvergilt
35. **avalait** (avaler) swallowed
35. **trait,** *m.* gulp
36. **lui faisait envie** (faire) aroused his desire

— Malheureusement, oui, Monseigneur... l'éprouvette me donne bien la force et le degré de l'alcool; mais pour le fini, le velouté, je ne me fie guère qu'à ma langue...

— Ah! très bien... Mais écoutez encore un peu que je vous dise... Quand vous goûtez ainsi l'élixir par nécessité, est-ce que 5 cela vous semble bon? Y prenez-vous du plaisir?...

— Hélas! oui, Monseigneur, fit le malheureux Père en devenant tout rouge... Voilà deux soirs que je lui trouve un bouquet, un arôme!... C'est pour sûr le démon qui m'a joué ce vilain tour... Aussi je suis bien décidé désormais à ne plus 10 me servir que de l'éprouvette. Tant pis si la liqueur n'est pas assez fine, si elle ne fait pas assez la perle...

— Gardez-vous-en bien, interrompit le prieur avec vivacité. Il ne faut pas s'exposer à mécontenter la clientèle... Tout ce que vous avez à faire maintenant que vous voilà prévenu, c'est 15 de vous tenir sur vos gardes... Voyons, qu'est-ce qu'il vous faut pour vous rendre compte?... Quinze ou vingt gouttes, n'est-ce pas?... mettons vingt gouttes... Le diable sera bien fin s'il vous attrape avec vingt gouttes... D'ailleurs, pour prévenir tout accident, je vous dispense dorénavant de venir à l'église. Vous 20 direz l'office du soir dans la distillerie... Et maintenant, allez en paix, mon Révérend, et surtout... comptez bien vos gouttes.

Hélas! le pauvre Révérend eut beau compter ses gouttes... le démon le tenait, et ne le lâcha plus.

C'est la distillerie qui entendit de singuliers offices!   25

Le jour, encore, tout allait bien. Le Père était assez calme: il préparait ses réchauds, ses alambics, triait soigneusement ses herbes, toutes herbes de Provence, fines, grises, dentelées, brûlées de parfums et de soleil... Mais, le soir, quand les simples 30 étaient infusés et que l'élixir tiédissait dans de grandes bassines de cuivre rouge, le martyre du pauvre homme commençait.

— ... Dix-sept... dix-huit... dix-neuf... vingt!... Les gouttes tombaient du chalumeau dans le gobelet de vermeil. Ces vingt-là, le Père les avalait d'un trait, presque sans plaisir. Il n'y avait 35 que la vingt et unième qui lui faisait envie. Oh! cette vingt et

2. **s'agenouiller** to kneel down
2. **s'abîmait** (abîmer) buried himself
3. **patenôtres** (patenôtre, *f.*) prayers
4. **fumée,** *f.* smoke, mist
4. **aromates** (aromate, *m.*) spices
4. **rôder** to prowl
5. **bon gré, mal gré** whether he liked it or not
6. **narines** (narine, *f.*) nostrils
7. **remuait** (remuer) stirred
8. **paillettes** (paillette, *f.*) spangles
8. **étincelantes** (étincelant) sparkling
8–9. **que roulait le flot d'émeraude** that the emerald mass bubbled (rolled) with
15. **paupière,** *f.* eyelid
15. **dégustait** (déguster) sipped, sampled
15. **péché,** *m.* sin
15. **coups** (coup, *m.*) sips
20. **commères** (commère, *f.*) neighbor women
21. **bergerette,** *f.* little shepherdess
22. **seulette** all alone
25. **cellule,** *f.* cell
25. **faisaient = disaient** said
26. **des cigales en tête** crickets in your head
28. **jeûne,** *m.* fasting
29. **cilice,** *m.* hair-shirt
29. **discipline,** *f.* scourge, whip
29. **rien ne pouvait contre** (pouvoir) nothing was of any use
33. **commandes** (commande, *f.*) orders
34. **bénédiction,** *f.* blessing
36. **emballeurs** (emballeur, *m.*) packing

unième goutte!... Alors, pour échapper à la tentation, il allait
s'agenouiller tout au bout du laboratoire et s'abîmait dans ses
patenôtres. Mais de la liqueur encore chaude il montait une
petite fumée toute chargée d'aromates, qui venait rôder autour
de lui et, bon gré, mal gré, le ramenait vers les bassines... La 5
liqueur était d'un beau vert doré... Penché dessus, les narines
ouvertes, le père la remuait tout doucement avec son chalumeau,
et dans les petites paillettes étincelantes que roulait le flot
d'émeraude, il lui semblait voir les yeux de tante Bégon qui
riaient et pétillaient en le regardant...   10
— Allons! encore une goutte!
Et de goutte en goutte, l'infortuné finissait par avoir son
gobelet plein jusqu'au bord. Alors, à bout de forces, il se laissait
tomber dans un grand fauteuil, et, le corps abandonné, la
paupière à demi close, il dégustait son péché par petits coups, 15
en se disant tout bas avec un remords délicieux :
Ah! je me damne... je me damne...
Le plus terrible, c'est qu'au fond de cet élixir diabolique, il
retrouvait, par je ne sais quel sortilège, toutes les vilaines
chansons de tante Bégon: *Ce sont trois petites commères, qui* 20
parlent de faire un banquet... ou : *Bergerette de maître André*
s'en va-t-au bois seulette... et toujours la fameuse des Pères
blancs : *Patatin, patatan.*
Pensez quelle confusion le lendemain, quand ses voisins de
cellule lui faisaient d'un air malin :   25
— Eh! eh! Père Gaucher, vous aviez des cigales en tête hier
soir en vous couchant.
Alors c'étaient des larmes, des désespoirs, et le jeûne, et le
cilice, et la discipline. Mais rien ne pouvait contre le démon
de l'élixir; et tous les soirs, à la même heure, la possession 30
recommençait.

Pendant ce temps, les commandes pleuvaient à l'abbaye que
c'était une bénédiction. Il en venait de Nîmes, d'Aix, d'Avignon,
de Marseille... De jour en jour le couvent prenait un petit air 35
de manufacture. Il y avait des frères emballeurs, des frères

1. **étiqueteurs** (étiqueteur, *m.*) labelling
1. **écritures** (écriture, *f.*) writing
1–2. **camionnage**, *m.* trucking
2. **par-ci par-là** here and there
4. **je vous en réponds** I assure you
6. **en plein chapitre** at the chapter meeting
6. **et que = et pendant que** and while
12. **se doutait... de** (douter) suspected
13. **Il y a que** It is just that
15. **misérable**, *m.* wretch
19. **fioles** (fiole, *f.*) phials, small flasks
24. **grand-livre**, *m.* ledger
26. **Pour lors** At that point
28. **luisait** (luire) gleamed
28. **anneau pastoral**, *m.* pastoral ring
30. **tente** (tenter) tempts
32–33. **sauf votre respect** if I may say so; saving your presence
33. **sueurs** (sueur, *f.*) perspiration, sweat
33–34. **comme l'âne de Capitou, quand il voyait venir le bât**—(Provençal proverb) like the donkey, when it saw the pack saddle coming
36. **intention**, *f.* benefit
36. **oraison**, *f.* prayer

étiqueteurs, d'autres pour les écritures, d'autres pour le camionnage; le service de Dieu y perdait bien par-ci par-là quelques
coup de cloches; mais les pauvres gens du pays n'y perdaient
rien, je vous en réponds...

Et donc, un beau dimanche matin, pendant que l'argentier 5
lisait en plein chapitre son inventaire de fin d'année et que les
bons chanoines l'écoutaient les yeux brillants et le sourire aux
lèvres, voilà le Père Gaucher qui se précipite au milieu de la
conférence en criant :

— C'est fini... Je n'en fais plus... Rendez-moi mes vaches.   10

— Qu'est-ce qu'il y a donc, Père Gaucher? demanda le prieur,
qui se doutait bien un peu de ce qu'il y avait.

— Ce qu'il y a, Monseigneur?... Il y a que je suis en train de
me préparer une belle éternité de flammes et de coups de
fourche... Il y a que je bois, que je bois comme un misérable... 15

— Mais je vous avais dit de compter vos gouttes.

— Ah! bien oui, compter mes gouttes! c'est par gobelets qu'il
faudrait compter maintenant... Oui, mes Révérends, j'en suis
là. Trois fioles par soirée... Vous comprenez bien que cela ne
peut pas durer... Aussi, faites faire l'élixir par qui vous voudrez... 20
Que le feu de Dieu me brûle si je m'en mêle encore!

C'est le chapitre qui ne riait plus.

— Mais, malheureux, vous nous ruinez! criait l'argentier en
agitant son grand-livre.

— Préférez-vous que je me damne?   25

Pour lors, le Prieur se leva.

— Mes Révérends, dit-il en étendant sa belle main blanche
où luisait l'anneau pastoral, il y a moyen de tout arranger...
C'est le soir, n'est-ce pas, mon cher fils, que le démon vous
tente?...   30

— Oui, monsieur le prieur, régulièrement tous les soirs...
Aussi, maintenant, quand je vois arriver la nuit, j'en ai, sauf
votre respect, les sueurs qui me prennent, comme l'âne de
Capitou, quand il voyait venir le bât.

— Eh bien; rassurez-vous... Dorénavant, tous les soirs, à 35
l'office, nous réciterons à votre intention l'oraison de saint

1. **indulgence plénière**, *f.* plenary indulgence
6. **alouette**, *f.* lark
8. **complies** (complie, *f.*) prayer services
8. **officiant**, *m.* officiating clergyman
10. **Oremus Domine** We pray unto thee, O Lord
11. **capuches** (capuche, *f.*) hoods, cowls
11. **prosternées** (prosterné) prostrate
13. **bise**, *f.* cold wind
14. **vitrage**, *m.* windowpane
15. **à tue-tête** at the top of his voice
19. **moinettes** (moinette, *f.*) little nuns
22. **épouvante**, *f.* fear, terror
23. **Miséricorde**, *f.* Merciful heavens!
23. **paroissiens** (paroissien, *m.*) parishioners

Augustin, à laquelle l'indulgence plénière est attachée... Avec cela, quoi qu'il arrive, vous êtes à couvert... C'est l'absolution pendant le péché.

— Oh bien! alors, merci, monsieur le prieur!

Et sans en demander davantage, le Père Gaucher retourna à ses alambics, aussi léger qu'une alouette. 5

Effectivement, à partir de ce moment-là, tous les soirs à la fin des complies, l'officiant ne manquait jamais de dire:

— Prions pour notre pauvre Père Gaucher, qui sacrifie son âme aux intérêts de la communauté... *Oremus Domine...* 10

Et pendant que sur toutes ces capuches blanches, prosternées dans l'ombre des nefs, l'oraison, courait en frémissant comme une petite bise sur la neige, là-bas, tout au bout du couvent, derrière le vitrage enflammé de la distillerie, on entendait le Père Gaucher qui chantait à tue-tête: 15

> *Dans Paris il y a un Père blanc,*
> *Patatin, patatan, taraban, tarabin;*
> *Dans Paris il y a un Père blanc* .
> *Qui fait danser des moinettes,*
> *Trin, trin, trin, dans un jardin;* 20
> *Qui fait danser des...*

...Ici le bon curé s'arrêta plein d'épouvante :

— Miséricorde! si mes paroissiens m'entendaient!

EXERCICES

I. Répondez aux questions suivantes :

1. Qu'est-ce que le curé de Graveson a versé goutte à goutte?
2. De quelle couleur était la liqueur?
3. Où fabriquait-on l'élixir?
4. Où se trouvait le couvent des Prémontrés?
5. Où se trouvaient l'abbé et l'auteur?
6. Comment les Provençaux appellent-ils les Prémontrés?
7. Quand les Prémontrés sont-ils tombés dans une grande misère?

8. Où le vent du Rhône soufflait-il comme en Camargue?
9. Qu'est-ce qui était le plus triste de tout?
10. Pourquoi le clocher du couvent était-il silencieux?
11. De quoi les Pères blancs étaient-ils nourris?
12. Pourquoi l'abbé venait-il la tête basse?
13. Que les Pères blancs se demandaient-ils?
14. Comment le frère Gaucher passait-il ses journées?
15. Qui est-ce qui a nourri le frère Gaucher jusqu'à douze ans?
16. En quelle langue le frère Gaucher disait-il son *Pater noster*?
17. Qu'est-ce que tout le monde a fait quand le frère Gaucher est entré dans la salle du chapitre?
18. Qu'est-ce que le frère Gaucher tortillait en parlant?
19. Qu'a-t-il trouvé?
20. Qui était tante Bégon?
21. Qu'a-t-elle composé sur la fin de ses jours?
22. Qu'est-ce qui permettrait à la communauté de s'enricher doucettement?
23. Pourquoi le frère Gaucher n'a-t-il pas eu le temps de finir?
24. A qui confierait-on les vaches? Pourquoi?
25. Qu'est-ce que l'histoire ne dit pas?
26. Est-ce que la maison des Prémontrés s'est enrichi très rapidement?
27. Quels changements a-t-on fait au couvent?
28. Est-ce que le frère Gaucher vivait toujours entouré des occupations menues et multiples du cloître?
29. Où s'enfermait-il tout le jour?
30. Qui battait la montagne pour lui chercher des herbes odorantes?
31. Qu'est-ce qu'on aurait vu si l'on arrivait jusqu'à la rosace du portail?
32. Quand le Révérend Père Gaucher sortait-il de la distillerie?
33. Qui parlait au Père Gaucher la tête basse?
34. Comment les chanoines défilaient-ils maintenant?
35. A qui devaient-ils tout cela?
36. En quel état le Père Gaucher est-il arrivé à l'église un soir?
37. Qu'a-t-il fait en prenant de l'eau bénite?
38. De quelle manière le prieur a-t-il commandé le silence?
39. Quel est le résultat du chant du Père Gaucher?
40. Qu'est-ce que deux moines vigoureux sont obligés de faire?
41. Où le Père Gaucher se trouvait-il le lendemain, au petit jour?
42. Le prieur croit-il que le scandale a été grand?

43. Faut-il que le Père Gaucher essaie l'élixir lui-même?
44. Qu'est-ce que l'éprouvette lui donne?
45. Où le Père Gaucher dira-t-il l'office dorénavant?
46. Que doit-il faire surtout?
47. Est-ce que le Père Gaucher était calme le jour?
48. Que faisait-il le jour?
49. Quand le martyre commençait-il?
50. Que faisait le Père Gaucher pour échapper à la tentation?
51. Qu'est-ce qui le ramenait vers les bassines?
52. Que lui semblait-il voir dans les petites paillettes étincelantes?
53. Qu'est-ce qu'il retrouvait au fond de cet élixir diabolique?
54. Que lui disaient ses voisins de cellule le lendemain?
55. Quel air le couvent prenait-il de jour en jour?
56. Est-ce que le service de Dieu y perdait quelque chose?
57. Et est-ce que les pauvres gens du pays y perdaient quelque chose?
58. Combien de gobelets de liqueur le Père Gaucher prend-il chaque soir?
59. Qu'est-ce que l'argentier criait?
60. Qu'est-ce qu'on récitera dorénavant tous les soirs?
61. Qu'est-ce que l'officiant ne manquait jamais de dire à la fin des complies?
62. Qui est-ce qui chantait derrière le vitrage enflammé de la distillerie?
63. Qui s'est arrêté plein d'épouvante?

II. Traduisez en français les mots entre parenthèses :

1. (Everybody) se mit à rire.
2. On (is quite right in saying) que ce sont les tonneaux vides qui (sing) le mieux.
3. J'ai trouvé (the way) de nous tirer tous de peine.
4. Elle (used to sing) de bien vilaines chansons.
5. Il n'eut pas (time to finish).
6. L'argentier était (more moved) que tous les autres.
7. (At the end of six months), l'élixir était très populaire.
8. (History) ne le dit pas.
9. (Thanks to) la vogue de son élixir, la maison s'enrichit rapidement.
10. Le frère Gaucher (used to amuse) tant le chapitre.
11. Il (would close himself up) tout le jour dans sa distillerie.
12. Cette distillerie (was) une ancienne chapelle abandonnée.

13. La simplicité des bons Pères en (had made) quelque chose de mystérieux.
14. Au jour tombant, la porte (would open) discrètement.
15. L'argentier lui parlait (his) tête basse.
16. Le Père s'en allait en s'épongeant (his) front.
17. C'est à moi qu'ils (owe) tout cela.
18. (Once seated) il s'inclinait de droite et de gauche en souriant d'un air béat.
19. (What is the matter with) notre Père Gaucher?
20. (Father Gaucher) ne voit rien.
21. Il fit tomber sa crosse sur les dalles pour commander (silence).
22. (Everybody) se lève.
23. (Suddenly), le Père Gaucher se renverse dans sa stalle.
24. Ils l'entraînent (through) la petite porte du choeur.
25. Dites-moi comment la chose vous (happened).
26. Vous (must have had) la main trop lourde.
27. Dites-moi, (my worthy friend), faut-il l'essayer sur vous-même?
28. Le démon (played on me) ce vilain tour.
29. (Too bad) si la liqueur n'est pas assez fine.
30. Tout ce que vous (have to do) maintenant, c'est de vous tenir sur vos gardes.
31. (Moreover), je vous dispense dorénavant de venir à l'église.
32. Vous direz (the evening service) dans la distillerie.
33. (Above all), comptez bien vos gouttes.
34. Mais, (in the evening), le martyre du pauvre homme commençait.
35. Cela ne peut pas (last).
36. Aussi, (have the elixir made) par qui vous voudrez.
37. Quand je vois (night arrive), j'en ai les sueurs qui me prennent.
38. L'officiant ne manquait jamais (to say): « Prions pour notre pauvre Père Gaucher.»

III. Mettez la forme convenable de l'adjectif devant ou après le nom selon l'usage :

1. (vert) une liqueur.
2. (brave) l'homme (meaning *worthy*).
3. (tout) les chartreuses.
4. (petit) les tableaux.
5. (joli) ses rideaux.

IV. Mettez les mots en italique au pluriel en faisant tout autre changement nécessaire :

1. *Le Provençal* les appelle Pères blancs.
2. Le vent soufflait dans *le préau.*
3. Leur maison *t'*aurait fait peine.
4. *La colonnette* se fendait.

V. Mettez les verbes au passé composé :

1. Ils défilaient dans leurs capes rapiécées.
2. Les dames en pleuraient de pitié.
3. Gaucher était le bouvier du couvent.
4. Il le disait en provençal.
5. On vint au conseil.

VI. Mettez les verbes à l'imparfait :

1. Les gouttes sont tombées du chalumeau.
2. Le Père les a avalées d'un trait.
3. Il est allé s'agenouiller tout au bout du laboratoire.
4. Le père l'a remuée tout doucement.
5. L'infortuné a fini par avoir son gobelet plein jusqu'au bord.

VII. Apprenez les expressions suivantes :

1.	goutte à goutte	17.	de son vivant
2.	verser	18.	la recette
3.	cela vaut bien	19.	au bout de
4.	à la façon de	20.	pas un
5.	il y a vingt ans	21.	grâce à
6.	faire peine à	22.	quant à
7.	tout autour de	23.	désormais
8.	pas un	24.	tout au bout de
9.	faute de	25.	tout autour
10.	ricaner	26.	au milieu de
11.	se demander	27.	défiler deux par deux
12.	chacun de son côté	28.	devoir to owe
13.	c'est-à-dire	29.	au lieu de
14.	quelque part	30.	Qu'a-t-il? What is the matter with him?
15.	aussi so, thus		
16.	avoir raison	31.	là-bas

32. **au fond de**
33. **tout à coup**
34. **au beau milieu de**
35. **se renverser**
36. **être à genoux**
37. **se fier à**
38. **encore un peu**
39. **prendre plaisir à**
40. **pour sûr**
41. **se servir de**
42. **tant pis**
43. **avoir à**   to have to
44. **d'ailleurs**
45. **l'office du soir**
46. **surtout**
47. **avoir beau + inf.**
48. **le jour**   in the daytime

49. **le soir**   in the evening
50. **d'un trait**
51. **échapper à**
52. **s'agenouiller**
53. **tout au bout de**
54. **au fond de**
55. **hier soir**
56. **tous les soirs**
57. **il y avait**
58. **se précipiter**
59. **rendre**
60. **se douter de**
61. **ne... plus**
62. **sauf**
63. **quoi qu'il arrive**
64. **aussi... que**
65. **à partir de**

La Mule du Pape

ALPHONSE DAUDET

1. **dictons** (dicton, *m*) sayings
2. **passementent** (passementer) decorate
3. **singulier** strange, singular
4. **lieues** (lieue, *f.*) leagues (2½ miles)
5. **rancunier** spiteful
5–6. **méfiez-vous** (se méfier) beware, be on your guard
6. **garda** (garder) kept
7. **coup de pied,** *m.* kick
10. **renseigner** inform
11. **fifre,** *m.* fife
12. **légendaire,** *m.* collection of legends
12. **doigt,** *m.* finger
12. **sur le bout du doigt** on the tip of his tongue; at his fingertips
14–15. **ne... que** only
16. **Cigales** (cigale, *f.*) Grasshoppers, locusts
16. **à la bibliothèque des Cigales** at the library of the locusts, a figurative way of saying in the countryside
21. **montée** (monté) equipped
22. **desservie** (desservi) served, attended
23. **cymbales** (cymbale, *f.*) cymbal
22–23. **petits bibliothécaires à cymbales** little librarians with cymbals, i.e., the singing locusts
25. **fini par** (finir par) finally
26. **c'est-à-dire** that is (to say)
29. **sentait** (sentir) smelled of
30. **fils** (fil, *m.*) threads, strings
30. **fils de la Vierge** cobwebs, gossamer
31. **signets** (signet, *m.*) bookmark
32. **ne...rien** nothing

D<small>E TOUS LES JOLIS DICTONS</small>, proverbes ou adages, dont nos paysans de Provence passementent leurs discours, je n'en sais pas un plus pittoresque ni plus singulier que celui-ci. A quinze lieues autour de mon moulin, quand on parle d'un homme rancunier, vindicatif, on dit : « Cet homme-là ! méfiez- 5 vous !... il est comme la mule du Pape, qui garda sept ans son coup de pied. »

J'ai cherché bien longtemps d'où ce proverbe pouvait venir, ce que c'était que cette mule papale et ce coup de pied gardé pendant sept ans. Personne ici n'a pu me renseigner à ce sujet, 10 pas même Francet Mamaï, mon joueur de fifre, qui connaît pourtant son légendaire provençal sur le bout du doigt. Francet pense comme moi qu'il y a là-dessous quelque ancienne chronique du pays d'Avignon, mais il n'en a jamais entendu parler autrement que par le proverbe... 15

— Vous ne trouverez cela qu'à la bibliothèque des Cigales, m'a dit le vieux fifre en riant.

L'idée m'a paru bonne, et comme la bibliothèque des Cigales est à ma porte, je suis allé m'y enfermer pendant huit jours. 20

C'est une bibliothèque merveilleuse, admirablement montée, ouverte aux poètes jour et nuit, et desservie par de petits bibliothécaires à cymbales qui vous font de la musique tout le temps. J'ai passé là quelques journées délicieuses, et, après une semaine de recherches, — sur le dos, — j'ai fini par découvrir ce que je 25 voulais, c'est-à-dire l'histoire de ma mule et de ce fameux coup de pied gardé pendant sept ans. Le conte en est joli quoique un peu naïf, et je vais essayer de vous le dire tel que je l'ai lu hier matin dans un manuscrit couleur du temps, qui sentait bon la lavande sèche et avait de grands fils de la Vierge pour 30 signets.

Qui n'a pas vu Avignon du temps des Papes, n'a rien vu.

1. **train**, *m.*   bustle
3. **pèlerinages** (pèlerinage, *m.*)   pilgrimages
3. **jonchées** (jonché)   heaped, strewn
3. **lices** (lice, *f.*)   warp; yarn hung lengthwise
3. **tapissées de hautes lices**   hung high with banners and tapestries
5. **pavoisées** (pavoisé)   adorned with flags
6. **crécelles** (crécelle, *f.*)   rattles
6. **quêteurs** (quêteur, *m.*)   collecting alms, mendicant
7. **bourdonnant** (bourdonner)   buzzing
8. **ruche**, *f.*   beehive
9. **métier**, *m.*   loom
10. **navettes** (navette, *f.*)   shuttle
10. **tissant** (tisser)   weaving
10. **chasubles** (chasuble, *f.*)   chasubles (priest's vestments)
11. **burettes** (burette, *f.*)   cruets, pitchers, pots
11. **tables d'harmonie**, *f.*   soundboards; primitive organs
12. **luthiers** (luthier, *m.*)   lute-makers
12. **ourdisseuses** (ourdisseuse, *f.*)   warpers, weavers (women)
12. **par là-dessus**   over and above that
14. **ronfler**   snore, sound, hum
17. **farandole**, *f.*   farandole, dance of Provence
17. **se postaient** (se poster)   were stationed
20. **hallebardes** (hallebarde, *f.*)   halberds, long medieval battle-axes
21. **disette**, *f.*   want, famine
22. **Comtat**   region near Avignon which, like Avignon, was under the
    authority of the Popes
26. **larmes** (larme, *f.*)   tears
27. **avenant**   pleasing, courteous
29. **fussiez-vous** (*imp. subj.* of être)   were you, even if you were
29. **tireur**, *m.*   one who pulls out, picker, gatherer
29. **garance**, *f.*   madder (a plant)
30. **viguier**, *m.*   magistrate
31. **Yvetot**   town in Normandy where the rulers bore the title of King
    until the sixteenth century
32. **brin**, *m.*   sprig
32. **marjolaine**, *f.*   sweet marjoram
33. **barrette**, *f.*   cap
33. **Jeanneton**   sweetheart of the Roi d'Yvetot in famous song by
    Béranger

Pour la gaieté, la vie, l'animation, le train des fêtes, jamais une
ville pareille. C'étaient, du matin au soir, des processions, des
pèlerinages, les rues jonchées de fleurs, tapissées de hautes lices,
des arrivages de cardinaux par le Rhône, bannières au
vent, galères pavoisées, les soldats du Pape qui chantaient du 5
latin sur les places, les crécelles des frères quêteurs; puis, du
haut en bas des maisons qui se pressaient en bourdonnant autour
du grand palais papal comme des abeilles autour de leur ruche,
c'était encore le tic tac des métiers à dentelles, le va-et-vient
des navettes tissant l'or des chasubles, les petits marteaux des 10
ciseleurs de burettes, les tables d'harmonie qu'on ajustait chez
les luthiers, les cantiques des ourdisseuses; par là-dessus le
bruit des cloches, et toujours quelques tambourins qu'on
entendait ronfler, là-bas, du côté du pont. Car chez nous,
quand le peuple est content, il faut qu'il danse, il faut qu'il 15
danse; et comme en ce temps-là les rues de la ville étaient trop
étroites pour la farandole, fifres et tambourins se postaient
sur le pont d'Avignon, au vent frais du Rhône, et jour et nuit
l'on y dansait, l'on y dansait... Ah! l'heureux temps! l'heureuse
ville! Des hallebardes qui ne coupaient pas; des prisons d'État 20
où l'on mettait le vin à rafraîchir. Jamais de disette; jamais de
guerre... Voilà comment les Papes du Comtat savaient gouverner leur peuple; voilà pourquoi leur peuple les a tant
regrettés!...

Il y en a un surtout, un bon vieux, qu'on appelait Boniface... 25
Oh! celui-là, que de larmes on a versées en Avignon quand il est
mort! C'était un prince si aimable, si avenant! Il vous riait si
bien du haut de sa mule! Et quand vous passiez près de lui,—
fussiez-vous un pauvre petit tireur de garance ou le grand
viguier de la ville,— il vous donnait sa bénédiction si poliment! 30
Un vrai pape d'Yvetot, mais d'un Yvetot de Provence, avec
quelque chose de fin dans le rire, un brin de marjolaine à sa
barrette, et pas la moindre Jeanneton... La seul Jeanneton qu'on
lui ait jamais connue, à ce bon père, c'était sa vigne,— une

---

34. **vigne,** *f.* vineyard

1. **lieues** (lieue, *f.*) leagues (about 2½ miles)
2. **myrtes** (myrte, *m.*) myrtles (a plant)
2. **Château-Neuf** town near Avignon, famous for its wine
3. **vêpres**, *f.pl.* vespers, afternoon services
4. **faire sa cour** to pay court, woo
4. **assis** (asseoir) seated
5. **étendus** (étendre) stretched out
6. **souches** (souche, *f.*) vine stumps, base of the vines
6. **déboucher** open
6. **flacon**, *m.* bottle, decanter
6. **cru**, *m.* regional wine
8. **dégustait** (déguster) sipped, tasted
8. **coups** (coup, *m.*) swallows, sips
9. **vidé** (vider) emptied
9. **jour tombant**, *m.* in the late afternoon
10. **chapitre**, *m.* chapter, assembly of canons
11. **tambours** (tambour, *m.*) drums
12. **mise en train** (mettre) set going, started
13. **sautillant** (sautiller) hopping, skipping
18. **en raffolait de** (raffoler) was very fond of
20. **écurie**, *f.* stable
20. **mangeoire**, *f.* manger
23. **aromates** (aromate, *m.*) spices
26. **poil**, *m.* hair
26. **croupe**, *f.* rump
27. **harnachée** (harnaché) rigged out
27. **pompons** (pompon, *m.*) pompons, ornamental balls
28. **nœuds** (nœud, *m.*) bows
28. **grelots** (grelot, *m.*) little bells
28. **bouffettes** (bouffette, *f.*) ribbons
30. **en branle** in motion
30. **air bon enfant** a good natured appearance
32. **fît** (*imp. subj.* of faire) did make
31–32. **il n'y avait pas de bonnes manières qu'on ne lui fît** the people spared him nothing in the way of attention
34–35. **à preuve** as proof
36. **dans le principe** basically
36. **effronté** impudent
36. **galopin**, *m.* scamp

petite vigne qu'il avait plantée lui-même, à trois lieues d'Avignon,
dans les myrtes de Château-Neuf.

Tous les dimanches, en sortant de vêpres, le digne homme allait
lui faire sa cour ; et quand il était là-haut, assis au bon soleil,
sa mule près de lui, ses cardinaux tout autour étendus aux pieds 5
des souches, alors il faisait déboucher un flacon de vin du cru, —
ce beau vin, couleur de rubis qui s'est appelé depuis le Château-
Neuf des Papes, — et il le dégustait par petits coups, en regardant
sa vigne d'un air attendri. Puis, le flacon vidé, le jour tombant,
il rentrait joyeusement à la ville, suivi de tout son chapitre ; et, 10
lorsqu'il passait sur le pont d'Avignon, au milieu des tambours
et des farandoles, sa mule, mise en train par la musique, prenait
un petit amble sautillant, tandis que lui-même il marquait le pas
de la danse avec sa barrette, ce qui scandalisait fort ses cardinaux,
mais faisait dire à tout le peuple : « Ah ! le bon prince ! Ah ! le 15
brave pape ! »

Après sa vigne de Château-Neuf, ce que le pape aimait le plus
au monde, c'était sa mule. Le bonhomme en raffolait de cette
bête-là. Tous les soirs avant de se coucher, il allait voir si son
écurie était bien fermée, si rien ne manquait dans sa mangeoire, 20
et jamais il ne se serait levé de table sans faire préparer sous ses
yeux un grand bol de vin à la française, avec beaucoup de sucre
et d'aromates, qu'il allait lui porter lui-même, malgré les observations de ses cardinaux... Il faut dire aussi que la bête en valait
la peine. C'était une belle mule noire mouchetée de rouge, le 25
pied sûr, le poil luisant, la croupe large et pleine, portant
fièrement sa petite tête sèche toute harnachée de pompons, de
nœuds, de grelots d'argent, de bouffettes ; avec cela douce
comme un ange, l'oeil naïf, et deux longues oreilles, toujours
en branle, qui lui donnaient l'air bon enfant. Tout Avignon la 30
respectait, et, quand elle allait dans les rues, il n'y avait pas de
bonnes manières qu'on ne lui fît, car chacun savait que c'était
le meilleur moyen d'être bien en cour, et qu'avec son air innocent, la mule du Pape en avait mené plus d'un à la fortune, à
preuve Tistet Védène et sa prodigieuse aventure.   35

Ce Tistet Védène était, dans le principe, un effronté galopin,
que son père, Guy Védène, le sculpteur d'or, avait été obligé de

1. **débauchait** (débaucher) was leading astray
2. **apprentis** (apprenti, *m.*) apprentices
3. **ruisseaux** (ruisseau, *m.*) gutters
8. **remparts** (rempart, *m.*) ramparts
8. **aborde** (aborder) comes near
10. **brave** worthy
15. **Venez ça** (venir) Come here
15. **bijou**, *m.* jewel
16. **ému** moved
19. **lendemain**, *m.* next day
19. **arriva** (arriver) happened
20. **troqua** (troquer) exchanged
20. **aube**, *f.* alb, white linen vestment
21. **dentelles** (dentelle, *f.*) lace
21. **camail**, *m.* hood
21. **soie**, *f.* silk
21. **souliers** (soulier, *m.*) shoes
22. **maîtrise**, *f.* choir school
23. **neveux** (neveu, *m.*) nephews
24. **ne s'en tint pas là** (s'en tenir) did not stop at that
25. **drôle**, *m.* rascal
27. **prévenances** (prévenance, *f.*) kindnesses
28. **poignée**, *f.* handful
28. **avoine**, *f.* oats
29. **bottelée**, *f.* bunch, bundle
29. **sainfoin**, *m.* sainfoin, forage herb
29. **secouait** (secouer) shook
30. **grappes** (grappe, *f.*) bunches, clusters
31. **Tant et tant que** So much so that
31. **à la fin** finally
33. **veiller** taking care of, watching over

chasser de chez lui, parce qu'il ne voulait rien faire et débauchait
les apprentis. Pendant six mois, on le vit traîner sa jaquette dans
tous les ruisseaux d'Avignon, mais principalement du côté de la
maison papale ; car le drôle avait depuis longtemps son idée
sur la mule du Pape, et vous allez voir que c'était quelque 5
chose de malin...

Un jour que Sa Sainteté se promenait toute seule sous les
remparts avec sa bête, voilà mon Tistet qui l'aborde, et lui dit en
joignant les mains d'un air d'admiration :

— Ah mon Dieu ! grand Saint-Père, quelle brave mule vous 10
avez là !... Laissez un peu que je la regarde... Ah ! mon Pape,
la belle mule !... L'empereur d'Allemagne n'en a pas une pareille.

Et il la caressait, et il lui parlait doucement comme à une
demoiselle :

Venez ça mon bijou, mon trésor, ma perle fine... Et le bon 15
Pape, tout ému, se disait dans lui-même :

— Quel bon petit garçonnet !... Comme il est gentil avec ma
mule !

Et puis le lendemain savez-vous ce qui arriva ? Tistet Védène
troqua sa vieille jaquette jaune contre une belle aube en 20
dentelles, un camail de soie violette, des souliers à boucles, et il
entra dans la maîtrise du Pape, où jamais avant lui on n'avait
reçu que des fils de nobles et des neveux de cardinaux... Voilà
ce que c'est que l'intrigue !... Mais Tistet ne s'en tint pas là.

Une fois au service du Pape, le drôle continua le jeu qui lui 25
avait si bien réussi. Insolent avec tout le monde, il n'avait
d'attentions ni de prévenances que pour la mule, et toujours on
le rencontrait par les cours du palais avec une poignée d'avoine
ou une bottelée de sainfoin, dont il secouait gentiment les
grappes roses en regardant le balcon du Saint-Père, d'un air de 30
dire : « Hein !... pour qui ça ?... » Tant et tant qu'à la fin le bon
Pape, qui se sentait devenir vieux, en arriva à lui laisser le soin
de veiller sur l'écurie et de porter à la mule son bol de vin à la
française ; ce qui ne faisait pas rire les cardinaux.

Ni la mule non plus, cela ne la faisait pas rire... Maintenant, 35
à l'heure de son vin, elle voyait toujours arriver chez elle cinq

1. **clercs** (clerc, *m*.) clergymen
1. **petits clercs de maîtrise** choir boys
1. **se fourraient** (se fourrer) hid themselves
2. **paille,** *f*. straw
2. **au bout de** at the end of
4. **emplissait** (emplir) filled
9. **respirer** inhale
10. **narines** (narine, *f*.) nostrils
10. **passe, je t'ai vu!** it slipped by, hardly seen!
11. **gosier,** *m*. throat
11. **garnements** (garnement, *m*.) scamps
14. **queue,** *f*. tail
15. **barrette,** *f*. cap
16. **galopins** (galopin, *m*.) rogues
16. **reins,** *m*. *pl*. back
16. **coup de reins,** *m*. movement of the back
16. **ruade,** *f*. kick
20. **avaient beau faire** (avoir beau) did it in vain
20. **ne se fâchait pas** (se fâcher) did not get angry
21. **en voulait** (en vouloir à) bore a grudge against
21. **par exemple** indeed!
22. **sabot,** *m*. shoe, hoof
22. **démangeait** (démanger) itched
23. **il y avait bien de quoi** there was good reason
24. **vaurien,** *m*. good-for-nothing
26. **s'avisa** (s'aviser) took into his head
27. **clocheton,** *m*. bell-turret, bell tower
27. **maîtrise,** *f*. choir
27. **pointe,** *f*. top
31. **à l'aveuglette** blindly, gropingly
31. **colimaçon,** *m*. snail
31. **escalier en colimaçon** winding staircase
31. **grimpé** (grimper) climbed
33. **éblouissante** (éblouissant) dazzling
35. **baraques** (baraque, *f*.) booths, stalls
35. **noisettes** (noisette, *f*.) hazel-nuts
36. **caserne,** *f*. barracks
36. **fourmis** (fourmi, *f*.) ants

ou six petits clercs de maîtrise qui se fourraient vite dans la
paille avec leur camail et leurs dentelles ; puis, au bout d'un
moment, une bonne odeur chaude de caramel et d'aromates
emplissait l'écurie, et Tistet Védène apparaissait portant avec
précaution le bol de vin à la française. Alors le martyre de la 5
pauvre bête commençait.

Ce vin parfumé qu'elle aimait tant, qui lui tenait chaud, qui
lui mettait des ailes, on avait la cruauté de le lui apporter, là
dans sa mangeoire, de le lui faire respirer ; puis, quand elle en
avait les narines pleines, passe, je t'ai vu ! La belle liqueur de 10
flamme rose s'en allait toute dans le gosier de ces garnements...
Et encore, s'ils n'avaient fait que lui voler son vin ; mais c'étaient
comme des diables, tous ces petits clercs, quand ils avaient bu !...
L'un lui tirait les oreilles, l'autre la queue ; Quiquet lui montait
sur le dos, Béluguet lui essayait sa barrette, et pas un de ces 15
galopins ne songeait que d'un coup de reins ou d'une ruade la
brave bête aurait pu les envoyer tous dans l'étoile polaire, et
même plus loin... Mais non ! On n'est pas pour rien la mule
du Pape, la mule des bénédictions et des indulgences... Les
enfants avaient beau faire, elle ne se fâchait pas ; et ce n'était 20
qu'à Tistet Védène qu'elle en voulait... Celui-là, par exemple,
quand elle le sentait derrière elle, son sabot lui démangeait,
et vraiment il y avait bien de quoi. Ce vaurien de Tistet lui
jouait de si vilains tours ! Il avait de si cruelles inventions après
boire !... 25

Est-ce qu'un jour il ne s'avisa pas de la faire monter avec lui
au clocheton de la maîtrise, là-haut, tout là-haut, à la pointe du
palais !... Et ce que je vous dis là n'est pas un conte, deux cent
mille Provençaux l'ont vu. Vous figurez-vous la terreur de cette
malheureuse mule, lorsque, après avoir tourné pendant une 30
heure à l'aveuglette dans un escalier en colimaçon et grimpé je
ne sais combien de marches, elle se trouva tout à coup sur une
plate-forme éblouissante de lumière, et qu'à mille pieds au-
dessous d'elle elle aperçut tout un Avignon fantastique, les
baraques du marché pas plus grosses que des noisettes, les 35
soldats du Pape devant leur caserne comme des fourmis rouges,

5. **se précipitant** (se précipiter)   rushing out
6. **faisant mine** (faire)   pretending
7. **s'arracher**   tear out
12. **Tenez!** (tenir)   Look!
14. **hirondelles** (hirondelle, *f.*)   swallows
15. **Miséricorde!** *f.*   Mercy!
18. **Pécaïre**   Alas! (an expression from the dialect of Southern France, the langue d'oc)
19. **songer**   to think
20. **il y aurait de quoi**   there would have been a good chance
21. **rompre**   to break
22. **rôdant** (rôder)   wandering about
24. **réchappe** (réchapper)   escape
24. **sabot,** *m.*   hoof
24. **coup de sabot,** *m.*   kick
26–27. **cœur au ventre,** *m.*   courage
27. **se tenir**   to stand, hold, hold out
27. **elle n'aurait pas pu se tenir**   she wouldn't have been able to stand it
28. **tirer**   extricate
29. **cric,** *m.*   jack
29. **civière,** *f.*   stretcher
31. **nageant** (nager)   swimming
31. **vide,** *m.*   void, emptiness
32. **hanneton,** *m.*   May fly
33. **n'en dormit pas de la nuit**   didn't sleep a wink all night
34. **maudite** (maudit)   cursed
36. **détacher**   to let fly

et là-bas, sur un fil d'argent un petit pont microscopique où l'on
dansait, où l'on dansait... Ah! pauvre bête! quelle panique!
Du cri qu'elle en poussa, toutes les vitres du palais tremblèrent.

— Qu'est-ce qu'il y a? qu'est-ce qu'on lui fait? s'écria le bon
Pape en se précipitant sur son balcon.

Tistet Védène était déjà dans la cour, faisant mine de pleurer
et de s'arracher les cheveux :

— Ah! grand Saint-Père, ce qu'il y a! Il y a que votre mule...
Mon Dieu! qu'allons-nous devenir? Il y a que votre mule est
montée dans le clocheton...

— Toute seule???

— Oui, grand Saint-Père, toute seule... Tenez! regardez-la,
là-haut... Voyez-vous le bout de ses oreilles qui passe?... On
dirait deux hirondelles...

— Miséricorde! fit le pauvre Pape en levant les yeux... Mais
elle est donc devenue folle! Mais elle va se tuer... Veux-tu bien
descendre, malheureuse!...

Pécaïre! elle n'aurait pas mieux demandé, elle, que de descendre... mais par où? L'escalier, il n'y fallait pas songer :
ça se monte encore, ces choses-là; mais, à la descente, il y
aurait de quoi se rompre cent fois les jambes... Et la pauvre
mule se désolait, et, tout en rôdant sur la plate-forme avec ses
gros yeux pleins de vertige, elle pensait à Tistet Védène :

— Ah! bandit, si j'en réchappe... quel coup de sabot demain
matin!

Cette idée de coup de sabot lui redonnait un peu de cœur au
ventre; sans cela elle n'aurait pas pu se tenir... Enfin on parvint
à la tirer de là-haut; mais ce fut toute une affaire. Il fallut la
descendre avec un cric, des cordes, une civière. Et vous pensez
quelle humiliation pour la mule d'un Pape de se voir pendue
à cette hauteur, nageant des pattes dans le vide comme un
hanneton au bout d'un fil. Et tout Avignon qui la regardait.

La malheureuse bête n'en dormit pas de la nuit. Il lui semblait toujours qu'elle tournait sur cette maudite plate-forme, avec
les rires de la ville au-dessous, puis elle pensait à cet infame
Tistet Védène et au joli coup de sabot qu'elle allait lui détacher

2. **Pampérigouste** an invented name
2. **Or** Now
5. **galère,** *f.* galley
7. **Jeanne** Queen Joan of Naples
7. **exercer** to train
7. **belles manières** (manière, *f.*) courtly manners
8. **tenait à** (tenir à) to be anxious to
9. **soins** (soin, *m.*) care
10. **venait de** (venir de) had just
10. **déployer** displayed
10. **sauvetage,** *m.* rescue
12. **s'est douté de** (se douter de) suspected
13. **grelots** (grelot, *m.*) little round bells
17–18. **train de vie,** *m.* way of living
18. **allures** (allure, *f.*) pace
21. **gavotte,** *f.* old French dance
21. **pas de gavotte,** *m.* dance step
22. **Pourtant** However
23. **chuchotements** (chuchotement, *m.*) whispers
24. **hochaient** (hocher) shook
27. **somme,** *m.* nap
28. **arrière-pensée,** *f.* thought in the back of the mind
28. **si** suppose
32. **frémissaient** (frémir) trembled, shuddered
32. **aiguisait** (aiguiser) sharpened
36. **moutardier,** *m.* mustard-maker

le lendemain matin. Ah! mes amis, quel coup de sabot! De
Pampérigouste on en verrait la fumée... Or, pendant qu'on lui
préparait cette belle réception à l'écurie, savez-vous ce que
faisait Tistet Védène? Il descendait le Rhône en chantant sur une
galère papale et s'en allait à la cour de Naples avec la troupe de 5
jeunes nobles que la ville envoyait tous les ans près de la reine
Jeanne pour s'exercer à la diplomatie et aux belles manières.
Tistet n'était pas noble; mais le pape tenait à le récompenser des
soins qu'il avait donnés à sa bête, et principalement de l'activité
qu'il venait de déployer pendant la journée du sauvetage.   10
    C'est la mule qui fut désappointée le lendemain!
    — Ah! le bandit! il s'est douté de quelque chose!... pensait-
elle en secouant ses grelots avec fureur... ; mais c'est égal, va, mauvais! tu le retrouveras au retour, ton coup de sabot... je te le
garde!   15
    Et elle le lui garda.
    Après le départ de Tistet, la mule du Pape retrouva son train
de vie tranquille et ses allures d'autrefois. Plus de Quiquet,
plus de Béluguet à l'écurie. Les beaux jours du vin à la française,
étaient revenus, et avec eux la bonne humeur, les longues siestes, 20
et le petit pas de gavotte quand elle passait sur le pont d'Avignon.
Pourtant, depuis que son aventure, on lui marquait toujours un
peu de froideur dans la ville. Il y avait des chuchotements sur sa
route; les vieilles gens hochaient la tête, les enfants riaient en se
montrant le clocheton. Le bon Pape lui-même n'avait plus 25
autant de confiance en son amie, et lorsqu'il se laissait aller à
faire un petit somme sur son dos, le dimanche, en revenant de la
vigne, il gardait toujours cette arrière-pensée : « Si j'allais me
réveiller là-haut, sur la plate-forme!» La mule voyait cela et
elle en souffrait, sans rien dire; seulement, quand on pronon- 30
çait le nom de Tistet Védène devant elle, ses longues oreilles
frémissaient, et elle aiguisait avec un petit rire le fer de ses
sabots sur le pavé...
    Sept ans se passèrent ainsi; puis, au bout de ces sept années,
Tistet Védène revint de la cour de Naples. Son temps n'était pas 35
encore fini là-bas; mais il avait appris que le premier moutardier

3. **se mettre sur les rangs** to come forward (as candidate)
5. **eut peine** (avoir) had difficulty
5–6. **pris du corps** (prendre) his body had filled out
6. **s'était fait vieux** (se faire) had grown old
7. **besicles**, *f.pl.* spectacles
8. **s'intimida** (s'intimider) was intimidated; was frightened
19. **vient de mourir** (venir de) has just died
22. **pontife**, *m.* pontiff
24. **langui** (languir) pined away
26. **Si** Yes (affirmative answer in response to negative question)
28. **dès** from
30. **tant pis** so much the worse; that's too bad
31. **vêpres**, *f.pl.* vespers, afternoon service
31. **insignes** (insigne, *m*) badges insignia
32. **chapitre**, *m.* chapter; assembly

du Pape venait de mourir subitement en Avignon, et, comme la place lui semblait bonne, il était arrivé en grande hâte pour se mettre sur les rangs.

Quand cet intrigant de Védène entra dans la salle du palais, le Saint-Père eut peine à le reconnaître, tant il avait grandi et pris 5 du corps. Il faut dire aussi que le bon Pape s'était fait vieux de son côté, et qu'il n'y voyait pas bien sans besicles.

Tistet ne s'intimida pas.

— Comment! grand Saint-Père, vous ne me reconnaissez plus?... C'est moi, Tistet Védène!... 10

— Védène?...

— Mais oui, vous savez bien... celui qui portait le vin français à votre mule.

— Ah! oui... oui... je me rappelle... Un bon petit garçonnet, ce Tistet Védène!... Et maintenant, qu'est-ce qu'il veut de nous? 15

— Oh! peu de chose, grand Saint-Père... Je venais vous demander... A propos, est-ce que vous l'avez toujours, votre mule? Et elle va bien?... Ah! tant mieux!... Je venais vous demander la place du premier moutardier qui vient de mourir.

— Premier moutardier, toi!... Mais tu es trop jeune. Quel âge 20 as-tu donc?

— Vingt ans deux mois, illustre pontife, juste cinq ans de plus que votre mule... Ah! palme de Dieu, la brave bête!... Si vous saviez comme je l'aimais cette mule-là!... comme je me suis langui d'elle en Italie!... Est-ce que vous ne me la laisserez pas voir? 25

— Si, mon enfant, tu la verras, fit le bon Pape tout ému... Et puisque tu l'aimes tant, cette brave bête, je ne veux plus que tu vives loin d'elle. Dès ce jour, je t'attache à ma personne en qualité de premier moutardier... Mes cardinaux crieront, mais tant pis! j'y suis habitué... Viens nous trouver demain, à la sortie 30 de vêpres, nous te remettrons les insignes de ton grade en présence de notre chapitre, et puis... je te mènerai voir la mule, et tu viendras à la vigne avec nous deux... hé! hé! Allons! va...

Si Tistet Védène était content en sortant de la grande salle, avec quelle impatience il attendit la cérémonie du lendemain, 35 je n'ai pas besoin de vous le dire. Pourtant il y avait dans le

2. **jusqu'à**   until
3. **se bourrer**   stuffing itself
4. **avoine,** *f.*   oats
4. **tirer au mur**   practicing kicking against the wall
4. **sabots de derrière** (sabot, *m.*)   hind hoofs
8. **avocat du diable,** *m.*   devil's advocate (who presents the arguments against a proposed canonization as a saint)
9. **velours,** *m.*   velvet
9. **mitres** (mitre, *f.*)   miters (head-dress similar to that of bishop)
10. **marguilliers de Saint-Agrico** (marguillier, *m.*)   churchwardens of Saint-Agrico parish
10. **camails** (camail, *m.*)   hoods
10. **maîtrise,** *f.*   choir
12. **confréries** (confrérie, *f.*)   brotherhoods
12. **ermites du mont Ventoux** (ermite, *m.*)   hermits from Mount Ventoux, near Avignon
13. **mines** (mine, *f.*)   appearance, expressions
13. **farouches** (farouche)   wild, fierce
14. **clochette,** *f.*   small bell
14. **flagellants** (flagellant)   flagellant; scourging
14. **ceinture,** *f.*   waist, belt
15. **sacristains** (sacristain, *m.*)   sextons, church officials who take care of the edifice
15. **fleuris** (fleuri)   flowery, florid
16. **eau bénite,** *f.*   holy water
16. **éteint** (éteindre)   extinguishes
17. **manquât** (*imp. subj.* of manquer)   was missing
18. **ordination,** *f.*   ordination, installation
18. **pétards** (pétard, *m.*)   firecrackers
19. **enragés** (enragé, *m.*)   those passionately fond of; madmen
21. **prestance,** *f.*   commanding appearance
24. **frisés** (frisé)   curled
24. **follette** (follet)   downy
25. **copeaux** (copeau, *m.*)   shavings
25. **burin,** *m.*   engraver's tool
26. **bruit,** *m.*   rumor
30. **napolitains** (napolitain)   Neapolitan, from Naples
31. **jaquette,** *f.*   tunic, jacket
31. **bordée** (bordé)   embroidered
31. **à la Provençale**   in the style of the region of Provence

palais quelqu'un de plus heureux encore et de plus impatient
que lui : c'était la mule. Depuis le retour de Védène jusqu'aux
vêpres du jour suivant, la terrible bête ne cessa de se bourrer
d'avoine et de tirer au mur avec ses sabots de derrière. Elle
aussi se préparait pour la cérémonie...   5

Et donc, le lendemain, lorsque vêpres furent dites, Tistet
Védène fit son entrée dans la cour du palais papal. Tout le haut
clergé était là, les cardinaux en robes rouges, l'avocat du diable
en velours noir, les abbés du couvent avec leurs petites mitres, les
marguilliers de Saint-Agrico, les camails violets de la maîtrise, 10
le bas clergé aussi, les soldats du Pape en grand uniforme,
les trois confréries de pénitents, les ermites du mont Ventoux
avec leurs mines farouches et le petit clerc qui va derrière en
portant la clochette, les frères flagellants nus jusqu'à la ceinture,
les sacristains fleuris en robes de juges, tous, tous, jusqu'aux 15
donneurs d'eau bénite, et celui qui allume, et celui qui éteint...
il n'y en avait pas un qui manquât... Ah! c'était une belle
ordination! Des cloches, des pétards, du soleil, de la musique, et
toujours ces enragés de tambourins qui menaient la danse, là-
bas, sur le pont d'Avignon...   20

Quand Védène parut au milieu de l'assemblée, sa prestance et
sa belle mine y firent courir un murmure d'admiration. C'était
un magnifique Provençal, mais des blonds, avec de grands
cheveux frisés au bout et une petite barbe follette qui semblait
prise aux copeaux de fin métal tombé du burin de son père, le 25
sculpteur d'or. Le bruit courait que dans cette barbe blonde les
doigts de la reine Jeanne avaient quelquefois joué; et le sire de
Védène avait bien, en effet, l'air glorieux et le regard distrait
des hommes que les reines ont aimés... Ce jour-là, pour faire
honneur à sa nation, il avait remplacé ses vêtements napolitains 30
par une jaquette bordée de rose à la Provençale, et sur son
chaperon tremblait une grande plume d'ibis de Camargue.

---

32. **chaperon**, *m*.   hood
32. **ibis**, *m*.   ibis (bird)
32. **Camargue**   island formed at the mouth of the Rhone by two
    principal branches of the river

1. **Sitôt**   As soon as
1–2. **se dirigea** (se diriger)   went
2. **perron**, *m.*   stairs, outside landing
3. **remettre**   to give
3. **cuiller**, *f.*   spoon
3. **buis**, *m.*   boxwood
5. **harnachée** (harnaché)   rigged out
7. **tapes** (tape, *f.*)   slaps, taps, pats
9. **élan**, *m.*   spring, impetus
9. **pris son élan** (prendre)   got ready to kick
10. **attrape** (attraper, catch)   take that!
11. **détacha** (détacher)   let fly
12. **fumée**, *f.*   smoke
12. **tourbillon**, *m.*   whirlwind
13. **voltigeait** (voltiger)   fluttered, hovered, was flying about
15. **foudroyants** (foudroyant)   dreadful
16–17. **pensez-donc!** (penser)   just imagine!
18. **rancune**, *f.*   rancor, grudge

Sitôt entré, le premier moutardier salua d'un air galant, et se dirigea vers le haut perron, où le Pape l'attendait pour lui remettre les insignes de son grade : la cuiller de buis jaune et l'habit safran. La mule était au bas de l'escalier, toute harnachée et prête à partir pour la vigne... Quand il passa 5 près d'elle, Tistet Védène eut un bon sourire et s'arrêta pour lui donner deux ou trois petites tapes amicales sur le dos, en regardant du coin de l'œil si le Pape le voyait. La position était bonne... La mule prit son élan :

— Tiens ! attrape, bandit ! Voilà sept ans que je te le garde ! 10

Et elle lui détacha un coup de sabot si terrible, si terrible, que de Pampérigouste même on en vit la fumée, un tourbillon de fumée blonde où voltigeait une plume d'ibis ; tout ce qui restait de l'infortuné Tistet Védène !...

Les coups de pied de mule ne sont pas aussi foudroyants 15 d'ordinaire ; mais celle-ci était une mule papale ; et puis, pensez-donc ! elle le lui gardait depuis sept ans... Il n'y a pas de plus bel exemple de rancune ecclésiastique.

EXERCICES

I. Répondez aux questions suivantes :

1. Selon le dicton, combien de temps la mule a-t-elle gardé son coup de pied?
2. Qui est Francet Mamaï?
3. Où l'auteur s'est-il enfermé pendant huit jours?
4. Qu'est-ce que Boniface avait planté lui-même?
5. Comment s'appelle le vin de cette région?
6. Que faisait la mule en passant sur le pont d'Avignon?
7. Pourquoi les cardinaux ont-ils été fort scandalisés?
8. Qu'est-ce que le pape aimait le plus au monde après sa vigne?
9. Que faisait-il tous les soirs avant de se coucher?
10. Décrivez la mule du pape.
11. Pourquoi Guy Védène avait-il été obligé de chasser Tistet de chez lui?
12. Qu'est-ce que Tistet a fait pendant six mois?
13. Comment Tistet parlait-il à la mule du pape?

14. Comment Tistet était-il avec tout le monde?
15. Pourquoi est-ce que le Pape a laissé à Tistet le soin de veiller sur l'écurie?
16. Qui est-ce que la mule voyait arriver à l'heure de son vin?
17. Que portait Tistet avec précaution?
18. A qui la mule en voulait-elle?
19. Quand est-ce que le sabot de la mule lui démangeait?
20. Est-ce que la mule se fâchait avec les petits clercs de maîtrise qui la tourmentaient?
21. Qu'est-ce que Tistet s'est avisé de faire un jour?
22. Qu'est-ce que la mule a vu de la plate-forme?
23. Pourquoi les vitres du palais ont-elles tremblé?
24. Est-ce que la mule est montée au clocheton toute seule?
25. Qu'est-ce qui a redonné à la mule un peu de coeur au ventre?
26. Est-ce que la mule a bien dormi cette nuit?
27. A quoi pensait-elle?
28. Où allait Tistet?
29. Pourquoi la mule était-elle désappointée?
30. Comment était le train de vie de la mule après le départ de Tistet?
31. Quelle arrière-pensée le pape gardait-il toujours?
32. Que faisait la mule quand on prononçait le nom de Tistet devant elle?
33. Pourquoi Tistet est-il revenu de la cour de Naples?
34. Pourquoi est-ce que le Saint-Père a eu peine à reconnaître Tistet Védène?
35. Quel âge Tistet a-t-il?
36. D'où Tistet est-il sorti?
37. Qu'attendait-il avec impatience?
38. Qui était plus impatient que Tistet?
39. Comment la mule se préparait-elle pour la cérémonie?
40. Quelle sorte de robes portaient les cardinaux?
41. Depuis combien de temps la mule garde-t-elle le coup de sabot?
42. Où etait la mule?
43. Qu'est-ce qui voltigeait dans le tourbillon de fumée blonde?
44. Est-ce que les coups de pied de mule sont aussi foudroyants d'ordinaire?

II. Mettez les verbes en italique au passé composé :

1. Sa Sainteté *se promenait* toute seule.
2. Il lui *parlait* doucement.

3. Savez-vous ce qui *arriva*?
4. Il *entra* dans la maîtrise du pape.
5. Ceci ne *faisait* pas rire les cardinaux.
6. Cela ne la *faisait* pas rire.
7. Elle les *voyait* arriver chez elle.
8. Ils *se fourraient* dans la paille.
9. La liqueur *s'en allait* toute dans le gosier de ces garnements.
10. Il lui *montait* sur le dos.
11. Elle le *sentait* derrière elle.
12. Il *s'avisa* de la faire monter au clocheton.
13. Elle *se trouva* sur une plate-forme.
14. Elle *aperçut* tout un Avignon fantastique.
15. Toutes les vitres du palais *tremblèrent*.
16. Elle *devint* donc folle.
17. Il *parut* au milieu de l'assemblée.
18. Tistet *salua* d'un air galant.
19. Il *se dirigea* vers le haut perron.
20. C'est tout ce qui *restait* de Tistet.
21. Il *s'arrêta* pour lui donner deux tapes amicales.
22. On en *vit* la fumée.
23. On la *vit*.

III. *Mettez les verbes en italique au présent de l'indicatif :*

1. Il *garda* sept ans son coup de pied.
2. Personne ici n'*a pu* me renseigner à ce sujet.
3. L'idée m'*a paru* bonne.
4. Je *suis allé* m'y enfermer pendant huit jours.
5. J'*ai passé* là quelques journées délicieuses.
6. Le Pape *tenait* à le récompenser.
7. Il *venait* de la déployer.
8. Il *s'est douté* de quelque chose.
9. La mule *retrouva* son train de vie.
10. Il y *avait* des chuchotements sur sa route.
11. Ses longues oreilles *frémissaient*.

IV. *Mettez les verbes en italique à la première personne du pluriel en faisant tout autre changement nécessaire :*

1. Il n'*a* rien *vu*.
2. Les soldats *chantaient* du latin.

3. Il faut qu'il *danse.*
4. On *mettait* le vin à rafraîchir.
5. Ils *se pressaient* autour du grand palais.

V. Donnez le participe passé des verbes suivants :

1. vider
2. mourir
3. connaître
4. asseoir
5. mettre

Mettez les verbes en italique à l'imparfait :

1. Elles *nagent* dans le vide.
2. Elle *songe* à l'escalier.
3. Il *faut* descendre.
4. Ce *fut* toute une affaire.
5. Elle *va* lui détacher un coup de sabot.

VI. Mettez les verbes en italique au futur :

1. Est-ce que vous ne me la *laissez* pas voir?
2. Tu la *vois.*
3. Je te *mène* voir la mule.
4. Tu *viens* à la vigne avec nous deux.
5. Vous *savez* comme je l'aime.

VII. Remplacez les tirets par le mot indiqué entre parenthèses :

1. Il était plus impatient que (he) _____.
2. (Someone) _____ était plus heureux encore.
3. (The one) _____ qui allume était là.
4. C'est le petit clerc (who) _____ va derrière en portant la clochette.
5. Voilà le monsieur (whom) _____ nous avons vu hier.

VIII. Ecrivez les phrases suivantes en remplaçant chaque nom en italique par un pronom :

1. Il semblait *à la mule* qu'elle tournait toujours.
2. On verrait la fumée *du coup de sabot.*
3. Enfin on parvint à tirer *la mule* de là-haut.
4. Elle songeait *à l'escalier.*
5. Elle pensait *à Tistet Védène.*

IX. Mettez les noms suivants au pluriel :

1. un pèlerinage
2. le cardinal
3. une bannière
4. le métier
5. le marteau
6. le cardinal
7. le bijou
8. le neveu
9. le jeu
10. le dieu

X. Mettez les adjectifs suivants au féminin :

1. grand
2. étroit
3. pareil
4. heureux
5. frais

XI. Mettez la forme convenable de l'adjectif entre parenthèses devant ou après le nom :

1. (sec)   la terre
2. (doux)   une voix
3. (naïf)   une personne
4. (long)   une journée
5. (bon)   une pièce de théâtre
6. (prodigieux)   son aventure
7. (tranquille)   une vie
8. (tranquille)   un homme
9. (beau)   les jours
10. (beau)   l'écurie
11. (bon)   le Pape
12. (bon)   l'humeur
13. (long)   les siestes
14. (long)   la route
15. (vieux)   les gens
16. (vieux)   le nom
17. (son)   amie
18. (son)   amies

19. (petit)   un rire
20. (petit) la vigne
21. (grand)   en hâte
22. (grand)   un homme

XII. *Apprenez les expressions suivantes :*

1. singulier
2. se méfier
3. garder
4. finir par
5. ne... que
6. c'est-à-dire
7. ne... rien
8. autour de
9. le va-et-vient
10. chez nous
11. de côté de
12. près de
13. quelque chose de fin
14. tous les dimanches
15. tout autour
16. au milieu de
17. déguster
18. tandis que
19. à la française
20. valoir la peine
21. large
22. dans le principe
23. depuis longtemps
24. brave (worthy)
25. tout ému
26. le lendemain
27. arriver   (happen)
28. Voilà ce que c'est que l'intrigue!
29. à la fin
30. avoir beau + infinitive
31. en vouloir à
32. ce vaurien
33. au bout de
34. la queue
35. se fâcher
36. démanger
37. s'aviser de
38. tout à coup
39. au-dessous
40. là-bas
41. se précipiter
42. faire mine de
43. s'arracher
44. Tenez!
45. tenir à
46. venir de
47. se douter de
48. faire un somme
49. au bout de
50. entrer dans
51. avoir peine à + infinitive
52. se rappeler
53. venir de + infinitive
54. dès
55. tant pis
56. sortir de
57. avoir besoin de
58. jusqu'à
59. lorsque
60. il n'y en avait pas un
61. là-bas
62. au milieu de
63. le bruit courait

64. se diriger
65. près de

66. regarder du coin de l'œil
67. Voilà sept ans que je te le garde!

La Jalousie de Swann

du roman, *Du côté de chez Swann*
MARCEL PROUST (1871–1922)

1. **où le mettait la présence d'Odette** (subject follows verb) *trans :* which the presence of Odette caused him
2. **malaise**, *m.* discomfort, uneasiness
2. **fébrile** feverish
2. **ne ... guère** scarcely
3. **privait** (priver) deprived, robbed
3. **bien-être**, *m.* comfort, snugness
4. **fond**, *m.* background, foundation
4–5. **que peut donner la nature** which nature can give
9. **en pleine table** before everyone at the table
10. **fidèles** (fidèle, *m.*) faithful; the regular accepted guests of the Verdurins
14. **ombrage**, *m.* offense
13–14. **n'eût jamais pris ... ombrage** had never taken offense
14. **tel ou tel** one or other
14. **éprouvait** (éprouver) experienced
15. **douceur**, *f.* peacefulness, calmness
15. **avouer** confess, avow
16. **impudeur**, *f.* immodesty
16. **quotidiens** (quotidien) daily, regular
18. **impliquée** (impliqué) implied
18. **Certes** Indeed
21–22. **n'avait rien qui dût lui paraître si flatteur à voir proclamer à la face des « fidèles »** ... had nothing which should seem to flatter him when he heard it proclaimed before the "faithful"
22. **s'était aperçu** (s'apercevoir) had observed
24. **qu'avait pour eux son corps** which her body held for them
24. **éveillé** (éveiller) awakened, excited
25. **besoin**, *m.* need
25. **douloureux** painful, sore
25. **maîtriser** to master, control
26. **moindres** (moindre) smallest, tiniest
27. **prix**, *m.* price, value
29. **recensait** (recenser) examined, counted over
29. **biens** (bien, *m.*) property

L'AGITATION OÙ LE METTAIT la présence d'Odette, et aussi un léger malaise fébrile qui ne le quittait guère depuis quelque temps, le privait du calme et du bien-être qui sont le fond indispensable aux impressions que peut donner la nature.

Un soir où Swann avait accepté de dîner avec les Verdurin, comme pendant le dîner il venait de dire que le lendemain il avait un banquet d'anciens camarades, Odette lui avait répondu en pleine table, devant Forcheville, qui était maintenant un des fidèles, devant le peintre, devant Cottard :

— Oui, je sais que vous avez votre banquet; je ne vous verrai donc que chez moi, mais ne venez pas trop tard.

Bien que Swann n'eût encore jamais pris bien sérieusement ombrage de l'amitié d'Odette pour tel ou tel fidèle, il éprouvait une douceur profonde à l'entendre avouer ainsi devant tous, avec cette tranquille impudeur, leurs rendez-vous quotidiens du soir, la situation privilégiée qu'il avait chez elle et la préférence pour lui qui y était impliquée. Certes Swann avait souvent pensé qu'Odette n'était à aucun degré une femme remarquable, et la suprématie qu'il exerçait sur un être qui lui était si inférieur n'avait rien qui dût lui paraître si flatteur à voir proclamer à la face des « fidèles, » mais depuis qu'il s'était aperçu qu'à beaucoup d'hommes Odette semblait une femme ravissante et désirable, le charme qu'avait pour eux son corps avait éveillé en lui un besoin douloureux de la maîtriser entièrement dans les moindres parties de son coeur. Et il avait commencé d'attacher un prix inestimable à ces moments passés chez elle le soir, où il l'asseyait sur ses genoux, lui faisait dire ce qu'elle pensait d'une chose, d'une autre, où il recensait les seuls biens à la possession desquels il tînt maintenant sur terre.

---

30. **tînt** (*imp. subj.* of tenir)   prized, clung

1. **Aussi**　And so
1. **ne manqua pas** (manquer)　did not fail
2. **enseigner**　teach, indicate
2. **selon**　according to
3. **reconnaissance,** *f.*　gratitude
3. **témoignait** (témoigner)　showed
3. **échelle,** *f.*　scale
5–6. **et l'y rendrait vulnérable**　and would make him vulnerable to them
6. **atteintes** (atteinte, *f.*)　assaults, attacks
4–6. **de le garantir . . . des atteintes de la jalousie**　to screen him from assaults of jealousy
7. **il pleuvait à verse** (pleuvoir)　it was pouring rain
8. **victoria,** *f.*　Victoria (uncovered four-wheeled carriage)
9. **reconduire**　to take back
9. **coupé,** *m.*　coupe (closed carriage)
9. **fait,** *m.*　fact
11. **ne . . . personne**　no one
11. **l'esprit tranquille**　with his mind at ease
12. **plutôt que**　rather than
14. **tenir à**　to be anxious to
15. **négligerait-elle** (inversion after peut-être)　she would fail
16. **justement une fois**　at precisely a time
18. **se plaignit** (se plaindre)　complained
18. **fût** (*imp. subj.* of être)　was
19. **l'orage,** *m.*　storm
19. **souffrante** (souffrant)　ill
20. **prévint** (prévenir)　informed
21. **renverrait** (renvoyer)　would send away
23. **éteindre**　extinguish, put out
27. **crût** (*imp. subj.* of croire)　might believe
27. **s'endormir**　to go to sleep
28. **rallumé** (rallumer)　turned the light back on
29. **devait** (devoir)　was to
29. **à peu près**　almost
30. **fiacre,** *m.*　hackney-coach, carriage
31. **tout près de**　quite near
32. **sur laquelle donnait derrière son hôtel**　which lay behind her house

Aussi, après ce dîner, la prenant à part, il ne manqua pas de la remercier avec effusion, cherchant à lui enseigner selon les degrés de la reconnaissance qu'il lui témoignait, l'échelle des plaisirs qu'elle pouvait lui causer, et dont le suprême était de le garantir, pendant le temps que son amour durerait et l'y rendrait 5 vulnérable, des atteintes de la jalousie.

Quand il sortit le lendemain du banquet, il pleuvait à verse, il n'avait à sa disposition que sa victoria; un ami lui proposa de le reconduire chez lui en coupé, et comme Odette, par le fait qu'elle lui avait demandé de venir, lui avait donné la certitude 10 qu'elle n'attendait personne, c'est l'esprit tranquille et le coeur content que, plutôt que de partir ainsi dans la pluie, il serait entré chez lui se coucher. Mais peut-être, si elle voyait qu'il n'avait pas l'air de tenir à passer toujours avec elle, sans aucune exception, la fin de la soirée, négligerait-elle de la lui réserver, 15 justement une fois où il l'aurait particulièrement désiré.

Il arriva chez elle après onze heures, et, comme il s'excusait de n'avoir pu venir plus tôt, elle se plaignit que ce fût en effet bien tard, l'orage l'avait rendue souffrante, elle se sentait mal à la tête et le prévint qu'elle ne le garderait pas plus d'une demi- 20 heure, qu'à minuit elle le renverrait; et, peu après, elle se sentit fatiguée et désira s'endormir.

Elle le pria d'éteindre la lumière avant de s'en aller, il partit. Mais, quand il fut rentré chez lui, l'idée lui vint brusquement que peut-être Odette attendait quelqu'un ce soir, qu'elle avait 25 seulement simulé la fatigue et qu'elle ne lui avait demandé d'éteindre que pour qu'il crût qu'elle allait s'endormir, qu'aussitôt qu'il avait été parti, elle avait rallumé, et fait entrer celui qui devait la voir. Il regarda l'heure. Il y avait à peu près une heure et demie qu'il l'avait quittée, il ressortit, prit un fiacre et se fit 30 arrêter tout près de chez elle, dans une petite rue perpendiculaire à celle sur laquelle donnait derrière son hôtel et où il allait quelquefois frapper à la fenêtre de sa chambre à coucher pour qu'elle vînt lui ouvrir; il descendit de voiture, tout était désert

---

34. **vînt** (*imp. subj.* of venir)   come

2. **déboucha** (déboucher)   emerged
3. **éteintes** (éteint)   darkened
4. **débordait** (déborder)   flooded, poured out
4. **volets** (volet, *m.*)   shutters
4. **pressaient** (presser)   squeezed, pressed, crushed
5. **pulpe**, *f.*   pulp
5. **dorée** (doré)   golden
5. **remplissait** (remplir)   filled
6. **apercevait** (apercevoir)   caught sight of
7. **réjouissait** (réjouir)   cheered, gladdened
9–10. **se glissa** (se glisser)   slipped
10. **lames** (lame, *f.*)   slats
14. **or**, *m.*   gold
14. **châssis**, *m.*   window-sash
16. **fausseté**, *f.*   insincerity
18. **acuité**, *f.*   sharpness
19. **vague**, *m.*   uncertainty
20. **impuissant**   powerless, helpless
20. **soupçon**, *m.*   suspicion
21. **éclairée** (éclairé)   lighted
23. **plutôt**   rather
24–25. **du moins**   at least
25. **avait su**   had found out
26. **causerie**, *f.*   chat
26. **tout à l'heure**   a little while ago
27. **se riant avec l'autre de ses illusions**   laughing with the other at his deception
29. **trompés** (trompé)   deceived, outwitted
29. **en somme**   in short, finally
31. **ressentait** (ressentir)   experienced
32. **apaisement**, *m.*   appeasement
33. **amoureux**   in love
35. **autrefois**   before, formerly

et noir dans ce quartier, il n'eut que quelques pas à faire à pied
et déboucha presque devant chez elle. Parmi l'obscurité de
toutes les fenêtres éteintes depuis longtemps dans la rue, il en
vit une seule d'où débordait — entre les volets qui en pressaient
la pulpe mystérieuse et dorée — la lumière qui remplissait la 5
chambre et qui, tant d'autres soirs, du plus loin qu'il l'apercevait
en arrivant dans la rue, le réjouissait et lui annonçait : « elle est
là qui t'attend » et qui maintenant, le torturait en lui disant :
« elle est là avec lui qu'elle attendait. » Il voulait savoir qui ; il se
glissa le long du mur jusqu'à la fenêtre, mais entre les lames 10
obliques des volets il ne pouvait rien voir ; il entendait seulement
dans le silence de la nuit le murmure d'une conversation.

Certes, il souffrait de voir cette lumière dans l'atmosphère
d'or de laquelle se mouvait derrière le châssis le couple invisible
et détesté, d'entendre ce murmure qui révélait la présence de 15
celui qui était venu après son départ, la fausseté d'Odette. Et
pourtant il était content d'être venu : le tourment qui l'avait
forcé de sortir de chez lui avait perdu de son acuité en perdant
de son vague, maintenant que l'autre vie d'Odette, dont il
avait eu, à ce moment-là, le brusque et impuissant soupçon, il la 20
tenait là, éclairée en plein par la lampe, prisonnière sans le
savoir dans cette chambre où, quand il le voudrait, il entrerait
la surprendre et la capturer ; ou plutôt il allait frapper aux volets
comme il faisait souvent quand il venait très tard ; ainsi du
moins, Odette apprendrait qu'il avait su, qu'il avait vu la 25
lumière et entendu la causerie, et lui, qui tout à l'heure, se la
représentait comme se riant avec l'autre de ses illusions, maintenant, c'était eux qu'il voyait, confiants dans leur erreur,
trompés en somme par lui qu'ils croyaient bien loin d'ici et qui,
lui, savait déjà qu'il allait frapper aux volets. Et peut-être, ce 30
qu'il ressentait en ce moment de presque agréable, c'était autre
chose aussi que l'apaisement d'un doute et d'une douleur : un
plaisir de l'intelligence. Si, depuis qu'il était amoureux, les
choses avaient repris pour lui un peu de l'intérêt délicieux qu'il
leur trouvait autrefois, mais seulement là où elles étaient éclairées 35
par le souvenir d'Odette, maintenant, c'était une autre faculté de

1. **ranimait** (ranimer)   revived
4. **unique**   sole
7. **faits** (fait, *m.*)   acts, deeds
7. **gestes** (geste, *m.*)   deeds, exploits
8. **paru** (paraître)   appeared
9. **commérage**, *m.*   gossip
10. **tandis que**   whereas
14. **à l'égard de**   concerning
16. **ce dont il aurait eu honte**   that he would have been ashamed of
17. **espionner**   to spy
17–18. **faire parler habilement les indifférents**   artfully getting casual witnesses to talk
18. **soudoyer**   bribing
18. **domestiques** (domestique, *m.*)   servants
19–21. **ne lui semblait plus . . . que**   seemed to him no more than
19. **aussi bien que**   just as
20. **déchiffrement**, *m.*   deciphering
20. **témoignages** (témoignage, *m.*)   evidence
23. **recherche**, *f.*   quest, search
26. **s'était posté** (se poster)   had stationed himself
27. **amants** (amant, *m.*)   lovers
28. **maladroit**   awkward
29. **désormais**   for ever after
31. **que de**   how much
31. **bonheurs** (bonheur, *m.*)   happiness
34–35. **eût donné** (*pluperfect subj.* of donner)   would have given
35. **restituer**   reconstruct
35. **lisible**   legible
36. **striée** (strié)   streaked
36. **couverture**, *f.*   cover

sa studieuse jeunesse que sa jalousie ranimait, la passion de la
vérité, mais d'une vérité, elle aussi, interposée entre lui et sa
maîtresse, ne recevant sa lumière que d'elle, vérité tout indivi-
duelle qui avait pour objet unique, d'un prix infini et presque
d'une beauté désintéressée, les actions d'Odette, ses relations, ses 5
projets, son passé.

A toute autre époque de sa vie, les petits faits et gestes
quotidiens d'une personne avaient toujours paru sans valeur à
Swann : si on lui en faisait le commérage, il le trouvait insignifiant, et, tandis qu'il l'écoutait, ce n'était que sa plus vulgaire 10
attention qui y était intéressée; c'était pour lui un des moments
où il se sentait le plus médiocre. Mais dans cette étrange période
de l'amour, l'individuel prend quelque chose de si profond que
cette curiosité qu'il sentait s'éveiller en lui à l'égard des moindres
occupations d'une femme, c'était celle qu'il avait eue autrefois 15
pour l'Histoire. Et tout ce dont il aurait eu honte jusqu'ici,
espionner devant une fenêtre, qui sait? demain peut-être, faire
parler habilement les indifférents, soudoyer les domestiques,
écouter aux portes, ne lui semblait plus, aussi bien que le
déchiffrement des textes, la comparaison des témoignages et 20
l'interprétation des monuments, que des méthodes d'investigation scientifique d'une véritable valeur intellectuelle et appro-
priées à la recherche de la vérité.

Sur le point de frapper contre les volets, il eut un moment de
honte en pensant qu'Odette allait savoir qu'il avait eu des 25
soupçons, qu'il était revenu, qu'il s'était posté dans la rue. Elle
lui avait dit souvent l'horreur qu'elle avait des jaloux, des amants
qui espionnent. Ce qu'il allait faire était bien maladroit, et elle
allait le détester désormais, tandis qu'en ce moment encore, tant
qu'il n'avait pas frappé, peut-être, même en le trompant, 30
l'aimait-elle. Que de bonheurs possibles dont on sacrifie ainsi la
réalisation à l'impatience d'un plaisir immédiat.

Mais le désir de connaître la vérité était plus fort et lui sembla
plus noble. Il savait que la réalité de circonstances qu'il eût
donné sa vie pour restituer exactement, était lisible derrière 35
cette fenêtre striée de lumière, comme sous la couverture

1. **enluminée** (enluminé)   illuminated
1–3. **à la richesse artistique elle-même desquels le savant qui les consulte ne peut rester indifférent**   to whose artistic richness the scholar who consults them cannot remain indifferent
2. **savant**, *m.*   scholar
3. **volupté**, *f.*   sensual pleasure
4. **passionnait** (passionner)   excited
4. **exemplaire**, *m.*   copy, specimen
4. **éphémère**   ephemeral, short-lived
7–8. **moins de savoir, que de pouvoir leur montrer qu'il savait**   less of knowing than of being able to show them that he knew
8. **se haussa** (se hausser)   raised himself
8. **sur la pointe des pieds**   on tip toe
12. **appartenir**   belong
14. **encore une fois**   once more
16. **moyen**, *m.*   way
16. **reculer**   retreating
17. **malheureux**   contemptible
17. **se contenta** (se contenter)   was content
19. **Ne vous dérangez pas** (se déranger)   don't trouble yourself
24. **à ce que c'était**   by the fact that it was
25. **éclairée** (éclairé)   lighted
25. **pareilles** (pareil)   alike
25. **s'était trompé** (se tromper)   had made a mistake
27. **voisine** (voisin)   adjoining
27. **s'éloigna** (s'éloigner)   went away
29. **simulé** (simuler)   feigned
29. **vis-à-vis**   toward
30. **il ne lui eût pas donné**   he had not given her
31. **preuve**, *f.*   proof
31–32. **à tout jamais**   for ever and ever
31–32. **qui, entre deux amants, dispense, à tout jamais, d'aimer assez, celui qui la reçoit**   which between two lovers, dispenses for ever and ever the one who receives it from the duty of loving the other enough

enluminée d'or d'un de ces manuscrits précieux à la richesse
artistique elle-même desquels le savant qui les consulte ne peut
rester indifférent. Il éprouvait une volupté à connaître la vérité
qui le passionnait dans cet exemplaire unique, éphémère et
précieux, d'une matière translucide, si chaude et si belle. Et puis 5
l'avantage qu'il se sentait — qu'il avait tant besoin de se
sentir — sur eux, était peut-être moins de savoir, que de pouvoir
leur montrer qu'il savait. Il se haussa sur la pointe des pieds.
Il frappa. On n'avait pas entendu, il refrappa plus fort, la conversation s'arrêta. Une voix d'homme dont il chercha à distin- 10
guer auquel de ceux des amis d'Odette qu'il connaissait elle
pouvait appartenir demanda :
— Qui est là ?
Il n'était pas sûr de la reconnaître. Il frappa encore une fois.
On ouvrit la fenêtre, puis les volets. Maintenant, il n'y avait plus 15
moyen de reculer et, puisqu'elle allait tout savoir, pour ne pas
avoir l'air trop malheureux, trop jaloux et curieux, il se contenta
de crier d'un air négligent et gai :
— Ne vous dérangez pas, je passais par là, j'ai vu de la lumière,
j'ai voulu savoir si vous n'étiez plus souffrante.   20
Il regarda. Devant lui, deux vieux messieurs étaient à la
fenêtre, l'un tenant une lampe, et alors, il vit la chambre, une
chambre inconnue. Ayant l'habitude, quand il venait chez
Odette très tard, de reconnaître sa fenêtre à ce que c'était la seule
éclairée entre les fenêtres toutes pareilles, il s'était trompé et 25
avait frappé à la fenêtre suivante qui appartenait à la maison
voisine. Il s'éloigna en s'excusant et rentra chez lui, heureux que
la satisfaction de sa curiosité eût laissé leur amour intact et
qu'après avoir simulé depuis si longtemps vis-à-vis d'Odette une
sorte d'indifférence, il ne lui eût pas donné, par sa jalousie, cette 30
preuve qu'il l'aimait trop, qui, entre deux amants, dispense, à
tout jamais, d'aimer assez, celui qui la reçoit.

EXERCICES

I. Répondez aux questions suivantes :

1. Qu'est-ce qui privait Swann du calme et du bien-être?
2. Que Swann venait-il de dire?
3. Qu'est-ce qu'Odette lui avait répondu?
4. Expliquez pourquoi Swann a éprouvé une « douceur profonde » à entendre Odette avouer devant tous leurs rendez-vous du soir.
5. Swann avait-il pensé qu'Odette était une femme remarquable?
6. Pourquoi Swann a-t-il eu un besoin douloureux de maîtriser Odette entièrement dans les moindres parties de son coeur?
7. A quoi avait-il commencé d'attacher un prix inestimable?
8. Quel temps faisait-il quand Swann est sorti du banquet?
9. Pourquoi Swann serait-il entré chez lui se coucher l'esprit tranquille et le coeur content?
10. Pourquoi Swann n'est-il pas allé directement chez lui au lieu de passer chez Odette?
11. A quelle heure est-il arrivé chez Odette?
12. Pourquoi s'excusait-il?
13. Pourquoi ne le garderait-elle pas plus d'une demi-heure?
14. Qu'est-ce qu'Odette l'a prié de faire?
15. Quelle idée est venue à Swann quand il était entré chez lui?
16. A votre avis, est-ce que cette idée était celle d'un homme qui était maître de ses sentiments ou d'un homme déjà pris par la jalousie?
17. Quelle pensée réjouissait tant Swann d'autres soirs ; quelle pensée le torturait maintenant?
18. Qu'est-ce qu'il entendait?
19. Qu'est-ce qui se mouvait derrière le châssis?
20. Quel changement remarque-t-on dans le tourment de Swann?
21. Est-ce que ce changement semble raisonnable au lecteur?
22. Que faisait-il souvent quand il venait très tard chez Odette?
23. Qu'est-ce qu'Odette apprendrait s'il frappait aux volets?
24. Ressentait-il autre chose que l'apaisement d'un doute et d'une douleur?
25. Expliquez le « plaisir de l'intelligence » que Swann a ressenti. Ce « plaisir » vient-il de la passion de la vérité?
26. Comment avaient paru à Swann les petits faits et gestes quotidiens d'une personne?

27. Quel trait pouvait-on admirer en Swann à toute autre époque de sa vie?
28. Dans cette étrange période de l'amour, quel changement voit-on en Swann dans son attitude envers l'individuel? Est-ce qu'on en admire moins Swann?
29. Qu'est-ce que Swann aurait pu sacrifié en frappant contre les volets?
30. Que sentait-il s'éveiller en lui?
31. Quand a-t-il eu un moment de honte?
32. De quoi Odette avait-elle horreur?
33. Comment était la fenêtre?
34. A votre avis, pourquoi Swann s'est-il décidé à frapper?
35. Qu'est-ce qui est arrivé quand il a refrappé plus fort?
36. Qu'est-ce que la voix a demandé?
37. Etait-il sûr de reconnaître la voix?
38. Que s'est-il contenté de crier?
39. Qu'est-ce que Swann a vu devant lui?
40. Qu'est-ce qu'un des messieurs tenait?
41. Pourquoi Swann s'était-il trompé?
42. Est-ce que le lecteur est convaincu que Swann a pu se tromper facilement de fenêtres?
43. Etait-il heureux?
44. Expliquez pourquoi Swann avait simulé une sorte d'indifférence vis-à-vis d'Odette?

II. Mettez les verbes au passé composé :

1. Un léger malaise le privait du calme.
2. Il avait accepté de dîner chez les Verdurin.
3. Je ne vous verrai que chez moi.
4. Il l'asseyait sur ses genoux. (fem. direct object)
5. Voilà la suprématie qu'il exerçait sur un être.
6. Elle pouvait lui causer des plaisirs.
7. Il sortit du banquet.
8. Il pleuvait à verse.
9. Il arriva chez elle.
10. Elle se sentit fatiguée.
11. La vérité lui sembla plus noble.
12. Le savant les consulte.
13. Il se haussa sur la pointe des pieds.
14. Il refrappa plus fort.

15. La conversation s'arrêta.
16. On ouvrit la fenêtre.

III. Formez un substantif avec chacun des verbes suivants :
1. déchiffrer
2. témoigner
3. comparer
4. rechercher
5. réaliser

IV. Mettez la forme convenable du verbe après les prépositions suivantes :
1. en (perdre)
2. sans (savoir)
3. en (rire)
4. avant de (frapper)
5. en (dire)
6. en (finir)

V. Mettez la forme convenable de l'adjectif devant, ou après, le nom selon l'usage :
1. (petit) une rue
2. (éteint) les fenêtres
3. (mystérieux) la pulpe
4. (autre) tant de soirs
5. (oblique) les lames

VI. Apprenez les expressions suivantes :

1. **ne... guère**
2. **en pleine table**
3. **quotidien**
4. **penser de (opinion)**
5. **pleuvoir à verse**
6. **plus d'une demi-heure**
7. **se plaindre**
8. **tenir à**
9. **avoir l'air de**
10. **à peu près**
11. **tout près de**
12. **donner sur**
13. **se glisser**
14. **avant de s'en aller**
15. **en disant**
16. **être content de**
17. **du moins**
18. **tout à l'heure**
19. **en somme**
20. **autre chose que**
21. **avoir honte de**
22. **à l'égard de**
23. **moindre**
24. **tandis que**
25. **que de + noun** how much, how many

26. avoir besoin de
27. se hausser sur la pointe des pieds
28. appartenir à
29. se déranger
30. se tromper
31. s'éloigner
32. à tout jamais

L'Aventure de Walter Schnaffs

Walter Schnaffs

GUY DE MAUPASSANT (1850–1893)

3. **soufflait** (souffler) puffed
4. **affreusement** frightfully
4. **plats** (plat) flat
4. **gras** fat
5. **en outre** besides
5. **bienveillant** kindly
5. **magnanime** high-minded
6. **sanguinaire** bloodthirsty
7. **regrettait** (regretter) missed
8. **soins** (soin, *m.*) attentions
10. **les brasseries** (brasserie, *f.*) drinking-saloons, bars
10. **songeait** (songer) thought
12. **haine**, *f.* hatred
12. **épouvantable** terrible
13. **en même temps** at the same time
14. **fusils** (fusil, *m.*) rifles
14. **surtout** especially
15. **se sentant** (sentir) feeling himself
15. **vivement** quickly
16. **ventre**, *m.* stomach
18. **à côté de** beside
18. **ronflaient** (ronfler) snored
19. **siens** (sien, *m.*) his (family)
19. **semés** (semé) strewn
20. **tué** (tuer) killed
20. **deviendraient** (devenir) would become of
20. **que deviendraient les petits** what would become of his children
21. **à l'heure même** at the present time
22. **malgré** in spite of
26. **faiblesses** (faiblesse, *f.*) weakness
27. **sifflement**, *m.* whistling
28. **balles** (balle, *f.*) bullets
28. **hérissait** (hérisser) caused to stand on end
28. **poil**, *m.* hair
29. **angoisse**, *f.* agony

DEPUIS SON ENTRÉE en France avec l'armée d'invasion, Walter Schnaffs se jugeait le plus malheureux des hommes. Il était gros, marchait avec peine, soufflait beaucoup et souffrait affreusement des pieds qu'il avait fort plats et fort gras. Il était en outre pacifique et bienveillant, nullement magnanime 5 ou sanguinaire, père de quatre enfants qu'il adorait et marié avec une jeune femme blonde, dont il regrettait désespérément chaque soir les tendresses, les petits soins et les baisers. Il aimait se lever tard et se coucher tôt, manger lentement de bonnes choses et boire de la bière dans les brasseries. Il songeait 10 en outre que tout ce qui est doux dans l'existence disparaît avec la vie; et il gardait au cœur une haine épouvantable, instinctive et raisonnée en même temps, pour les canons, les fusils, les revolvers et les sabres, mais surtout pour les baïonnettes, se sentant incapable de manœuvrer assez vivement 15 cette arme rapide pour défendre son gros ventre.

Et, quand il se couchait sur la terre, la nuit venue, roulé dans son manteau à côté des camarades qui ronflaient, il pensait longuement aux siens laissés là-bas et aux dangers semés sur sa route : « S'il était tué, que deviendraient les petits? Qui 20 donc les nourrirait et les élèverait? A l'heure même, ils n'étaient pas riches, malgré les dettes qu'il avait contractées en partant pour leur laisser quelque argent.» Et Walter Schnaffs pleurait quelquefois.

Au commencement des batailles il se sentait dans les jambes 25 de telles faiblesses qu'il se serait laissé tomber, s'il n'avait songé que toute l'armée lui passerait sur le corps. Le sifflement des balles hérissait le poil sur sa peau.

Depuis des mois il vivait ainsi dans la terreur et dans l'angoisse. Son corps d'armée s'avançait vers la Normandie, et fut un 30

---

30. **corps d'armée**, *m.*   army corps

2. **devait** (devoir)   was to
2. **se replier**   fall back
6. **que coupaient des ravins profonds**   (note the inversion of subject and verb) which deep ravines cut out
7. **arrêta net** (arrêter)   stopped short
7. **jetant bas** (jeter)   downing
8. **francs-tireurs** (franc-tireur, *m.*)   snipers
9. **s'élança** (s'élancer)   rushed
11. **tellement**   so
12. **éperdu**   bewildered
12. **fuir**   fleeing
13. **détaler**   be off, decamp
14. **tortue,** *f.*   tortoise
15. **bondissant** (bondir)   capering, bounding
15. **troupeau,** *m.*   flock, herd
15. **chèvres** (chèvre, *f.*)   goats
16. **apercevant** (apercevoir)   noticing, discovering
16. **large**   wide
16. **fossé,** *m.*   ditch
16–17. **broussailles** (broussaille, *f.*)   bushes, undergrowth
17. **à pieds joints**   feet together
20. **couche,** *f.*   layer
20. **épaisse** (épais)   thick
21. **lianes** (liane, *f.*)   climbing vines
21. **ronces** (ronce, *f.*)   thorns
21. **aiguës** (aigu)   sharp, pointed
21. **déchirèrent** (déchirer)   tore
23. **aussitôt**   immediately
24. **révélateur**   tell-tale
24. **se traîna** (trainer)   dragged himself
25. **à quatre pattes**   on all fours
25. **ornière,** *f.*   rut
26. **branchages** (branchage, *m.*)   branches
26. **enlacés** (enlacé)   entwined
27. **tapi**   crouched
28. **lièvre,** *m.*   hare
30. **plaintes** (plainte, *f.*)   groans
30. **lutte,** *f.*   fight, struggle
32. **remua** (remuer)   stirred, moved

jour envoyé en reconnaissance avec un faible détachement qui devait simplement explorer une partie du pays et se replier ensuite. Tout semblait calme dans la campagne; rien n'indiquait une résistance préparée.

Or, les Prussiens descendaient avec tranquillité dans une 5 petite vallée que coupaient des ravins profonds, quand une fusillade violente les arrêta net, jetant bas une vingtaine des leurs; et une troupe de francs-tireurs, sortant brusquement d'un petit bois grand comme la main, s'élança en avant, la baïonnette au fusil.   10

Walter Schnaffs demeura d'abord immobile, tellement surpris et éperdu qu'il ne pensait même pas à fuir. Puis un désir fou de détaler le saisit; mais il songea aussitôt qu'il courait comme une tortue en comparaison des maigres Français qui arrivaient en bondissant comme un troupeau de chèvres. Alors, 15 apercevant à six pas devant lui un large fossé plein de broussailles couvertes de feuilles sèches, il y sauta à pieds joints sans songer même à la profondeur, comme on saute d'un pont dans une rivière.

Il passa, à la façon d'une flèche, à travers une couche épaisse 20 de lianes et de ronces aiguës qui lui déchirèrent la face et les mains, et il tomba lourdement assis sur un lit de pierres.

Levant aussitôt les yeux, il vit le ciel par le trou qu'il avait fait. Ce trou révélateur le pouvait dénoncer, et il se traîna avec précaution, à quatre pattes, au fond de cette ornière, sous le toit de 25 branchages enlacés, allant le plus vite possible, en s'éloignant du lieu de combat. Puis il s'arrêta et s'assit de nouveau, tapi comme un lièvre au milieu des hautes herbes sèches.

Il entendit pendant quelque temps encore des détonations, des cris et des plaintes. Puis les clameurs de la lutte s'affaiblirent, 30 cessèrent. Tout redevint muet et calme.

Soudain quelque chose remua contre lui. Il eut un sursaut épouvantable. C'était un petit oiseau qui, s'étant posé sur une

---

32. **sursaut**, *m.* start
33. **épouvantable** frightful

1. **agitait** (agiter)   was stirring
4. **emplissant de** (emplir)   filling with
8. **menait** (mener)   had led
12. **cacher**   hide
14. **perspective,** *f.*   prospect
14. **atterré** (atterrer)   overwhelmed
18. **frissons** (frisson, *m.*)   shivers, shudders
20. **frémit** (frémir)   quivered
22. **à l'abri de**   sheltered from
25. **me constituer**   give myself up as
27. **assailli**   worried
28. **fâcheuses** (fâcheux)   troublesome
30. **se précipitèrent** (précipiter)   rushed
32. **s'aventurant** (aventurer)   venturing out
33. **casque à pointe**, *m.*   helmet with a tip (point)
34. **S'il rencontrait . . .?**   Suppose he met . . .?
34. **paysans** (paysan, *m.*)   peasants
36. **errant**   stray
36. **fourches** (fourche, *f.*)   pitchforks

branche, agitait des feuilles mortes. Pendant près d'une heure, le coeur de Walter Schnaffs en battit à grands coups pressés.

La nuit venait, emplissant d'ombre le ravin. Et le soldat se mit à songer. Qu'allait-il faire? Qu'allait-il devenir? Rejoindre 5 son armée?... Mais comment? Mais par où? Et il lui faudrait recommencer l'horrible vie d'angoisses, d'épouvantes, de fatigues et de souffrances qu'il menait depuis le commencement de la guerre! Non! Il ne se sentait plus ce courage! Il n'aurait plus l'énergie qu'il fallait pour supporter les marches et affronter les 10 dangers de toutes les minutes.

Mais que faire? Il ne pouvait rester dans ce ravin et s'y cacher jusqu'à la fin des hostilités. Non, certes. S'il n'avait pas fallu manger, cette perspective ne l'aurait pas trop atterré; mais il fallait manger, manger tous les jours. 15

Et il se trouvait ainsi tout seul, en armes, en uniforme, sur le territoire ennemi, loin de ceux qui le pouvaient défendre. Des frissons lui couraient sur la peau.

Soudain il pensa: « Si seulement j'étais prisonnier. » Et son cœur frémit de désir, d'un désir violent, immodéré, d'être 20 prisonnier des Français. Prisonnier! Il serait sauvé, nourri, logé, à l'abri des balles et des sabres, sans appréhension possible, dans une bonne prison bien gardée. Prisonnier! Quel rêve!

Et sa résolution fut prise immédiatement :

— Je vais me constituer prisonnier. 25

Il se leva, résolu à exécuter ce projet sans tarder d'une minute. Mais il demeura immobile, assailli soudain par des réflexions fâcheuses et par des terreurs nouvelles.

Où allait-il se constituer prisonnier? Comment? De quel côté? Et des images affreuses, des images de mort, se précipitèrent 30 dans son âme.

Il allait courir des dangers terribles en s'aventurant seul, avec son casque à pointe, par la campagne.

S'il rencontrait des paysans? Ces paysans, voyant un Prussien perdu, un Prussien sans défense, le tueraient comme un 35 chien errant! Ils le massacreraient avec leurs fourches, leurs

1. **pioches** (pioche, *f.*)   pickaxes
1. **faux** (faux, *f.*)   scythes
1. **pelles** (pelle, *f.*)   shovels
1. **bouillie,** *f.*   pulp
2. **pâtée,** *f.*   hash
2. **acharnement,** *m.*   fury
2. **vaincus** (vaincu, *m.*)   defeated (persons)
4. **enragés** (enragé, *m.*)   madmen
4. **loi,** *f.*   law
4. **fusilleraient** (fusiller)   would shoot
5. **histoire de rire,** *f.*   for fun
5. **tête,** *f.*   expression
6. **appuyé**   backed up
6. **canons** (canon, *m.*)   barrels
10. **éclaireur,** *m.*   scout
11. **hardi**   fearless
11. **malin**   malicious
11. **troupier,** *m.*   soldier
12. **tireraient dessus** (tirer)   would fire at him
14. **s'affaissait** (affaisser)   sank down, collapsed
14. **troué**   bored with holes
15. **écumoire,** *f.*   skimmer
14–15. **troué comme une écumoire**   as full of holes as a sieve
17. **se rassit** (rasseoir)   sat back down
17. **issue,** *f.*   escape, outlet
18–19. **ne bougeait plus** (bouger)   didn't move any more
19. **tressaillant** (tressaillir)   trembling
20. **ténèbres,** *f. pl.*   darkness
20. **lapin,** *m.*   rabbit
20. **tapant du cul**   thumping with his tail
21. **terrier,** *m.*   burrow
21. **faillit** (faillir)   almost
22. **chouettes** (chouette, *f.*)   screech-owls
22. **traversant** (traverser)   penetrating
23. **douloureuses** (douloureux)   painful
23. **blessures** (blessure, *f.*)   wounds
23. **écarquillait** (écarquiller)   opened wide
24. **tâcher**   try
28. **soulagement,** *m.*   relief

pioches, leurs faux, leurs pelles! Ils en feraient une bouillie,
une patée, avec l'acharnement des vaincus exaspérés.

S'il rencontrait des francs-tireurs? Ces francs-tireurs, des
enragés sans loi ni discipline, le fusilleraient pour s'amuser,
pour passer une heure, histoire de rire en voyant sa tête. Et il 5
se croyait déjà appuyé contre un mur en face de douze canons
de fusils, dont les petits trous ronds et noirs semblaient le
regarder.

S'il rencontrait l'armée française elle-même? Les hommes
d'avant-garde le prendraient pour un éclaireur, pour quelque 10
hardi et malin troupier parti seul en reconnaissance, et ils
lui tireraient dessus. Et il entendait déjà les détonations
irrégulières des soldats couchés dans les broussailles, tandis
que lui debout au milieu d'un champ, s'affaissait, troué
comme une écumoire par les balles qu'il sentait entrer dans sa 15
chair.

Il se rassit, désespéré. Sa situation lui paraissait sans issue.

La nuit était tout à fait venue, la nuit muette et noire. Il ne
bougeait plus. Tressaillant à tous les bruits inconnus et légers
qui passent dans les ténèbres. Un lapin, tapant du cul au bord 20
d'un terrier, faillit faire s'enfuir Walter Schnaffs. Les cris des
chouettes lui déchiraient l'âme, le traversant de peurs soudaines,
douloureuses comme des blessures. Il écarquillait ses gros yeux
pour tâcher de voir dans l'ombre; et il s'imaginait à tout moment
entendre marcher près de lui.   25

Après d'interminables heures et des angoisses de damné, il
aperçut, à travers son plafond de branchages, le ciel qui devenait
clair. Alors, un soulagement immense le pénétra; ses membres se
détendirent, reposés soudain; son coeur s'apaisa; ses yeux se
fermèrent. Il s'endormit.   30

Quand il se réveilla, le soleil lui parut arrivé à peu près au

---

28. **membres** (membre, *m.*) limbs
28–29. **se détendirent** (détendre) relaxed
29. **s'apaisa** (apaiser) grew quiet; abated

1. **il devait être midi**　it must have been noon
4. **bâillait** (bâiller)　yawned
4. **saucisson**, *m.*　salami
5. **faisait mal** (faire mal à)　hurt
9. **combattu** (combattre)　striving to weigh sides
9. **tiraillé** (tirailler)　plagued
11. **guetter**　to lie in wait for
12. **villageois**, *m.*　villager
12. **outils** (outil, *m.*)　tools
13. **se remettre**　to deliver himself
14. **se rendait** (rendre)　was surrendering
15. **ôta** (ôter)　took off
15. **trahir**　betray
19. **flanqué** (flanquer)　flanked
19. **tourelles** (tourelle, *f.*)　turrets
20. **affreusement**　frightfully
21. **vols** (vol, *m.*)　flights, flocks
21. **corbeaux** (corbeau, *m.*)　crows
21. **plaintes** (plainte, *f.*)　growls
22. **entrailles**, *f.pl.*　intestines
24. **s'allongea** (allonger)　stretched out
25. **fiévreux**　feverish
25. **hanté** (hanter)　haunted
25. **cauchemars** (cauchemar, *m.*)　nightmares
26. **affamé**　famished
27. **aurore**, *f.*　dawn
28. **veille**, *f.*　day before
33. **partout**　everywhere
33. **à la fois**　at the same time
33. **se glissant** (glisser)　slipping
34. **mordre**　to bite
34. **peau**, *f.*　skin
35. **bec**, *m.*　bill, beak
35. **effilé** (effiler)　tapered, sharp
36. **s'évanouir**　to faint

milieu du ciel; il devait être midi. Aucun bruit ne troublait la paix morne des champs; et Walter Schnaffs s'aperçut qu'il était atteint d'une faim aiguë.

Il bâillait, la bouche humide à la pensée du saucisson, du bon saucisson des soldats; et son estomac lui faisait mal.   5

Il se leva, fit quelques pas, sentit que ses jambes étaient faibles, et se rassit pour réfléchir. Pendant deux ou trois heures encore, il établit le pour et le contre, changeant à tout moment de résolution, combattu, malheureux, tiraillé par les raisons les plus contraires.   10

Une idée lui parut enfin logique et pratique, c'était de guetter le passage d'un villageois seul, sans armes, et sans outils de travail dangereux, de courir au-devant de lui et de se remettre en ses mains en lui faisant bien comprendre qu'il se rendait.

Alors il ôta son casque, dont la pointe le pouvait trahir, et il   15 sortit sa tête au bord de son trou, avec des précautions infinies.

Aucun être isolé ne se montrait à l'horizon. Là-bas à gauche, il apercevait, au bout des arbres d'une avenue, un grand château flanqué de tourelles.

Il attendit jusqu'au soir, souffrant affreusement, ne voyant   20 rien que des vols de corbeaux, n'entendant rien que les plaintes sourdes de ses entrailles.

Et la nuit encore tomba sur lui.

Il s'allongea au fond de sa retraite et il s'endormit d'un sommeil fiévreux, hanté de cauchemars, d'un sommeil d'homme   25 affamé.

L'aurore se leva de nouveau sur sa tête. Il se remit en observation. Mais la campagne restait vide comme la veille; et une peur nouvelle entrait dans l'esprit de Walter Schnaffs, la peur de mourir de faim! Il se voyait étendu au fond de son trou,   30 sur le dos, les deux yeux fermés. Puis des bêtes, des petites bêtes de toute sorte s'approchaient de son cadavre et se mettaient à le manger, l'attaquant partout à la fois, se glissant sous ses vêtements pour mordre sa peau froide. Et un grand corbeau lui piquait les yeux de son bec effilé.   35

Alors, il devint fou, s'imaginant qu'il allait s'évanouir de

1. **s'apprêtait** (apprêter) was getting ready
2. **oser** to dare
4. **cachette**, *f.* hiding place
6. **courbé** bent over, stooped
6. **craintif** apprehensive
8. **redoutable** formidable, terrible
8. **tanière**, *f.* lair, den
10. **d'en bas** downstairs
10. **brillaient** (briller) were lit up
11. **cuite** (cuit) cooked
11. **s'echappait** (échapper) escaped
13. **le crispa** (crisper) gave him the fidgets
13. **haleter** pant
14. **audace**, *f.* boldness
16. **cadre**, *m.* frame
18. **bonne**, *f.* maid
18. **béante** (béant) gaping
24. **levée**, *f.* rising
24. **tumultueuse** (tumultueux) riotous
24. **bousculade**, *f.* rush, jostling
24. **mêlée**, *f.* scramble
24. **fuite**, *f.* flight
24. **éperdue** (éperdu) mad
25. **renversaient** (renverser) upset
27. **mangeaille**, *f.* food, victuals
30. **enjamba** (enjamber) leaped over
30. **mur d'appui**, *m.* breast-high wall
31. **assiettes** (assiette, *f.*) dishes
32. **retenait** (retenir) held back
33. **frémir** to quiver
34. **plancher**, *m.* floor
35. **inquiet** worried
35. **tendait l'oreille** (tendre) listened intently

faiblesse et ne plus pouvoir marcher. Et déjà, il s'apprêtait à
s'élancer vers le village, résolu à tout oser, à tout braver, quand
il aperçut trois paysans qui s'en allaient aux champs avec leurs
fourches sur l'épaule, et il se replongea dans sa cachette.

Mais, dès que le soir obscurcit la plaine, il sortit lentement 5
du fossé, et se mit en route, courbé, craintif, le coeur battant,
vers le château lointain, préférant entrer là-dedans plutôt
qu'au village qui lui semblait redoutable comme une tanière
pleine de tigres.

Les fenêtres d'en bas brillaient. Une d'elles était même 10
ouverte ; et une forte odeur de viande cuite s'en échappait, une
odeur qui pénétra brusquement dans le nez et jusqu'au fond du
ventre de Walter Schnaffs, qui le crispa, le fit haleter, l'attirant
irrésistiblement, lui jetant au coeur une audace désespérée.

Et brusquement, sans réfléchir, il apparut, casqué, dans le 15
cadre de la fenêtre.

Huit domestiques dînaient autour d'une grande table. Mais
soudain une bonne demeura béante, laissant tomber son verre,
les yeux fixes. Tous les regards suivirent le sien !

On aperçut l'ennemi !   20

Seigneur ! les Prussiens attaquaient le château !...

Ce fut d'abord un cri, un seul cri, fait de huit cris poussés
sur huit tons différents, un cri d'épouvante horrible, puis une
levée tumultueuse, une bousculade, mêlée, une fuite éperdue vers
la porte du fond. Les chaises tombaient, les hommes renversaient 25
les femmes et passaient dessus. En deux secondes, la pièce
fut vide, abandonnée, avec la table couverte de mangeaille
en face de Walter Schnaffs stupéfait, toujours debout dans sa
fenêtre.

Après quelques instants d'hésitation, il enjamba le mur d'appui 30
et s'avança vers les assiettes. Sa faim exaspérée le faisait trembler
comme un fiévreux : mais une terreur le retenait, le paralysait
encore. Il écouta. Toute la maison semblait frémir ; des portes
se fermaient, des pas rapides couraient sur le plancher de dessus.
Le Prussien inquiet tendait l'oreille à ces confuses rumeurs ; 35
puis il entendit des bruits sourds comme si des corps fussent

1. **molle** (mou)   soft
4. **tombeau**, *m.*   tomb
6. **bouchées** (bouchée, *f.*)   mouthfuls
8. **engloutir**   swallow
9. **trappe**, *f.*   trap-door
9. **paquets** (paquet, *m.*)   bundles, packages
10. **coup sur coup**   one after another
10. **gonflant** (gonfler)   swelling
11. **crever**   to burst, to split
12. **tuyau**, *m.*   pipe, tube
12. **prenait à** (prendre)   drank straight from
12. **cruche**, *f.*   jug
13. **se déblayait** (déblayer)   cleared
13. **œsophage**, *m.*   esophagus
13. **conduit**, *m.*   tube
14. **bouché**   stopped up
15. **vida** (vider)   emptied
16. **saoul**   glutted, drunk
16. **abruti**   sodden, stupefied
17. **hoquets** (hoquet, *m.*)   hiccups
17. **grasse** (gras)   greasy
18. **déboutonna** (déboutonner)   unbuttoned
18. **d'ailleurs**   moreover
19. **s'engourdissaient** (engourdir)   became sluggish
23. **croissant**, *m.*   crescent
25. **fourrés** (fourré, *m.*)   thickets
25. **muettes** (muet)   silent
26. **reluire**   glitter
27. **acier**, *m.*   steel
28. **dressait** (dresser)   raised
30. **tonnante** (tonnant)   thundering
30. **hurla** (hurler)   roared
31. **En avant!**   Forward!
31. **nom d'un nom!**   by Jove!
32. **contrevents** (contrevent, *m.*)   shutters
32. **vitres** (vitre, *f.*)   window panes
33. **s'enfoncèrent** (enfoncer)   gave way
33. **flot**, *m.*   wave
33. **brisa** (briser)   smashed

tombés dans la terre molle, au pied des murs, des corps humains
sautant du premier étage.

Puis tout mouvement, toute agitation cessèrent, et le grand
château devint silencieux comme un tombeau.

Walter Schnaffs s'assit devant une assiette restée intacte, 5
et il se mit à manger. Il mangeait par grandes bouchées comme
s'il eût craint d'être interrompu trop tôt, de n'en pouvoir
engloutir assez. Il jetait à deux mains les morceaux dans sa
bouche ouverte comme une trappe ; et des paquets de nourriture lui descendaient coup sur coup dans l'estomac, gonflant 10
sa gorge en passant. Parfois, il s'interrompait, prêt à crever
à la façon d'un tuyau trop plein. Il prenait à la cruche au
cidre et se déblayait l'œsophage comme on lave un conduit
bouché.

Il vida toutes les assiettes, tous les plats et toutes les bouteilles ; 15
puis, saoul de liquide et de mangeaille, abruti, rouge, secoué
par des hoquets, l'esprit troublé et la bouche grasse, il
déboutonna son uniforme pour souffler, incapable d'ailleurs de
faire un pas. Ses yeux se fermaient, ses idées s'engourdissaient ;
il posa son front pesant dans ses bras croisés sur la table, et il 20
perdit doucement la notion des choses et des faits.

Le dernier croissant éclairait vaguement l'horizon au-dessus
des arbres du parc. C'était l'heure froide qui précède le jour.

Des ombres glissaient dans les fourrés, nombreuses et muettes ; 25
et parfois, un rayon de lune faisait reluire dans l'ombre une
pointe d'acier.

Le château tranquille dressait sa grande silhouette noire.
Deux fenêtres seules brillaient encore au rez-de-chaussée.

Soudain, une voix tonnante hurla :   30
— En avant ! nom d'un nom ! à l'assaut ! mes enfants !

Alors, en un instant, les portes, les contrevents et les vitres
s'enfoncèrent sous un flot d'hommes qui s'élança, brisa, creva
tout, envahit la maison. En un instant cinquante soldats

---

34. **envahit** (envahir)   invaded

1. **armés jusqu'aux cheveux** armed to the teeth (hair)
1. **bondirent** (bondir) bounded
2. **poitrine**, *f.* chest
3. **chargés** (chargé) loaded
3. **culbutèrent** (culbuter) threw down
3. **roulèrent** (rouler) rolled around
4. **lièrent** (lier) tied up
5. **ahurissement**, *m.* perplexity
6. **crossé** beaten
7. **chamarré** bedecked
8. **vociférant** (vociférer) shouting
12. **ficelé** (ficeler) tied up
13. **vainqueurs** (vainqueur, *m.*) conquerors
13. **baleines** (baleine, *f.*) whales
14. **n'en pouvant plus** (pouvoir) worn out
19. **blessés** (blessé) wounded
20. **s'essuyait** (essuyer) wiped
21. **agenda de commerce**, *m.* notebook for records
21. **tiré** (tirer) pulled, drawn
22. **acharnée** (acharné) fierce
22. **ont dû** (devoir) had to
23. **évalue** (évaluer) estimate
24. **hors de combat** disabled
29. **replier** to fall back
29. **éviter** to avoid, to prevent
34. **garrotté** tied up
34. **guerriers** (guerrier, *m.*) fighting men
34. **revolver au poing** revolvers in their hands
35. **éclairer** to reconnoitre

armés jusqu'aux cheveux, bondirent dans la cuisine où reposait pacifiquement Walter Schnaffs, et, lui posant sur la poitrine cinquante fusils chargés, le culbutèrent, le roulèrent, le saisirent, le lièrent des pieds à la tête.

Il haletait d'ahurissement, trop abruti pour comprendre, 5 battu, crossé et fou de peur.

Et tout d'un coup, un gros militaire chamarré d'or lui planta son pied sur le ventre en vociférant:

— Vous êtes mon prisonnier, rendez-vous!

Le Prussien n'entendit que ce seul mot « prisonnier, » et il 10 gémit : « Ya, ya, ya. »

Il fut relevé, ficelé sur une chaise, et examiné avec une vive curiosité par ses vainqueurs qui soufflaient comme des baleines. Plusieurs s'assirent, n'en pouvant plus d'émotion et de fatigue.

Il souriait, lui, il souriait maintenant, sûr d'être enfin prison- 15 nier!

Un autre officier entra et prononça :

— Mon colonel, les ennemis se sont enfuis; plusieurs sem- blent avoir été blessés. Nous restons maîtres de la place.

Le gros militaire qui s'essuyait le front vociféra : — Victoire! 20

Et il écrivit sur un petit agenda de commerce tiré de sa poche:

« Après une lutte acharnée, les Prussiens ont dû battre en retraite, emportant leurs morts et leurs blessés, qu'on évalue à cinquante hommes hors de combat. Plusieurs sont restés entre nos mains. »   25

Le jeune officier reprit :

— Quelles dispositions dois-je prendre, mon colonel?

Le colonel répondit :

— Nous allons nous replier pour éviter un retour offensif avec de l'artillerie et des forces supérieures.   30

Et il donna l'ordre de repartir.

La colonne se reforma dans l'ombre, sous les murs du château, et se mit en mouvement, enveloppant de partout Walter Schnaffs garrotté, tenu par six guerriers le revolver au poing.

Des reconnaissances furent envoyées pour éclairer la route. 35 On avançait avec prudence, faisant halte de temps en temps.

1. **Au jour levant** At daybreak
1. **sous-préfecture,** *f.* sub-prefecture (local administrative headquarters)
2. **fait d'armes,** *m.* military exploit
3. **surexcitée** (surexcité) excited
5. **éclatèrent** (éclater) broke out
6. **aïeul,** *m.* grandfather, old man
6. **béquille,** *f.* crutch
9. **Veillez à** (veiller) Look after
9. **sûreté,** *f.* safety
10. **parvint** (parvenir) arrived
10. **maison de ville,** *f.* town hall
11. **liens** (lien, *m.*) bonds, shackles
15. **éperdument** madly
16. **frénétiques** (frénétique) frantic
17. **épuisé** exhausted
19. **repris à** (reprendre) taken back from
21. **drap,** *m.* cloth
21. **enleva** (enlever) carried out

Au jour levant, on arrivait à la sous-préfecture de la Roche-Oysel, dont la garde nationale avait accompli ce fait d'armes.

La population anxieuse et surexcitée attendait. Quand on aperçut le casque du prisonnier, des clameurs formidables éclatèrent. Les femmes levaient les bras; des vieilles pleuraient; 5 un aïeul lança sa béquille au Prussien et blessa le nez d'un de ses gardiens.

Le colonel hurlait :

— Veillez à la sûreté du captif.

On parvint enfin à la maison de ville. La prison fut ouverte, 10 et Walter Schnaffs jeté dedans, libre de liens. Deux cents hommes en armes montèrent la garde autour du bâtiment.

Alors, malgré des symptômes d'indigestion qui le tourmentaient depuis quelque temps, le Prussien, fou de joie, se mit à danser éperdument, en levant les bras et les jambes, à danser 15 en poussant des cris frénétiques, jusqu'au moment où il tomba, épuisé au pied d'un mur.

Il était prisonnier! Sauvé!

C'est ainsi que le château de Champignet fut repris à l'ennemi après six heures seulement d'occupation.   20

Le colonel Ratier, marchand de drap, qui enleva cette affaire à la tête des gardes nationaux de la Rochel-Oysel, fut décoré.

EXERCICES

I. Répondez aux questions suivantes:

1. Où Walter Schnaffs est-il entré avec l'armée d'invasion?
2. Comment se jugeait-il?
3. Pourquoi marchait-il avec peine?
4. Qu'est-ce que Walter Schnaffs regrettait désespérément chaque soir?
5. Aimait-il se coucher tôt ou tard?
6. Pour quelles choses gardait-il cœur une haine épouvantable?
7. A quoi Walter Schnaffs pensait-il la nuit?
8. Que Walter Schnaffs faisait-il quelquefois?
9. Que se sentait-il dans les jambes au commencement des batailles?

10. Pourquoi ne s'était-il pas laissé tomber?
11. Où son corps d'armée s'avançait-il?
12. Est-ce que la campagne semblait calme?
13. Comment les Prussiens descendaient-ils dans la petite vallée?
14. Qu'est-ce qui les a arrêtés net?
15. Qu'est-ce qui est sorti d'un petit bois?
16. A quoi Walter Schnaffs ne pensait-il même pas?
17. Comment courait-il? Comment les Français arrivaient-ils?
18. Qu'a-t-il aperçu à six pas devant lui?
19. Sur quoi est-il tombé?
20. Pourquoi s'est-il traîné au fond de l'ornière?
21. Qu'a-t-il entendu pendant quelque temps encore?
22. Qu'est-ce qui s'est posé sur une branche?
23. Pourquoi le coeur de Walter Schnaffs battait-il à grands coups pressés?
24. Est-ce que Walter Schnaffs voulait rejoindre son armée?
25. Pourquoi ne pouvait-il rester dans le ravin?
26. Pourquoi voulait-il être prisonnier des Français?
27. Pourquoi Walter Schnaffs est-il demeuré immobile?
28. Que feraient les paysans en voyant un Prussien perdu?
29. Avec quoi le massacreraient-ils?
30. Pourquoi les francs-tireurs le fusilleraient-ils?
31. Pour qui les soldats de l'armée française le prendraient-ils?
32. Qu'est-ce qu'il entendait déjà?
33. Comment sa situation lui paraissait-elle?
34. Qu'est-ce qui a failli faire enfuir Walter Schnaffs?
35. Pourquoi est-ce qu'un soulagement immense l'a pénétré?
36. Quelle heure devait-il être quand il s'est réveillé?
37. Pourquoi sa bouche était-elle humide?
38. Quelle idée lui a paru logique et pratique?
39. Pourquoi a-t-il ôté son casque?
    Qu'a-t-il aperçu à gauche?
41. A la nuit tombante, qu'a-t-il fait?
42. Comment restait la campagne?
43. Quelle nouvelle peur entrait dans l'esprit de Walter Schnaffs?
44. Comment se voyait-il?
45. Qu'a-t-il aperçu quand il s'apprêtait à s'élancer vers le village?
46. Pourquoi Walter Schnaffs préférait-il aller au château plutôt qu'au village?

47. Qu'est-ce qui s'échappait de la fenêtre ouverte?
48. Où Walter Schnaffs a-t-il apparu brusquement?
49. Qui est demeuré soudain béant?
50. Qu'est-ce qui était en face de Walter Schnaffs?
51. Qu'est-ce que Walter Schnaffs a enjambé?
52. Qu'est-ce qui le retenait?
53. Quels bruits a-t-il entendus?
54. Où Walter Schnaffs s'est-il assis?
55. Comment mangeait-il?
56. Avec quoi s'est-il déblayé l'œsophage?
57. Qu'est-ce que Walter Schnaffs a vidé?
58. Pourquoi a-t-il déboutonné son uniforme?
59. Où a-t-il posé son front pesant?
60. Qu'est-ce qu'une voix a hurlé?
61. Qu'est-ce qui a envahi la maison?
62. Comment reposait Walter Schnaffs?
63. Qu'est-ce que les soldats ont posé sur la poitrine de Walter Schnaffs?
64. Où un gros militaire a-t-il planté son pied?
65. Qu'a-t-il vociféré?
66. Comment soufflaient les vainqueurs?
67. Pourquoi plusieurs se sont-ils assis?
68. Pourquoi Walter Schnaffs souriait-il?
69. Qu'est-ce qu'un autre officier a prononcé?
70. D'où le gros militaire a-t-il tiré un petit agenda de commerce?
71. Pourquoi allait-on replier?
72. Quel ordre le colonel a-t-il donné?
73. Où la colonne s'est-elle reformée?
74. Pourquoi a-t-on envoyé des reconnaissances?
75. Quelle garde nationale avait accompli ce fait d'armes?
76. Qu'est-ce qui attendait?
77. Pourquoi des clameurs formidables ont-elles éclaté?
78. Qui a lancé sa béquille au Prussien?
79. Combien d'hommes ont monté la garde autour du bâtiment?
80. Qu'est-ce qui tourmentait Walter Schnaffs depuis quelque temps?
81. Pourquoi Walter Schnaffs dansait-il éperdument?
82. Qui a enlevé cette affaire à la tête des gardes nationaux?

II. Mettez les verbes au passé composé :

1. Quelque chose remua contre lui.

2. Il eut un sursaut épouvantable.
3. Le soldat se mit à songer.
4. Il lui faudrait recommencer une vie d'angoisses.
5. Il se trouvait tout seul.
6. Il s'avança vers les assiettes.
7. Une terreur le retenait.
8. Des portes se fermaient.
9. Il entendit des bruits sourds.
10. Walter Schnaffs s'assit devant l'assiette.
11. Le gros militaire lui planta son pied sur le ventre.
12. Le Prussien n'entendit qu'un seul mot.
13. Plusieurs s'assirent.
14. Un autre officier entra.
15. Plusieurs restèrent entre nos mains.
16. Il donna l'ordre de repartir.
17. La colonne se mit en mouvement.
18. On arrivait à la sous-préfecture.
19. Les femmes levaient les bras.
20. Il blessa le nez d'un de ses gardiens.

*III. Remplacez les mots en italique par un antonyme en faisant tout autre
changement nécessaire :*

1. Les Français *partaient* en bondissant comme un troupeau de chèvres.
2. Il a aperçu *derrière* lui un fossé.
3. Il est tombé *légèrement* sur un lit de pierres.
4. Il s'est traîné *à l'entrée* de l'ornière.
5. Les clameurs de la lutte *ont commencé.*
6. Il était *assis* au milieu d'un champ.
7. Il entendait les balles qu'il sentait *sortir de* sa chair.
8. Sa situation lui paraissait *résolue.*
9. La nuit était venue, la nuit *bruyante* et *claire.*
10. Il *s'est endormi.*
11. Il sentit que ses jambes étaient *fortes.*
12. Il allait guetter le passage d'un villageois *armé.*
13. Alors il *a mis* son casque.
14. *A droite*, il apercevait un château.
15. Il voyait *quelque chose.*
16. La campagne restait *pleine* comme la veille.
17. Des bêtes *s'éloignaient* de son cadavre.

18. Elles ont mordu sa peau *chaude*.
19. Un *petit* corbeau lui piquait les yeux.
20. Il est sorti *rapidement* du fossé.
21. Une fenêtre était même *fermée*.
22. Une *faible* odeur de viande cuite s'en échappait.
23. Il a apparu, *sans casque*, dans le cadre de la fenêtre.
24. La pièce était *pleine*.
25. Walter Schnaffs restait toujours *assis* dans sa fenêtre.

IV. Traduisez les mots entre parenthèses en français :

1. Il allait exécuter ce projet sans (delaying) d'une minute.
2. Des images (frightful) se précipitèrent dans son âme.
3. Ces paysans ont vu un Prussien (defenseless).
4. Ils le (would kill) comme un chien errant !
5. Les hommes d'avant-garde le (would take) pour un éclaireur.

V. Mettez la forme convenable de l'adjectif devant ou après le nom selon l'usage :

1. (tout) les assiettes
2. (tout) les plats
3. (son) yeux
4. (muet) des ombres
5. (tranquille) le château
6. (tonnant) une voix

VI. Apprenez les expressions suivantes :

1.	**souffrir des pieds**	14.	**il lui faudrait**
2.	**en outre**	15.	**loin de**
3.	**regretter** — to miss	16.	**à l'abri de**
4.	**à côté de**	17.	**fâcheux**
5.	**au commencement de**	18.	**courir des dangers**
6.	**devait** (devoir) — was to	19.	**en face de**
7.	**une vingtaine de**	20.	**se croire**
8.	**sortir de**	21.	**se rasseoir**
9.	**s'élancer en avant**	22.	**tout à fait**
10.	**tellement**	23.	**douloureux**
11.	**aussitôt**	24.	**faire mal à**
12.	**au fond de**	25.	**le pour et le contre**
13.	**au milieu de**	26.	**se rendre**

27.	ôter	44.	prêt à
28.	au bout de	45.	à la façon de
29.	ne... rien que	46.	d'ailleurs
30.	de nouveau	47.	au-dessus de
31.	la veille	48.	soudain
32.	mourir de faim	49.	en avant
33.	à la fois	50.	tout d'un coup
34.	s'apprêter à	51.	n'en pouvoir plus
35.	dès que	52.	ils ont dû — they had to
36.	plutôt que	53.	hors de combat
37.	en bas	54.	éviter
38.	laisser tomber	55.	de temps en temps
39.	d'abord	56.	au jour levant
40.	renverser	57.	monter la garde
41.	le premier étage	58.	autour de
42.	coup sur coup	59.	épuisé
43.	gonfler	60.	prendre à — to take from

Pierrot

GUY DE MAUPASSANT

1. **veuve**, *f.* widow
2. **paysannes** (paysanne, *f.*) peasants, peasant women
2–3. **à falbalas** with showy trimming
3. **qui parlent avec des cuirs** who make errors in speaking a language (usually errors in linking)
3–4. **prennent . . . des airs grandioses** (prendre) assume a grandiose manner
5. **chamarrés** (chamarré) bedecked
6. **dissimulent** (dissimuler) conceal
7. **soie écrue**, *f.* raw silk
8. **campagnarde**, *f.* countrywoman
10. **volets** (volet, *m.*) shutters
11. **Normandie** Normandy, former province in the northern part of France
11–12. **pays de Caux** region of Normandy to the north of the Seine river
13. **habitation**, *f.* residence
13. **étroit** narrow
15. **vola** (voler) stole
15. **oignons** (oignon, *m.*) onions
16. **s'aperçut** (s'apercevoir) noticed
16. **larcin**, *m.* theft
16. **prévenir** to inform
17. **jupe de laine**, *f.* wool skirt
18. **volé** (voler) robbed
20. **effarées** (effaré) frightened
21. **bavardaient** (bavarder) babbled
21. **Tenez** (tenir) Look!
22. **sauté** (sauter) leaped
23. **plate-bande**, *f.* flowerbed, border
24. **s'épouvantaient** (s'épouvanter) were terrified
24. **avenir**, *m.* future
26. **bruit**, *m.* report
26. **vol**, *m.* theft
26. **se répandit** (se répandre) spread

Mᴍᴇ Lᴇꜰᴇᴠʀᴇ était une dame de campagne, une veuve, une de ces demi-paysannes à rubans et à chapeuax à falbalas, de ces personnes qui parlent avec des cuirs, prennent en public des airs grandioses, et cachent une âme de brute, prétentieuse sous des dehors comiques et chamarrés, comme 5 elles dissimulent leurs grosses mains rouges sous des gants de soie écrue.

Elle avait pour servante une brave campagnarde toute simple, nommée Rose.

Les deux femmes habitaient une petite maison à volets verts, 10 le long d'une route, en Normandie, au centre du pays de Caux.

Comme elles possédaient, devant l'habitation, un étroit jardin, elles cultivaient quelques légumes.

Or, une nuit, on vola une douzaine d'oignons. 15

Dès que Rose s'aperçut du larcin, elle courut prévenir Madame, qui descendit en jupe de laine. Ce fut une désolation et une terreur. On avait volé, volé Mme Lefèvre! Donc, on volait dans le pays, puis on pouvait revenir.

Et les deux femmes effarées contemplaient les traces de pas, 20 bavardaient, supposaient des choses : « Tenez, ils ont passé par là. Ils ont mis leurs pieds sur le mur; ils ont sauté dans la plate-bande. »

Et elles s'épouvantaient pour l'avenir. Comment dormir tranquilles maintenant! 25

Le bruit du vol se répandit. Les voisins arrivèrent, constatèrent, discutèrent à leur tour; et les deux femmes expliquaient à chaque nouveau venu leurs observations et leurs idées.

---

26. **constatèrent** (constater)   verified
28. **nouveau venu**, *m.*   new-comer

1. **conseil**, *m.* advice
1. **devriez** (devoir) should
4. **donner l'éveil** to give warning
5. **nourriture**, *f.* food
7. **freluquet**, *m.* puppy
7. **jappe** (japper) yaps
10. **jatte**, *f.* dog's bowl
10. **pâtée**, *f.* food for the dog
12–13. **faire l'aumône** to give alms
14. **quêtes** (quête, *f.*) collection
16. **astuce**, *f.* cunning, guile
18. **se mit à** (se mettre à) set about
19. **avaleurs** (avaleur, *m.*) swallowers
19. **à faire frémir** enough to make one tremble
19. **épicier**, *m.* grocer
20. **exigeait** (exiger) demanded, required
21. **payât** (*imp. subj.* of payer) pay
21. **frais**, (frais, *m.*) expenses
21. **élevage**, *m.* raising
22. **nourrir** to keep, to nourish, to feed
24. **boulanger**, *m.* baker
26. **pattes** (patte, *f.*) paws
27. **renard**, *m.* fox
27. **queue**, *f.* tail
27. **en trompette** trumpet-shaped
27. **panache**, *m.* tuft, plume
28. **cherchait à** (chercher) was trying to
29. **se défaire de** to get rid of
29. **roquet**, *m.* cur, mongrel
29. **immonde** impure
32. **caisse à savon**, *f.* soap box
36. **rôdant** (rôder) prowling

Un fermier d'à côté leur offrit ce conseil : « Vous devriez avoir un chien. »

C'était vrai, cela ; elles devraient avoir un chien, quand ce ne serait que pour donner l'éveil. Pas un gros chien, Seigneur ! Que feraient-elles d'un gros chien ! Il les ruinerait en nourriture. 5 Mais un petit chien (en Normandie, on prononce *quin,*) un petit freluquet de *quin* qui jappe.

Dès que tout le monde fut parti, Mme Lefèvre discuta long-temps cette idée de chien. Elle faisait, après réflexion, mille objections, terrifiée par l'image d'une jatte pleine de pâtée ; car 10 elle était de cette race parcimonieuse de dames compagnardes qui portent toujours des centimes dans leur poche pour faire l'aumône ostensiblement aux pauvres des chemins, et donner aux quêtes du dimanche.

Rose, qui aimait les bêtes, apporta ses raisons et les défendit 15 avec astuce. Donc, il fut décidé qu'on aurait un chien, un tout petit chien.

On se mit à sa recherche, mais on n'en trouvait que des grands, des avaleurs de soupe à faire frémir. L'épicier de Rolle-ville en avait bien un, tout petit ; mais il exigeait qu'on le lui 20 payât deux francs, pour couvrir ses frais d'élevage. Mme Lefèvre déclara qu'elle voulait bien nourrir un « quin, » mais qu'elle n'en achèterait pas.

Or, le boulanger, qui savait les événements, apporta, un matin, dans sa voiture, un étrange petit animal tout jaune, 25 presque sans pattes, avec un corps de crocodile, une tête de renard et une queue en trompette, un vrai panache, grand comme tout le reste de sa personne. Un client cherchait à s'en défaire. Mme Lefèvre trouva fort beau ce roquet immonde, qui ne coûtait rien. Rose l'embrassa, puis demanda comment 30 on le nommait. Le boulanger répondit : « Pierrot. »

Il fut installé dans une vieille caisse à savon et on lui offrit d'abord de l'eau à boire. Il but. On lui présenta ensuite un mor-ceau de pain. Il mangea. Mme Lefèvre, inquiète, eut une idée : « Quand il sera bien accoutumé à la maison, on le laissera libre. 35 Il trouvera à manger en rôdant par le pays. »

1. **empêcha** (empêcher)   prevent
2. **affamé**   famished, hungry
2. **d'ailleurs**   moreover
2. **réclamer**   demand
2. **pitance**, *f.*   allowance of food
3. **acharnement**, *m.*   fury
6. **muet**   silent (mute)
9. **bouchées** (bouchée, *f.*)   mouthfuls
9. **trempées** (trempé)   soaked, dipped
10. **fricot**, *m.*   stew
11. **songé** (songer)   thought
11. **impôt**, *m.*   tax
13. **faillit** (faillir)   almost
13. **s'évanouir**   fainted
14. **saisissement**, *m.*   shock
15. **se débarrasserait de** (se débarrasser de)   would get rid of
17. **lieues** (lieue, *f.*)   leagues (a league is $2\frac{1}{2}$ miles)
17. **aux environs** (environ, *m.*)   in the surroundings
17. **faute de**   for lack of
18. **lui faire « piquer du mas »**   (regional expression) to give him the farm house treatment, make him eat marl.
18. **mas**, *m.*   country house
19. **marne**, *f.*   marl (a soil deposit used as a fertilizer)
21. **hutte**, *f.*   hut
22. **chaume**, *m.*   thatch
22. **sol**, *m.*   ground
23. **marnière**   marlpit
23. **puits**, *m.*   pit
23. **s'enfonce** (s'enfoncer)   goes down
24. **aboutir**   to end
25. **galeries** (galerie, *f.*)   passageways
26. **carrière**, *f.*   quarry
27. **marne** (marner)   marl, fertilize with marl
27. **sert de** (servir de)   serves as
29. **orifice**, *m.*   hole, opening
29. **hurlements** (hurlement, *m.*)   howling
29. **aboiements** (aboiement, *m.*)   barking
30. **désespérés** (désespéré)   desperate
30. **appels** (appel, *m.*)   appeals
30. **lamentables** (lamentable)   mournful

On le laissa libre, en effet, ce qui ne l'empêcha point d'être affamé. Il ne jappait d'ailleurs que pour réclamer sa pitance; mais, dans ce cas, il jappait avec acharnement.

Tout le monde pouvait entrer dans le jardin. Pierrot allait caresser chaque nouveau venu, et demeurait absolument 5 muet.

Mme Lefèvre cependant s'était accoutumée à cette bête. Elle en arrivait même à l'aimer, et à lui donner de sa main, de temps en temps, des bouchées de pain trempées dans la sauce de son fricot.   10

Mais elle n'avait nullement songé à l'impôt, et quand on lui réclama huit francs — huit francs, Madame! — pour ce freluquet de *quin* qui ne jappait seulement point, elle faillit s'évanouir de saisissement.

Il fut immédiatement décidé qu'on se débarrasserait de 15 Pierrot. Personne n'en voulut, tous les habitants le refusèrent à dix lieues aux environs. Alors on se résolut, faute d'autre moyen, à lui faire « piquer du mas. »

« Piquer du mas, » c'est « manger de la marne. » On fait piquer du mas à tous les chiens dont on veut se débarrasser.   20

Au milieu d'une vaste plaine, on aperçoit une espèce de hutte, ou plutôt un tout petit toit de chaume, posé sur le sol. C'est l'entrée de la marnière. Un grand puits tout droit s'enfonce jusqu'à vingt mètres sous terre, pour aboutir à une série de longues galeries de mines.   25

On descend une fois par an dans cette carrière, à l'époque où l'on marne les terres. Tout le reste du temps elle sert de cimetière aux chiens condamnés; et souvent, quand on passe auprès de l'orifice, des hurlements plaintifs, des aboiements furieux ou désespérés, des appels lamentables montent jusqu'à 30 vous.

Les chiens des chasseurs et des bergers s'enfuient avec

---

32. **chasseurs** (chasseur, *m.*)   hunters
32. **bergers** (berger, *m.*)   shepherds
32. **s'enfuient** (s'enfuir)   flee

1. **épouvante,** *f.* terror
1. **abords** (abord, *m.*) surroundings
1. **trou,** *m.* hole
1. **gémissant** groaning
1–2. **se penche** (se pencher) leans over
3. **pourriture,** *f.* rottenness
4. **affreux** frightful
5. **agonise** (agoniser) has been at the point of death, has suffered
6. **fond,** *m.* bottom
6. **immondes** (immonde) unclean
6. **devanciers** (devancier, *m.*) predecessors
8. **précipité** (précipiter) hurled
8. **tout à coup** suddenly
9. **se guettent** (se guetter) watch each other
10. **acharnés** (acharné) desperate
13. **s'enquit de** (s'enquérir) made inquiries about
13. **cantonnier,** *m.* road-man
13. **binait** (biner) was digging
14. **course,** *f.* job
15. **goujat,** *m.* boy, lad
16–17. **il valait mieux** (valoir) it was better
18. **averti** warned
18. **sort,** *m.* fate
19. **à la nuit tombante** at nightfall
20. **doigt,** *m.* nip, finger's breadth
21. **avala** (avaler) swallowed
21. **remuait** (remuer) moved, wagged
22. **tablier,** *m.* apron
23. **à grands pas** with long strides
23. **maraudeurs** (maraudeur, *m.*) plunderers
24. **atteignirent** (atteindre) arrived at
27. **lança** (lancer) threw
28. **tendue** (tendu) strained
29. **sourd** dull
29. **plainte,** *f.* wail
30. **aiguë** (aigu) sharp
30. **déchirante** (déchirant) piercing
30. **blessée** (blessé) wounded
32. **ouverture,** *f.* opening

épouvante des abords de ce trou gémissant; et, quand on se penche au-dessus, il sort de là une abominable odeur de pourriture.

Des drames affreux s'y accomplissent dans l'ombre.

Quand une bête agonise depuis dix à douze jours dans le 5 fond, nourrie par les restes immondes de ses devanciers, un nouvel animal, plus gros, plus vigoureux certainement, est précipité tout à coup. Ils sont là, seuls, affamés, les yeux luisants. Ils se guettent, se suivent, hésitent, anxieux. Mais la faim les presse; ils s'attaquent, luttent longtemps, acharnés; et le plus 10 fort mange le plus faible, le dévore vivant.

Quand il fut décidé qu'on ferait « piquer du mas » à Pierrot, on s'enquit d'un exécuteur. Le cantonnier qui binait la route demanda dix sous pour la course. Cela parut follement exagéré à Mme Lefèvre. Le goujat du voisin se contentait de cinq sous; 15 c'était trop encore; et, Rose ayant fait observer qu'il valait mieux qu'elles le portassent elles-mêmes, parce qu'ainsi il ne serait pas brutalisé en route et averti de son sort, il fut résolu qu'elles iraient toutes les deux à la nuit tombante.

On lui offrit, ce soir-là, une bonne soupe avec un doigt de 20 beurre. Il l'avala jusqu'à la dernière goutte et, comme il remuait la queue de contentement, Rose le prit dans son tablier.

Elles allaient à grands pas, comme des maraudeurs, à travers la plaine. Bientôt elles aperçurent la marnière et l'atteignirent; Mme Lefèvre se pencha pour écouter si aucune bête ne gémis- 25 sait. — Non — il n'y en avait pas; Pierrot serait seul. Alors Rose, qui pleurait, l'embrassa, puis le lança dans le trou; et elles se penchèrent toutes deux, l'oreille tendue.

Elles entendirent d'abord un bruit sourd; puis la plainte aiguë, déchirante, d'une bête blessée, puis une succession de 30 petits cris de douleur, puis des appels désespérés, des supplications de chien qui implorait, la tête levée vers l'ouverture.

Il jappait, oh! il jappait!

Elles furent saisies de remords, d'épouvante, d'une peur

---

34. **peur**, *f.* fear

1. **se sauvèrent** (se sauver)   fled
4. **hantée** (hanter)   haunted
4. **cauchemars** (cauchemar, *m.*)   nightmares
4. **épouvantables** (épouvantable)   frightful
5. **rêva** (rêver)   dreamed
6. **soupière**, *f.*   covered soup dish
7. **s'élançait** (s'élancer)   shot forth, leaped out
7. **mordait** (mordre)   bit
9. **s'était trompée** (se tromper)   had been mistaken
10. **de nouveau**   again
12. **panier**, *m.*   basket
12. **fermier**, *m.*   farmer
14. **cependant**   however
14. **finissait par** (finir)   finally
14. **blotti**   crouched
16. **éperdue** (éperdu)   aghast
16. **au bout de**   at the end of
17. **gueule**, *f.*   mouth, jaw
17. **serrée** (serré)   closed tightly
18. **au petit jour**   at dawn
21. **se mit à** (se mettre)   began
21. **sangloter**   to sob
26. **puisatier**, *m.*   shaft-sinker
29. **quin** (*local pronunciation* of chien)   dog
30. **sursaut**, *m.*   start
30. **douleur**, *f.*   grief
30. **s'envola** (s'envoler)   disappeared
31. **vous vous en feriez mourir**   you would be the death of yourself
32. **j'vas** = je vais
33. **manivelles** (manivelle, *f.*)   cranks
34. **m'faire** = me faire
35. **l'plaisir** = le plaisir
35. **r'donner** = redonner
35. **fallait pas l'jeter** = il ne fallait pas le jeter—you shouldn't have thrown him in

folle et inexplicable; et elles se sauvèrent en courant. Et, comme Rose allait plus vite, Mme Lefèvre criait : « Attendez-moi, Rose, attendez-moi!»

Leur nuit fut hantée de cauchemars épouvantables.

Mme Lefèvre rêva qu'elle s'asseyait à table pour manger la 5 soupe, mais, quand elle découvrait la soupière, Pierrot était dedans. Il s'élançait et la mordait au nez.

Elle se réveilla et crut l'entendre japper encore. Elle écouta; elle s'était trompée.

Elle s'endormit de nouveau et se trouva sur une grande route, 10 une route interminable, qu'elle suivait. Tout à coup, au milieu du chemin, elle aperçut un panier, un grand panier de fermier, abandonné; et ce panier lui faisait peur.

Elle finissait cependant par l'ouvrir, et Pierrot, blotti dedans, lui saisissait la main, ne la lâchait plus; et elle se sauvait 15 éperdue, portant ainsi au bout du bras le chien suspendu, la gueule serrée.

Au petit jour, elle se leva, presque folle, et courut à la marnière.

Il jappait; il jappait encore, il avait jappé toute la nuit. Elle 20 se mit à sangloter et l'appela avec mille petits noms caressants. Il répondit avec toutes les inflexions tendres de sa voix de chien.

Alors elle voulut le revoir, se promettant de le rendre heureux jusqu'à sa mort.   25

Elle courut chez le puisatier chargé de l'extraction de la marne, et elle lui raconta son cas. L'homme écoutait sans rien dire. Quand elle eut fini, il prononça : «Vous voulez votre quin? Ce sera quatre francs.»

Elle eut un sursaut; toute sa douleur s'envola, du coup.   30

— Quatre francs! vous vous en feriez mourir! quatre francs!

Il répondit : «Vous croyez que j'vas apporter mes cordes, mes manivelles, et monter tout ça, et m'en aller là-bas avec mon garçon et m'faire mordre encore par votre maudit quin, pour l'plaisir de vous le r'donner? fallait pas l'jeter.»   35

Elle s'en alla, indignée. — Quatre francs!

4. **ajouta** (ajouter)   added
5. **meure** (mourir)   die
6. **reparties** (reparti)   off again
7. **morceau**, *m.*   piece
7. **beurré**   buttered
9. **tour à tour**   in turn
9. **sitôt que**   as soon as
10. **achevé** (achever)   finished
13. **or**   then
19. **bousculade**, *m.*   hustling, rush
20. **mordu** (mordre)   bitten
22. **avaient beau** (avoir beau)   in vain
22. **elles avaient beau spécifier**   they had specified in vain
24. **interdites** (interdit)   dumbfounded
25. **ton**, *m.*   tone
25. **aigre**   harsh
25. **pourtant**   still, however
27. **dépens**, *m.pl.*   expense
28. **emportant** (emporter)   taking away
30. **s'essuyant** (s'essuyer)   drying
30. **coin**, *m.*   corner

Aussitôt rentrée, elle appela Rose et lui dit les prétentions du puisatier. Rose, toujours résignée, répétait : « Quatre francs! c'est de l'argent, Madame. »

Puis, elle ajouta : « Si on lui jetait à manger, à ce pauvre quin, pour qu'il ne meure pas comme ça? » 5

Mme Lefèvre approuva, toute joyeuse; et les voilà reparties, avec un gros morceau de pain beurré.

Elles le coupèrent par bouchées qu'elles lançaient l'une après l'autre, parlant tour à tour à Pierrot. Et sitôt que le chien avait achevé un morceau, il jappait pour réclamer le suivant. 10

Elles revinrent le soir, puis le lendemain, tous les jours. Mais elles ne faisaient plus qu'un voyage.

Or, un matin, au moment de laisser tomber la première bouchée, elles entendirent tout à coup un aboiement formidable dans le puits. Ils étaient deux. On avait précipité un autre chien, 15 un gros!

Rose cria : « Pierrot! » Et Pierrot jappa, jappa. Alors on se mit à jeter la nourriture; mais, chaque fois elles distinguaient parfaitement une bousculade terrible, puis les cris plaintifs de Pierrot mordu par son compagnon, qui mangeait tout, étant le 20 plus fort.

Elles avaient beau spécifier : « C'est pour toi, Pierrot! » Pierrot, évidemment, n'avait rien.

Les deux femmes interdites, se regardaient; et Mme Lefèvre prononça d'un ton aigre : « Je ne peux pourtant pas nourrir 25 tous les chiens qu'on jettera là-dedans. Il faut y renoncer. »

Et, suffoquée à l'idée de tous ces chiens vivants à ses dépens, elle s'en alla, emportant même ce qui restait du pain qu'elle se mit à manger en marchant.

Rose la suivit en s'essuyant les yeux du coin de son tablier bleu. 30

EXERCICES

I. Répondez aux questions suivantes :

1. Qui était Madame Lefèvre?
2. Faisait-elle des fautes de langage?

3. Que cachait-elle?
4. Que dissimulait-elle sous des gants de soie écrue?
5. Comment s'appelait sa servante?
6. Où habitaient les deux femmes?
7. Que possédaient-elles devant la maison?
8. Qu'a-t-on volé une nuit?
9. Qu'est-ce que les deux femmes ont contemplé?
10. Quel conseil un fermier leur a-t-il offert?
11. Pourquoi Mme Lefèvre ne voulait-elle pas un gros chien?
12. Quelle image a terrifié Mme Lefèvre?
13. Comment Mme Lefèvre faisait-elle l'aumône aux pauvres des chemins?
14. Qui est-ce qui aimait les bêtes?
15. Combien l'épicier exigeait-il qu'on lui paie le chien?
16. Qui est-ce qui a apporté, un matin, un étrange petit animal tout jaune?
17. Comment était la queue de l'animal?
18. Combien le chien coûtait-il?
19. Comment le chien s'appelait-il?
20. Où a-t-il été installé?
21. Quand jappait-il?
22. Qu'est-ce que Mme Lefèvre donnait à Pierrot de temps en temps?
23. A quoi n'avait-elle pas songé?
24. Qu'a-t-elle failli faire quand on lui a réclamé huit francs?
25. Est-ce que quelqu'un voulait Pierrot?
26. Qu'est-ce qu'on aperçoit au milieu d'une vaste plaine?
27. Combien de fois par an descend-on dans la carrière?
28. De quoi sert-elle tout le reste du temps?
29. Combien d'argent le cantonnier a-t-il demandé pour la course?
30. Pourquoi valait-il mieux que les deux femmes portent Pierrot au trou?
31. Quand iraient-elles?
32. Qu'est-ce qu'on a offert à Pierrot ce soir-là?
33. Qui l'a pris dans son tablier?
34. Comment allaient-elles à travers la plaine?
35. Pierrot serait-il seul dans la marnière?
36. Qu'ont-elles entendu d'abord?
37. Pourquoi se sont-elles sauvées en courant?
38. Qui allait plus vite?

39. Qu'est-ce que Mme Lefèvre a aperçu au milieu du chemin?
40. Qu'a-t-elle fini par faire?
41. Où a-t-elle couru au petit jour?
42. Est-ce que Pierrot lui a répondu?
43. Chez qui a-t-elle couru?
44. Qu'est-ce que le puisatier a prononcé?
45. Pourquoi Mme Lefèvre a-t-elle eu un sursaut?
46. Aussitôt rentrée, qu'est-ce que Mme Lefèvre a dit à Rose?
47. Qu'est-ce qu'on jettait au chien pour qu'il ne meure pas?
48. Qu'est-ce que le chien faisait après avoir achevé un morceau de pain?
49. Quand les deux femmes sont-elles revenues?
50. Qu'est-ce que les deux femmes ont entendu dans le puits un matin?
51. Combien de chiens y avait-il dans le puits?
52. Qui est-ce qui mangeait toute la nourriture?
53. Qu'est-ce que les femmes avaient beau spécifier?
54. Quelle idée a suffoqué Mme Lefèvre?

II. *Mettez les verbes au passé composé :*

1. Elles cachent une âme de brute.
2. On vola des oignons.
3. Rose s'aperçut du larcin.
4. Elle courut prévenir Madame.
5. Madame descendit en jupe de laine.
6. Rose apporta ses raisons et les défendit.
7. On se mit à sa recherche.
8. Elle se mit à sa recherche.
9. Il but; il mangea.
10. Le chien ne coûtait rien.
11. On lui offrit une bonne soupe.
12. Rose le prit dans son tablier.
13. Elles aperçurent la marnière.
14. Mme Lefèvre se pencha pour écouter.
15. Elles entendirent un bruit sourd.
16. Elle eut un sursaut.
17. Sa douleur s'envola.
18. Elle s'en alla.
19. Elles le coupèrent par bouchées.
20. Elles revinrent le soir.

III. *Mettez les verbes à l'imparfait :*

1. On descend une fois par an.
2. Elle sert de cimetière.
3. Les chiens s'enfuient des abords de ce trou.
4. Ils sont là.
5. Ils s'attaquent.
6. Cela parut exagéré.

IV. *Remplacez les mots en italique un antonyme en faisant tout autre changement nécessaire :*

1. *Personne ne* pouvait entrer dans le jardin.
2. Elle avait *souvent* songé à l'impôt.
3. On *garderait* Pierrot.
4. Les habitants le *désiraient*.
5. C'est *la sortie* de la marnière.
6. Elle *s'est endormie.*
7. Elle s'est trouvée sur une route *courte*.
8. Elle finissait par le *fermer*.
9. Le chien *ne* jappait *plus*.
10. Elle s'est mise à *rire*.

V. *Mettez la forme convenable de l'adjectif devant, ou après, le nom selon l'usage :*

1. (gros) un chien
2. (ce) idée
3. (petit) le chien
4. (parcimonieux) cette race
5. (deux) les femmes

VI. *Apprenez les expressions suivantes :*

1. **à volets verts** with green shutters
2. **le long de**
3. **s'apercevoir de**
4. **habiter une maison**
5. **une douzaine de**
6. **dès que**
7. **bavarder**
8. **l'avenir**
9. **se répandre**
10. **tout le monde**
11. **tout petit**
12. **se mettre à** to set about
13. **se défaire de**
14. **fort beau**
15. **demander**

16. exiger
17. d'abord
18. d'ailleurs
19. de temps en temps
20. faillir + inf.
21. se débarrasser de
22. faute de
23. au milieu de
24. une fois par an
25. servir de
26. auprès de
27. il valait mieux
28. à la nuit tombante
29. à grands pas
30. à travers

31. le cauchemar
32. de nouveau
33. faire peur à
34. finir par
35. au petit jour
36. se mettre à + inf.
37. s'en aller
38. l'un après l'autre
39. tour à tour
40. achever
41. tous les jours
42. avoir beau + inf.
43. à ses dépens
44. emporter

Le Désespoir de la vieille

de *Spleen de Paris*
CHARLES BAUDELAIRE (1821–1867)

1. **ratatinée** (ratatiné) shrivelled, wrinkled
2. **faisait fête** (faire) was entertaining, was welcoming
3. **être**, *m.* being, human being
5. **risettes** (risette, *f.*) smiles, pleasant little laughs
6. **mines** (mine, *f.*) facial expressions; greetings
7. **épouvanté** terror-stricken
7. **se débattait** (débattre) struggled
9. **glapissements** (glapissement, *m.*) screaming
11. **coin**, *m.* corner
13. **faisons horreur** (faire) horrify

LA PETITE VIEILLE ratatinée se sentit toute réjouie en voyant ce joli enfant à qui chacun faisait fête, à qui tout le monde voulait plaire ; ce joli être, si fragile comme elle, la petite vieille, et, comme elle aussi, sans dents et sans cheveux.

Et elle s'approcha de lui, voulant lui faire des risettes et des mines agréables.

Mais l'enfant épouvanté se débattait sous les caresses de la bonne femme décrépite, et remplissait la maison de ses glapissements.

Alors la bonne vieille se retira dans sa solitude éternelle, et elle pleurait dans un coin, se disant : — « Ah ! pour nous, malheureuses vieilles femelles, l'âge est passé de plaire, même aux innocents ; et nous faisons horreur aux petits enfants que nous voulons aimer ! »

Le Miroir

de *Spleen de Paris*
CHARLES BAUDELAIRE

1. **épouvantable**   frightful looking
2. **glace**, *f.*   mirror
3–4. **vous ne pouvez vous y voir que**   you can see yourself in it only
6. **principes**, *m.pl.*   principles
6. **'89**   1789, date of the beginning of the French Revolution. In August of that year the French National Assembly proclaimed the "Declaration of the Rights of Man."
6. **égaux** (égal)   equal
6–7. **en droits** (droit, *m.*)   in their rights
7. **me mirer**   to look at myself
8. **regarde** (regarder)   concerns
9. **sens**, *m.*   sense
10. **loi**, *f.*   law
10. **avait tort** (avoir)   was wrong

Un homme épouvantable entre et se regarde dans la glace.

— Pourquoi vous regardez-vous au miroir, puisque vous ne pouvez vous y voir qu'avec déplaisir?

L'homme épouvantable me répond : « Monsieur, d'après les immortels principes de '89, tous les hommes sont égaux en droits; donc je possède le droit de me mirer; avec plaisir ou déplaisir, cela ne regarde que ma conscience. »

Au nom du bon sens, j'avais sans doute raison; mais, au point de vue de la loi, il n'avait pas tort.

Le Galant tireur

de *Spleen de Paris*
CHARLES BAUDELAIRE

2. **tir**, *m.* rifle-range, shooting gallery
2. **tirer** to shoot, to fire
6. **exécrable** execrable, abominable, detestable
7. **doit** (devoir) owes
7. **douleurs** (douleur, *f.*) pains, anguish, grief
8. **génie**, *m.* genius
9. **but**, *m.* mark, aim
10. **s'enfonça dans** (enfoncer) went into, buried itself in
10. **plafond**, *m.* ceiling
11. **riait** (rire) laughed
11. **se moquant de** (moquer) making fun of
11. **maladresse**, *f.* clumsiness, lack of skill
12. **époux**, *m.* husband
13. **poupée**, *f.* doll
14. **hautaine** (hautain) haughty, proud
14. **ange**, *m.* angel
14–15. **me figure** (figurer) am pretending
15. **lâcha** (lâcher) released, pulled
15. **détente**, *f.* trigger
16. **décapitée** (décapité) decapitated, beheaded
20. **adresse**, *f.* skill

COMME LA VOITURE traversait le bois, il la fit arrêter dans le voisinage d'un tir, disant qu'il lui serait agréable de tirer quelques balles pour *tuer* le Temps. Tuer ce monstre-là, n'est-ce pas l'occupation la plus ordinaire et la plus légitime de chacun? — Et il offrit galamment la main à sa chère, 5 délicieuse et exécrable femme, à cette mystérieuse femme à laquelle il doit tant de plaisirs, tant de douleurs, et peut-être aussi une grande partie de son génie.

Plusieurs balles frappèrent loin du but proposé; l'une d'elles s'enfonça même dans le plafond; et comme la charmante 10 créature riait follement, se moquant de la maladresse de son époux, celui-ci se tourna brusquement vers elle, et lui dit : «Observez cette poupée, là-bas, à droite, qui porte le nez en l'air et qui a la mine si hautaine. Eh bien! cher ange, *je me figure que c'est vous.*» Et il ferma les yeux et il lâcha la détente. 15 La poupée fut nettement décapitée.

Alors s'inclinant vers sa chère, sa délicieuse, son exécrable femme, son inévitable et impitoyable Muse, et lui baisant respectueusement la main, il ajouta : «Ah! mon cher ange, combien je vous remercie de mon adresse!» 20

La Fausse monnaie

de *Spleen de Paris*
CHARLES BAUDELAIRE

1. **nous nous éloignions** (s'éloigner)   we were leaving, we were going away from
1. **bureau de tabac,** *m.*   tobacco shop
2. **soigneux**   careful
2. **triage,** *m.*   sorting
2. **monnaie,** *f.*   change
3. **gilet,** *m.*   vest, waistcoat
3. **glissa** (glisser)   slipped
3. **pièces** (pièce, *f.*)   coins
3. **or,** *m.*   gold
4. **culotte,** *f.*   pants, trousers
5. **sols** (sol, *m.*) (also, sous)   copper coins
7. **minutieuse** (minutieux)   minute, meticulous
7. **répartition,** *f.*   division, distribution
9. **fîmes la rencontre de** (faire)   met
9. **tendit** (tendre)   held out
10. **casquette,** *f.*   cap
11. **muette** (muet)   silent
11–12. **à la fois**   at the same time
12. **sensible**   sensitive
13. **Il trouve quelque chose**   There is something
14. **sentiment,** *m.*   feeling
14. **larmoyants** (larmoyant)   whining, tearful, weeping
15. **fouette** (fouetter)   whips
16. **offrande,** *f.*   offering
18. **étonné**   astonished
18. **il n'en est pas de plus grand que**   there is none greater than
21. **cerveau,** *m.*   brain
21–22. **chercher midi à quatorze heures**   to look for difficulties where there are none
23. **pareille** (pareil)   such, such a
24. **conduite,** *f.*   behavior
26. **diverses** (divers)   diverse
26. **funestes** (funeste)   disastrous, distressing
27. **engendrer**   produce

Comme nous nous éloignions du bureau de tabac, mon ami fit un soigneux triage de sa monnaie; dans la poche gauche de son gilet il glissa de petites pièces d'or; dans la droite, de petites pièces d'argent; dans la poche gauche de sa culotte, une masse de gros sols, et enfin, dans la droite, une pièce 5 d'argent de deux francs qu'il avait particulièrement examinée.

« Singulière et minutieuse répartition! » me dis-je en moi-même.

Nous fîmes la rencontre d'un pauvre qui nous tendit sa casquette en tremblant. — Je ne connais rien de plus inquiétant 10 que l'éloquence muette de ces yeux suppliants, qui contiennent à la fois, pour l'homme sensible qui sait y lire, tant d'humilité, tant de reproches. Il trouve quelque chose approchant cette profondeur de sentiment compliqué, dans les yeux larmoyants des chiens qu'on fouette. 15

L'offrande de mon ami fut beaucoup plus considérable que la mienne, et je lui dis : « Vous avez raison; après le plaisir d'être étonné, il n'en est pas de plus grand que celui de causer une surprise. » — « C'était la pièce fausse, » me répondit-il tranquillement, comme pour se justifier de sa prodigalité. 20

Mais dans mon misérable cerveau, toujours occupé à chercher midi à quatorze heures (de quelle fatigante faculté la nature m'a fait cadeau!), entra soudainement cette idée qu'une pareille conduite, de la part de mon ami, n'était excusable que par le désir de créer un événement dans la vie de ce pauvre diable, 25 peut-être même de connaître les conséquences diverses, funestes ou autres, que peut engendrer une pièce fausse dans la main d'un mendiant. Ne pouvait-elle pas se multiplier en pièces vraies?

---

27. **que peut engendrer une pièce fausse** that a counterfeit coin can produce
28. **mendiant**, *m.* beggar

1. **cabaretier**, *m.* tavern-keeper
3. **faux monnayeur**, *m.* counterfeiter
3. **propagateur**, *m.* spreader, disburser
4. **Tout aussi bien la pièce fausse serait** The counterfeit coin could just as easily be
5. **germe**, *m.* source
6. **allait son train** (aller) went its course
6. **prêtant** (prêter) lending, furnishing
9. **en reprenant** on resuming
12. **plus qu'il n'espère** more than he expects
13. **épouvanté** frightened
16. **bonne affaire**, *f.* good business deal
17. **emporter** to obtain
17. **attraper** to catch, to get
17. **gratis** for nothing
18. **brevet**, *m.* certificate, diploma, license
19. **jouissance**, *f.* delight, pleasure
22. **ineptie**, *f.* foolishness, absurdity
22. **calcul**, *m.* calculation, reckoning
22. **méchant** wicked, evil
24. **bêtise**, *f.* stupidity

ne pouvait-elle pas aussi le conduire en prison? Un cabaretier, un boulanger, par exemple, allait peut-être le faire arrêter comme faux monnayeur ou comme propagateur de fausse monnaie. Tout aussi bien la pièce fausse serait peut-être, pour un pauvre petit spéculateur, le germe d'une richesse de quelques 5 jours. Et ainsi ma fantaisie allait son train, prêtant des ailes à l'esprit de mon ami et tirant toutes les déductions possibles de toutes les hypothèses possibles.

Mais celui-ci rompit brusquement ma rêverie en reprenant mes propres paroles : « Oui, vous avez raison; il n'est pas de 10 plaisir plus doux que de surprendre un homme en lui donnant plus qu'il n'espère. »

Je le regardais dans le blanc des yeux, et je fus épouvanté de voir que ses yeux brillaient d'une incontestable candeur. Je vis alors clairement qu'il avait voulu faire à la fois la charité et 15 une bonne affaire; gagner quarante sols et le coeur de Dieu; emporter le paradis économiquement; enfin attraper gratis un brevet d'homme charitable. Je lui aurais presque pardonné le désir de la criminelle jouissance dont je le supposais tout à l'heure capable; j'aurais trouvé curieux, singulier, qu'il s'amusât 20 à compromettre les pauvres; mais je ne lui pardonnerai jamais l'ineptie de son calcul. On n'est jamais excusable d'être méchant, mais il y a quelque mérite à savoir qu'on l'est; et le plus irréparable des vices est de faire le mal par bêtise.

EXERCICES

Le Désespoir de la vieille

I. Répondez aux questions suivantes :

1. Qu'est-ce que la petite vieille a vu?
2. Comment s'est-elle sentie?
3. Quelle comparaison l'auteur fait-il?
4. Qu'est-ce qui rend cette comparaison grotesque?

5. Que l'enfant faisait-il sous les caresses de la bonne femme décrépite?
6. Trouvez-vous la réaction de l'enfant normale?
7. Est-ce que la sympathie du lecteur va à la vieille? a l'enfant? aux deux?
8. A votre avis, quel est le sentiment de l'auteur vis-à-vis de la vieille?

Le Miroir

9. Qui est-ce qui entre?
10. Quelle question l'auteur a-t-il posée à l'homme?
11. Est-ce que cette question vous donne une indication du caractère de l'auteur?
12. Selon quels principes les hommes sont-ils égaux en droits?
13. Est-ce que l'homme avait raison au point de vue de la loi?
14. Trouvez-vous le mot « épouvantable » suffisant pour la description de l'homme?
15. Etes-vous d'accord qu'au nom du bon sens l'auteur avait raison?

Le Galant tireur

16. Où le monsieur a-t-il fait arrêter la voiture?
17. Pourquoi l'auteur appelle-t-il le temps un monstre?
18. Quel événement nous indique que le monsieur « doit... peut-être aussi une grande partie de son génie » à cette mystérieuse femme?
19. Où les balles ont-elles frappé?
20. De quoi la charmante créature se moquait-elle?
21. Que savez-vous du caractère de la femme?
22. Qu'est-ce que le monsieur a dit à la femme avant de lâcher la détente?
23. Qui le monsieur a-t-il remercié de son adresse?

La Fausse monnaie

24. Qu'est-ce qu'un pauvre a tendu à l'auteur et à son ami?
25. Est-ce que l'auteur a manifesté une sympathie sincère pour le mendiant?
26. Quelle a été la première réaction de l'auteur à l'offrande faite par son ami?
27. Qu'est-ce que l'auteur a dit à son ami?
28. Que son ami a-t-il répondu?
29. Quelle idée est entrée soudainement dans le cerveau de l'auteur?

30. Quelles conséquences diverses la pièce fausse pouvait-elle engendrer?
31. Quelle est votre réaction à la conclusion de l'auteur?
32. Selon l'auteur, quel est un des plaisirs les plus doux?
33. Où l'auteur regardait-il son ami?
34. De quoi les yeux de son ami brillaient-ils?
35. Qu'est-ce qu'il avait voulu faire à la fois?
36. Qu'est-ce que l'auteur n'a pas pardonné à son ami?
37. Est-ce qu'on est excusable d'être méchant?
38. Quel est le plus irréparable des vices?
39. Est-ce que ces poèmes en prose vous semblent de la poésie? Y trouvez-vous des éléments poétiques?

II. Remplacez les mots en italique par un antonyme :

1. Il a dit qu'il serait *désagréable* de tirer quelques balles.
2. Il lui doit une *petite* partie de son génie.
3. Plusieurs balles frappèrent *près* du but proposé.
4. L'une s'enfonça dans *le plancher.*
5. La charmante créature *pleurait* follement.
6. Une pareille conduite, de la part de mon *ennemi,* n'etait pas excusable.
7. Ne pouvait-elle pas *se diviser* en pièces *fausses*?
8. Pour un *grand* spéculateur *riche,* la pièce fausse serait le germe d'une richesse de quelques jours.
9. Oui, vous avez *tort.*
10. Il n'est pas de plaisir plus *amer* que de lui donner *moins* qu'il n'espère.

III. Mettez les verbes au présent de l'indicatif :

1. Un homme est entré.
2. Il s'est regardé dans la glace.
3. Pourquoi vous êtes-vous regardé?
4. Tous les hommes étaient égaux.
5. J'ai possédé le droit de me mirer.

IV. Mettez les verbes au passé composé :

1. Nous nous éloignions du bureau de tabac.
2. Dans la poche gauche il glissa de petites pièces d'or.
3. Nous fîmes la rencontre d'un pauvre.
4. Il nous tendit sa casquette.
5. L'offrande de mon ami fut beaucoup plus considérable que la mienne.

V. Apprenez les expressions suivantes :

1.	se sentir	16.	là-bas
2.	s'approcher de	17.	à droite
3.	se débattre	18.	se figurer
4.	la glace	19.	sensible
5.	se regarder	20.	glisser
6.	y in it	21.	enfin
7.	d'après	22.	ne... rien
8.	regarder to concern	23.	à la fois
9.	avoir raison	24.	un pareil
10.	avoir tort	25.	de la part de
11.	sans doute	26.	un faux monnayeur
12.	tuer le temps	27.	une bonne affaire
13.	tant de	28.	gratis
14.	loin de	29.	pardonner à
15.	se moquer de	30.	tout à l'heure

Le Jardinier

ANTOINE DE SAINT-EXUPÉRY (1900–1944)

J'AI CONNU UN VIEUX JARDINIER qui me parlait de son ami. Tous deux avaient longtemps vécu en frères avant que la vie ne les séparât, buvant le thé du soir ensemble, célébrant les mêmes fêtes, et se cherchant l'un l'autre, pour se demander quelques conseils ou se délivrer de confidences. Et certes, ils 5 avaient peu à se dire et bien plutôt on les voyait se promener, le travail fini, considérant sans prononcer un mot les fleurs, les jardins, le ciel et les arbres. Mais si l'un d'eux hochait la tête en tâtant du doigt quelque plante, l'autre se penchait à son tour et, reconnaissant la trace des chenilles, hochait la sienne. Et les 10 fleurs bien ouvertes leur procuraient à tous les deux le même plaisir.

Or il arriva qu'un marchand ayant engagé l'un des deux, il l'associa pour quelques semaines à sa caravane. Mais les pillards de caravane puis les hasards de l'existence, et les guerres entre 15 les empires, et les tempêtes, et les naufrages, et les ruines, et les deuils, et les métiers pour vivre ballottèrent celui-là des années durant, comme un tonneau la mer, le repoussant de jardin en jardin jusqu'aux confins du monde.

Or voici que mon jardinier après une vieillisse de silence reçut 20 une lettre de son ami. Dieu sait combien d'années elle avait navigué. Dieu sait quelles diligences, quels cavaliers, quels navires, quelles caravanes l'avaient tour à tour acheminée avec cette même obstination des milliers de vagues de la mer, jusqu'à son jardin. Et ce matin-là, comme il rayonnait de son bonheur 25 et le voulait faire partager, il me pria de lire, comme l'on prie de lire un poème, la lettre qu'il avait reçue. Et il guettait sur mon visage l'émotion de ma lecture. Et certes il n'était là que quelques mots car les deux jardiniers se trouvaient être plus habiles à la bêche qu'à l'écriture. Et je lus simplement : « Ce matin j'ai taillé 30 mes rosiers... » puis, méditant ainsi sur l'essentiel, lequel me paraissait informulable, je hochai la tête comme ils l'eussent fait.

2. **eusses** = aurais
3. **courriers** (courrier, *m.*) mail-steamers
5. **ambassade,** *f.* deputation, mission
5. **expédiai** (expédier) dispatched, sent off
5. **de l'autre côté de la terre** to the other side of the earth
6. **convoquai** (convoquer) summoned
7. **potager,** *m.* garden
8. **ce fut fête chez les chenilles** that was a time of festivities among the caterpillars
8. **il te passait** = il passait
9. **griffonner** scribbling, scrawling
9. **raturer** erasing
9. **besogne,** *f.* work
9–10. **tirant la langue** (tirer) letting his tongue protrude; putting out his tongue
10–11. **il se connaissait quelque chose d'urgent à dire** he knew that within himself he had something urgent to say
13. **passerelle,** *f.* bridge
13. **abîme,** *m.* abyss
17. **destinataire,** *m.* receiver, addressee
18. **il n'était rien** = il n'y avait rien
19–20. **puisqu'il s'agissait là pour lui de ce en quoi d'abord il s'échangeait** since for him it was a question first of all of what he was exchanging himself for
21. **s'usent** (user) wear out, tire out
21. **aux jeux d'aiguille,** *f.* with needlework
21. **fleurir** decorate with flowers
21. **dieu,** *m.* god; thing most venerated
22. **appliquée** (appliqué) studious
22. **malhabile** awkward, clumsy
23. **convaincue** (convaincu) sincere

Voici donc que mon jardinier ne connut plus le repos. Tu
l'eusses pu entendre qui s'informait sur la géographie, la
navigation, les courriers et les caravanes et les guerres entre les
empires. Et trois années plus tard vint le jour de hasard de
quelque ambassade que j'expédiai de l'autre côté de la terre. Je 5
convoquai donc mon jardinier : « Tu peux écrire à ton ami. »
Et mes arbres en souffrirent un peu et les légumes du potager, et
ce fut fête chez les chenilles, car il te passait les journées chez
soi, à griffonner, à raturer, à recommencer la besogne, tirant la
langue comme un enfant sur son travail, car il se connaissait 10
quelque chose d'urgent à dire et il lui fallait se transporter tout
entier, dans sa vérité, chez son ami. Il lui fallait construire sa
propre passerelle sur l'abîme, rejoindre l'autre part de soi à
travers l'espace et le temps. Il lui fallait dire son amour. Et
voici que tout rougissant, il me vint soumettre sa réponse afin 15
de guetter cette fois encore sur mon visage un reflet de la joie
qui illuminerait le destinataire, et d'essayer ainsi sur moi le
pouvoir de ses confidences. Et — car il n'était rien en vérité de
plus important à faire connaître, puisqu'il s'agissait là pour lui
de ce en quoi d'abord il s'échangeait, à la façon des vieilles qui 20
s'usent les yeux aux jeux d'aiguille pour fleurir leur dieu — je
lus qu'il confiait à l'ami, de son écriture appliquée et malhabile
comme une prière toute convaincue, mais de mots humbles :
« Ce matin, moi aussi, j'ai taillé mes rosiers... »

EXERCİCES

I. Répondez aux questions suivantes :

1. Qui est-ce qui a parlé à l'auteur de son ami?
2. Qu'est-ce que les deux amis ont bu ensemble?
3. Est-ce qu'ils ont beaucoup parlé en se promenant ensemble?
4. Quels événements ont ballotté le jardinier des années durant?
5. Que le jardinier a-t-il reçu de son ami?
6. Pourquoi le jardinier a-t-il prié l'auteur de lire la lettre?
7. A quoi les deux jardiniers se trouvaient-ils plus habiles?

8. Quels mots l'auteur a-t-il lus dans la lettre?
9. Sur quoi le jardinier s'informait-il désormais?
10. Ayant convoqué son jardinier, que l'auteur lui a-t-il dit?
11. Pourquoi les arbres et les légumes en ont-ils souffert?
12. Que fallait-il que le jardinier construise?
13. Quels mots humbles l'auteur a-t-il lus dans la réponse?

II. Remplacez les mots en italique par un antonyme :

1. J'ai connu un *jeune* jardinier.
2. Il me parlait de son *ennemi.*
3. Ils avaient *beaucoup* à se dire.
4. Les fleurs bien *fermées* leur procuraient le même plaisir.
5. Il rayonnait de son *malheur.*
6. Les jardiniers se trouvaient *moins* habiles à la bêche qu'à l'écriture.
7. Il lui fallait dire sa *haine.*
8. Il a lu des mots *fiers.*
9. Trois années plus *tôt*, j'expédiai l'ambassade de l'autre côté de la terre.
10. Mon jardinier ne connut plus *la fatigue.*

III. Apprenez les expressions suivantes :

1. **tous deux**
2. **hocher**
3. **or**
4. **des milliers de**
5. **partager**
6. **guetter**
7. **la lecture**
8. **s'informer sur**
9. **afin de**
10. **à la façon de**

LES MUETS

de *L'Exil et le royaume*
ALBERT CAMUS

1. **au plein de**   in the middle of
2. **radieuse** (radieux)   radiant
2. **jetée,** *f.*   jetty, pier
3. **se confondaient** (confondre)   blended together
3. **éclat,** *m.*   glare, brightness
5. **fixe**   fixed
6. **infirme**   crippled
7. **peinait** (peiner)   labored
7. **vaincre**   to overcome, subdue
7. **pavés** (pavé, *m.*)   street, paving-stones
7. **mouillés** (mouillé)   wet
8. **nocturne**   night
8. **menu**   slender, small
8. **selle,** *f.*   bicycle seat
9. **se rangeait** (ranger)   pulled over to the side
9–10. **d'un coup de guidon brusque**   with a quick turn of the handlebar
10. **doublaient** (doubler)   passed
11. **renvoyait** (renvoyer)   pushed back
11. **coude,** *m.*   elbow
11. **reins,** *m. pl.*   back
12. **musette,** *f.*   musette bag, bag carried by shoulder strap
13. **amertume,** *f.*   bitterness
14. **tranches** (tranche, *f.*)   slices
18. **vieillissait** (vieillir)   was aging
18. **fût** (*imp. subj.* of être)   had
18. **sec**   thin, dried up
19. **sarment,** *m.*   vine-branch, vine-shoot
20. **comptes rendus** (compte rendu, *m.*)   articles, reports
21. **haussait** (hausser)   shrugged
23. **aux allongés**   among those stretched out, among those laid out
24. **souffle,** *m.*   breathing, wind
24. **fléchit** (fléchir)   gives in
26. **un peu d'avance**   a slight start
29. **tonnellerie,** *f.*   cooper's shop; shop for making and repairing casks and barrels

ON ÉTAIT AU PLEIN DE L'HIVER et cependant une journée radieuse se levait sur la ville déjà active. Au bout de la jetée, la mer et le ciel se confondaient dans un même éclat. Yvars, pourtant, ne les voyait pas. Il roulait lourdement le long des boulevards qui dominent le port. Sur la pédale fixe de la bi-5 cyclette, sa jambe infirme reposait, immobile, tandis que l'autre peinait pour vaincre les pavés encore mouillés de l'humidité nocturne. Sans relever la tête, tout menu sur sa selle, il évitait les rails de l'ancien tramway, il se rangeait d'un coup de guidon brusque pour laisser passer les automobiles qui le doublaient 10 et, de temps en temps, il renvoyait du coude, sur ses reins, la musette où Fernande avait placé son déjeuner. Il pensait alors avec amertume au contenu de la musette. Entre les deux tranches de gros pain, au lieu de l'omelette à l'espagnole qu'il aimait, ou du bifteck frit dans l'huile, il avait seulement du 15 fromage.

Le chemin de l'atelier ne lui avait jamais paru aussi long. Il vieillissait, aussi. A quarante ans, et bien qu'il fût resté sec comme un sarment de vigne, les muscles ne se réchauffent pas aussi vite. Parfois, en lisant des comptes rendus sportifs où 20 l'on appelait vétéran un athlète de trente ans, il haussait les épaules. « Si c'est un vétéran, disait-il à Fernande, alors, moi, je suis déjà aux allongés. » Pourtant, il savait que le journaliste n'avait pas tout à fait tort. A trente ans, le souffle fléchit déjà, imperceptiblement. A quarante, on n'est pas aux allongés, non, 25 mais on s'y prépare, de loin, avec un peu d'avance. N'était-ce pas pour cela que depuis longtemps il ne regardait plus la mer, pendant le trajet qui le menait à l'autre bout de la ville où se trouvait la tonnellerie? Quand il avait vingt ans, il ne pouvait se lasser de la contempler; elle lui promettait une fin de semaine 30

---

30. **se lasser** tire

1. **boiterie**, *f.* limping
2. **nage**, *f.* swimming
3–4. **les heures supplémentaires** overtime work
5. **particuliers** (particulier, *m.*) private individuals
5. **bricolait** (bricoler) did odds and ends
6. **rassasiaient** (rassasier) used to satisfy
10. **fonçaient** (foncer) became darker
13. **repasser** to iron
13. **anisette**, *f.* anisette; liqueur flavored with aniseed
13. **couvert de buée**, *f.* frosted
15. **baissaient** (baisser) lowered
22. **pesamment** ponderously, heavily
22. **d'habitude** usual
23. **réunion**, *f.* meeting
23. **veille au soir**, *f.* the evening before
25. **patron**, *m.* boss
25. **augmente** (augmenter) is giving a raise
26. **grève**, *f.* strike
26. **échoué** (échouer) failed
28. **syndicat**, *m.* (labor) union
28. **mollement** softly
29. **d'ailleurs** moreover
29. **grand-chose** a lot
30. **tenait compte de** (tenir) made allowances for
31. **marché** (marcher) gone along
31. **leur en vouloir** hold it against them
32–33. **camions-citernes** (camion-citerne, *m.*) tank trucks
31–33. **La tonnellerie . . . n'allait pas fort.** The barrel and cask making industry was not doing well.
33. **barils** (baril, *m.*) casks
34. **bordelaises** (bordelaise, *f.*) casks of 225–230 liters
34. **foudres** (foudre, *m.*) large casks, tuns
36. **marge**, *f.* margin

heureuse, à la plage. Malgré ou à cause de sa boiterie, il avait
toujours aimé la nage. Puis les années avaient passé, il y avait
eu Fernande, la naissance du garçon, et, pour vivre, les heures
supplémentaires, à la tonnellerie le samedi, le dimanche chez
des particuliers où il bricolait. Il avait perdu peu à peu l'habitude 5
de ces journées violentes qui le rassasiaient. L'eau profonde et
claire, le fort soleil, les filles, la vie du corps, il n'y avait pas
d'autre bonheur dans son pays. Et ce bonheur passait avec la
jeunesse. Yvars continuait d'aimer la mer, mais seulement à
la fin du jour quand les eaux de la baie fonçaient un peu. 10
L'heure était douce sur la terrasse de sa maison où il s'asseyait
après le travail, content de sa chemise propre que Fernande
savait si bien repasser, et du verre d'anisette couvert de buée.
Le soir tombait, une douceur brève s'installait dans le ciel, les
voisins qui parlaient avec Yvars baissaient soudain la voix. Il ne 15
savait pas alors s'il était heureux, ou s'il avait envie de pleurer.
Du moins, il était d'accord dans ces moments-là, il il n'avait
rien à faire qu'à attendre, doucement, sans trop savoir quoi.

Les matins où il regagnait son travail, au contraire, il n'aimait
plus regarder la mer, toujours fidèle au rendezvous, mais qu'il 20
ne reverrait qu'au soir. Ce matin-là, il roulait, la tête baissée,
plus pesamment encore que d'habitude : le coeur aussi était
lourd. Quand il était rentré de la réunion, la veille au soir, et
qu'il avait annoncé qu'on reprenait le travail : « Alors, » avait
dit Fernande joyeuse, « le patron vous augmente ? » Le patron 25
n'augmentait rien du tout, la grève avait échoué. Ils n'avaient
pas bien manœuvré, on devait le reconnaître. Une grève de
colère, et le syndicat avait eu raison de suivre mollement. Une
quinzaine d'ouvriers, d'ailleurs, ce n'était pas grand-chose ;
le syndicat tenait compte des autres tonnelleries qui n'avaient 30
pas marché. On ne pouvait pas trop leur en vouloir. La tonnellerie, menacée par la construction des bateaux et des camions-
citernes, n'allait pas fort. On faisait de moins en moins de barils
et de bordelaises ; on réparait surtout les grands foudres qui
existaient déjà. Les patrons voyaient leurs affaires compromises, 35
c'était vrai, mais ils voulaient quand-même préserver une marge

1. **bénéfices** (bénéfice, *m.*) profits, gains
1. **freiner** to curb, to freeze, to hold back
3. **tonneliers** (tonnelier, *m.*) coopers; those who make and repair casks and barrels
6. **douelles** (douelle, *f.*) small staves of a cask
6. **ses douelles courbes** his curved staves
6. **resserre** (resserrer) tightens
7. **cercle**, *m.* hoop
7. **fer**, *m.* iron
7. **hermétiquement** hermetically, air tight
7. **rafia**, *m.* raffia, fiber of a palm leaf
8. **étoupe**, *f.* oakum, fiber obtained from old ropes
10. **maîtrise**, *f.* mastery
11. **coincé** (coincer) cornered, wedged in
17. **s'étaient mis en colère** (mettre) had gotten angry
19–20. **tout sec** quite sharply
22. **mauvais bougre**, *m.* bad fellow
23. **avait grandi** (grandir) had grown up
23. **atelier**, *m.* workshop
25. **casse-croûte**, *m.* snacks
25–26. **on faisait griller** they broiled, grilled
26. **boudin**, *m.* blood pudding
26. **copeaux** (copeau, *m.*) shavings (of wood)
32. **dragées** (dragée, *f.*) sugar-almonds
33. **chasser** to hunt
33. **littoral**, *m.* coast
35. **débuté** (débuter) begun
35. **apprenti**, *m.* apprentice
36. **ne se rendait pas compte** (se rendre compte) didn't realize

de bénéfices; le plus simple leur paraissait encore de freiner
les salaires malgré la montée des prix. Que peuvent faire des
tonneliers quand la tonnellerie disparaît? On ne change pas de
métier quand on a pris la peine d'en apprendre un; celui-là était
difficile, il demandait un long apprentissage. Le bon tonnelier, 5
celui qui ajuste ses douelles courbes, les resserre au feu et au
cercle de fer, presque hermétiquement, sans utiliser le rafia
ou l'étoupe, était rare. Yvars le savait et il en était fier. Changer
de métier n'est rien, mais renoncer à ce qu'on sait, à sa propre
maîtrise, n'est pas facile. Un beau métier sans emploi, on était 10
coincé, il fallait se résigner. Mais la résignation non plus n'est
pas facile. Il était difficile d'avoir la bouche fermée, de ne pas
pouvoir vraiment discuter et de reprendre la même route, tous
les matins, avec une fatigue qui s'accumule, pour recevoir, à la
fin de la semaine, seulement ce qu'on veut bien vous donner, et 15
qui suffit de moins en moins.

Alors, ils s'étaient mis en colère. Il y en avait deux ou trois
qui hésitaient, mais la colère les avait gagnés aussi après les
premières discussions avec le patron. Il avait dit en effet, tout
sec, que c'était à prendre ou à laisser. Un homme ne parle pas 20
ainsi. « Qu'est-ce qu'il croit! avait dit Esposito, qu'on va baisser
le pantalon? » Le patron n'était pas un mauvais bougre, d'ailleurs. Il avait pris la succession du père, avait grandi dans l'atelier
et connaissait depuis des années presque tous les ouvriers. Il
les invitait parfois à des casse-croûtes, dans la tonnellerie; on 25
faisait griller des sardines ou du boudin sur des feux de copeaux
et, le vin aidant, il était vraiment très gentil. A la nouvelle année,
il donnait toujours cinq bouteilles de vin fin à chacun des ouvriers, et souvent, quand il y avait parmi eux un malade ou simplement un événement, mariage ou communion, il leur faisait un 30
cadeau d'argent. A la naissance de sa fille, il y avait eu des
dragées pour tout le monde. Deux ou trois fois, il avait invité
Yvars à chasser dans sa propriété du littoral. Il aimait bien ses
ouvriers, sans doute, et il rappelait souvent que son père avait
débuté comme apprenti. Mais il n'était jamais allé chez eux, il 35
ne se rendait pas compte. Il ne pensait qu'à lui, parce qu'il ne

2. **il s'était buté** (buter)   he had become stubborn
5. **piquets de grève**   picketers
6–7. **fais des économies** (faire)   save money
8. **en pleine figure**   right to their faces
10. **avait le sang chaud** (avoir)   was hot-blooded
14. **arbitrage**, *m.*   arbitration
15. **récupération**, *f.*   recovery, recuperation
16. **reprise**, *f.*   resumption
17. **crânant** (crâner)   blustering, swaggering
17. **cuit** (cuire)   done, finished
17–18. **c'était à revoir**   the matter would have to be looked at again
20. **avait beau briller**   shone in vain
21. **appuyait** (appuyer)   pushed down
21. **unique**   only
22. **roue**, *f.*   wheel
23–24. **sans que son coeur s'alourdît** (alourdir)   without his heart growing heavy
26. **enfourché** (enfourcher)   mounted
26. **serrait** (serrer)   clenched
27. **ridé**   wrinkled
27. **traits** (trait, *m.*)   features
27. **s'était fermé** (fermer)   had hardened
29. **assombrissait** (assombrir)   was clouding
31. **s'engagea dans** (engager)   turned into
32. **débouchaient** (déboucher)   opened, emerged
33. **remises** (remise, *f.*)   sheds
33. **ferraille**, *f.*   scrap-iron
35. **maçonné**   walled up
35. **mi-hauteur**   half way up
35. **vitré**   provided with glass windows
36. **tôle ondulée**, *f.*   corrugated iron
36. **donnait sur** (donner)   opened on

connaissait que lui, et maintenant c'était à prendre ou à laisser.
Autrement dit, il s'était buté à son tour. Mais, lui, il pouvait se
le permettre.

Ils avaient forcé la main au syndicat, l'atelier avait fermé
ses portes. « Ne vous fatiguez pas pour les piquets de grève, 5
avait dit le patron. Quand l'atelier ne travaille pas, je fais des
économies. » Ce n'était pas vrai, mais ça n'avait pas arrangé
les choses puisqu'il leur disait en pleine figure qu'il les faisait
travailler par charité. Esposito était fou de rage et lui avait dit
qu'il n'était pas un homme. L'autre avait le sang chaud et il 10
fallut les séparer. Mais, en même temps, les ouvriers avaient été
impressionnés. Vingt jours de grève, les femmes tristes à la
maison, deux ou trois d'entre eux découragés, et pour finir, le
syndicat avait conseillé de céder, sur la promesse d'un arbitrage
et d'une récupération des journées de grève par des heures 15
supplémentaires. Ils avaient décidé la reprise du travail. En
crânant, bien sûr, en disant que ce n'était pas cuit, que c'était à
revoir. Mais ce matin, une fatigue qui ressemblait au poids de la
défaite, le fromage au lieu de la viande, et l'illusion n'était plus
possible. Le soleil avait beau briller, la mer ne promettait plus 20
rien. Yvars appuyait sur son unique pédale et, à chaque tour
de roue, il lui semblait vieillir un peu plus. Il ne pouvait penser à
l'atelier, aux camarades et au patron qu'il allait retrouver, sans
que son coeur s'alourdît un peu plus. Fernande s'était inquiétée :
« Qu'est-ce que vous allez lui dire ? — Rien. » Yvars avait 25
enfourché sa bicyclette, et secouait la tête. Il serrait les dents ;
son petit visage brun et ridé, aux traits fins, s'était fermé. « On
travaille. Ça suffit. » Maintenant il roulait, les dents toujours
serrées, avec une colère triste et sèche qui assombrissait jusqu'au
ciel lui-même.   30

Il quitta le boulevard, et la mer, s'engagea dans les rues hu-
mides du vieux quartier espagnol. Elles débouchaient dans une
zone occupée seulement par des remises, des dépôts de ferraille
et des garages, où s'élevait l'atelier : une sorte de hangar,
maçonné jusqu'à mi-hauteur, vitré ensuite jusqu'au toit de 35
tôle ondulée. Cet atelier donnait sur l'ancienne tonnellerie, une

1. **encadrée** (encadré)   surrounded, encircled
1. **préaux** (préau, *m.*)   covered areas
3. **usagées** (usagé)   worn; second-hand
3. **futailles** (futaille, *f.*)   casks, barrels
3. **Au-delà de**   Beyond
5. **tuiles** (tuile, *f.*)   tiles
6. **avenante** (avenant)   pleasing
7. **vigne vierge**, *f.*   Virginia creeper
7. **chèvrefeuille**, *m.*   honeysuckle
13. **rangea** (ranger)   arranged, parked
14. **appentis**, *m.*   shed, lean-to
14. **prolongeait** (prolonger)   extended along
15. **gaillard**, *m.*   jovial fellow
16. **poilu**   hairy
16. **syndical**   of the labor union
17. **tenorino**, *m.*   light tenor
20. **s'entrouvrir**   opened a little
20. **contremaître**, *m.*   foreman
21. **embrasure**, *f.*   opening, recess
23. **fonte**, *f.*   cast-iron
25. **s'était tu** (se taire)   had become silent
27. **tricot**, *m.*   jersey
30. **basané**   sunburnt, bronzed
32. **vaincus** (vaincu, *m.*)   defeated
33–34. **à mesure qu'il se prolongeait**   the longer it was prolonged
36. **amer**   bitter
36. **chagrin**   gloomy, sad

cour encadrée de vieux préaux, qu'on avait abandonnée lorsque
l'entreprise s'était agrandie et qui n'était plus maintenant qu'un
dépôt de machines usagées et de vieilles futailles. Au delà de la
cour, séparé d'elle par une sorte de chemin couvert en vieilles
tuiles commençait le jardin du patron au bout duquel s'élevait 5
la maison. Grande et laide, elle était avenante, cependant, à cause
de sa vigne vierge et du maigre chèvrefeuille qui entourait
l'escalier extérieur.

Yvars vit tout de suite que les portes de l'atelier étaient
fermées. Un groupe d'ouvriers se tenait en silence devant elles. 10
Depuis qu'il travaillait ici, c'était la première fois qu'il trouvait
les portes fermées en arrivant. Le patron avait voulu marquer le
coup. Yvars se dirigea vers la gauche, rangea sa bicyclette sous
l'appentis qui prolongeait le hangar de ce côté et marcha vers
la porte. Il reconnut de loin Esposito, un grand gaillard brun et 15
poilu qui travaillait à côté de lui, Marcou, le délégué syndical,
avec sa tête de tenorino, Saïd, le seul Arabe de l'atelier, puis tous
les autres qui, en silence, le regardaient venir. Mais avant qu'il
les eût rejoints, ils se retournèrent soudain vers les portes de
l'atelier qui venaient de s'entrouvrir. Ballester, le contremaître, 20
apparaissait dans l'embrasure. Il ouvrait l'une des lourdes
portes et, tournant alors le dos aux ouvriers, la poussait lentement sur son rail de fonte.

Ballester, qui était le plus vieux de tous, désapprouvait la
grève, mais s'était tu à partir du moment où Esposito lui avait 25
dit qu'il servait les intérêts du patron. Maintenant, il se tenait
près de la porte, large et court dans son tricot bleu marine,
déjà pieds nus (avec Saïd, il était le seul qui travaillât pieds nus)
et il les regardait entrer un à un, de ses yeux tellement clairs
qu'ils paraissaient sans couleur dans son vieux visage basané, 30
la bouche triste sous la moustache épaisse et tombante. Eux se
taisaient, humiliés de cette entrée de vaincus, furieux de leur
propre silence, mais de moins en moins capables de le rompre à
mesure qu'il se prolongeait. Ils passaient, sans regarder Ballester
dont ils savaient qu'il exécutait un ordre en les faisant entrer de 35
cette manière, et dont l'air amer et chagrin les renseignait sur

2. **hocha** (hocher)   shook
3. **vestiaire**, *m*.   changing-room
4. **stalles** (stalle, *f*.)   stalls
4. **planches** (planche, *f*.)   boards
5. **accroché** (accrocher)   attached, hooked
5. **placard**, *m*.   cupboard
6. **à partir de**   starting from
6–7. **à la rencontre des murs**   where the walls met
7. **cabine de douches**, *f*.   shower bath
8. **rigole**, *f*.   channel, small ditch
8. **écoulement**, *m*.   drainage
8–9. **creusée à même le sol de terre battue**   dug through the packed earthen floor
10. **bordelaises** (bordelaise, *f*.)   casks of 225–30 liters
10. **cerclées** (cercler)   hooped, bound with hoops
10. **lâches** (lâche)   loosely
11. **forçage**, *m*.   forcing
11. **au feu**   in the fire
11. **creusés** (creuser)   hollowed out
12. **fente**, *f*.   slit
12. **fonds de bois** (fond, *m*.)   wooden bottoms
13. **affûtés** (affûter)   smoothed down
13. **varlope**, *f*.   jointing plane
14. **feux noircis** (feu, *m*.)   fires that had grown dark
15. **s'alignaient** (aligner)   were lined up
15. **établis** (établi, *m*.)   benches
15. **s'entassaient** (entasser)   were piled up
16. **piles** (pile, *f*.)   piles, heaps
16. **douelles** (douelle, *f*.)   small staves
16. **à raboter**   to be planed
17. **scies** (scie, *f*.)   saws
17. **huilées** (huiler)   oiled
18. **luisaient** (luire)   were shining, gleamed
20. **poignée**, *f*.   handful
22. **tonneaux** (tonneau, *m*.)   tuns, casks
23. **échoués** (échouer)   stranded
23. **unique**   single, only
24. **épanouies** (épanoui)   spreading (as if in full bloom)
24. **grossières** (grossier)   rough, coarse

ce qu'il pensait. Yvars, lui, le regarda. Ballester, qui l'aimait
bien, hocha la tête sans rien dire.

Maintenant, ils étaient tous au petit vestiaire, à droite de
l'entrée : des stalles ouvertes, séparées par des planches de bois
blanc où l'on avait accroché, de chaque côté, un petit placard 5
fermant à clé ; la dernière stalle à partir de l'entrée, à la rencontre
des murs du hangar, avait été transformée en cabine de douches,
au-dessus d'une rigole d'écoulement creusée à même le sol de
terre battue. Au centre du hangar, on voyait, selon les places de
travail, des bordelaises déjà terminées, mais cerclées lâches, et 10
qui attendaient le forçage au feu, des bancs épais creusés d'une
longue fente (et pour certains d'entre eux des fonds de bois
circulaires, attendant d'être affûtés à la varlope, y étaient
glissés), des feux noircis enfin. Le long du mur, à gauche de
l'entrée, s'alignaient les établis. Devant eux s'entassaient les 15
piles de douelles à raboter. Contre le mur de droite, non loin du
vestiaire, deux grandes scies mécaniques, bien huilées, fortes
et silencieuses, luisaient.

Depuis longtemps, le hangar était devenu trop grand pour la
poignée d'hommes qui l'occupaient. C'était un avantage pen- 20
dant les grandes chaleurs, un inconvénient l'hiver. Mais aujourd'hui, dans ce grand espace, le travail planté là, les tonneaux
échoués dans les coins, avec l'unique cercle qui réunissait les
pieds des douelles épanouies dans le haut, comme de grossières
fleurs de bois, la poussière de sciure qui recouvrait les bancs, les 25
caisses d'outils et les machines, tout donnait à l'atelier un air
d'abandon. Ils le regardaient, vêtus maintenant de leurs vieux
tricots, de leurs pantalons délavés et rapiécés, et ils hésitaient.
Ballester les observait. « Alors, dit-il, on y va ? » Un à un, ils

30

---

25. **poussière de sciure**, *f.*   sawdust
26. **caisses** (caisse, *f.*)   boxes
26. **outils** (outil, *m.*)   tools
28. **délavés** (délavé)   faded
28. **rapiécés** (rapiécé)   patched

3. **marteau**, *m.* hammer
4. **coin**, *m.* wedge
4. **bois ferré**, *m.* ferruled wood
4. **enfonçait** (enfoncer) pushed in
4. **cercle**, *m.* hoop
5. **renflée** (renflé) inflated, bulging
5. **noeud**, *m.* knot
6. **lancée** (lancer) turned on
6. **démarra** (démarrer) started up
7. **lames** (lame, *f.*) blades
7. **froissés** (froisser) bent, crumpled
8. **copeaux** (copeau, *m.*) shavings
9. **gonfler** swell
9. **corset**, *m.* corset
10. **lames ferrées** metalled blades
10. **ne le réclamait** (réclamer) didn't need him, didn't call for him
10. **rivait** (river) riveted
11. **rouillés** (rouillé) rusty
13. **taillées** (taillé) cut out
14. **se desserra** (desserrer) relaxed
16. **vitrages** (vitrage, *m.*) glass windows
17. **fumées** (fumée, *f.*) smoke
17. **bleuissaient** (bleuir) became blue
18. **doré** gilded
18. **bourdonner** buzzing, humming
20. **tonnellerie**, *f.* cooper's shop
21. **du fond** in the rear
22. **seuil**, *m.* threshold
22. **mince** slender
22. **la trentaine** the age of thirty
24. **à l'aise** comfortable
25. **osseux** bony
25. **taillé en lame de couteau** cut like a knife blade
28. **franchissant** (franchir) stepping through
28. **sonore** resonant
29. **d'habitude** usual
30. **se désaccorda** (désaccorder) got out of tune
30. **de plus belle** with renewed ardor
36. **maladroit** awkward

gagnèrent leur place sans rien dire. Ballester allait d'un poste à
l'autre et rappelait brièvement le travail à commencer ou à terminer. Personne ne répondait. Bientôt, le premier marteau
résonna contre le coin de bois ferré qui enfonçait un cercle sur la
partie renflée d'un tonneau, une varlope gémit dans un noeud 5
de bois, et l'une des scies, lancée par Esposito, démarra avec un
grand bruit de lames froissées. Saïd, à la demande, apportait
des douelles, ou allumait les feux de copeaux sur lesquels on
plaçait les tonneaux pour les faire gonfler dans leur corset de
lames ferrées. Quand personne ne le réclamait, il rivait aux 10
établis, à grands coups de marteau, les larges cercles rouillés.
L'odeur des copeaux brûlés commençait de remplir le hangar.
Yvars, qui rabotait et ajustait les douelles taillées par Esposito,
reconnut le vieux parfum et son coeur se desserra un peu. Tous
travaillaient en silence, mais une chaleur, une vie renaissaient 15
peu à peu dans l'atelier. Par les grands vitrages, une lumière
fraîche remplissait le hangar. Les fumées bleuissaient dans l'air
doré; Yvars entendit même un insecte bourdonner près de
lui.
    A ce moment, la porte qui donnait dans l'ancienne tonnellerie 20
s'ouvrit sur le mur du fond, et M. Lassalle, le patron, s'arrêta
sur le seuil. Mince et brun, il avait à peine dépassé la trentaine.
La chemise blanche largement ouverte sur un complet de gabardine beige, il avait l'air à l'aise dans son corps. Malgré son
visage très osseux, taillé en lame de couteau, il inspirait générale- 25
ment la sympathie, comme la plupart des gens que le sport a
libérés dans leurs attitudes. Il semblait pourtant un peu embarrassé en franchissant la porte. Son bonjour fut moins sonore
que d'habitude; personne en tout cas n'y répondit. Le bruit des
marteaux hésita, se désaccorda un peu, et reprit de plus belle. 30
M. Lassalle fit quelques pas indécis, puis il avança vers le petit
Valery, qui travaillait avec eux depuis un an seulement. Près de la
scie mécanique, à quelques pas d'Yvars, il plaçait un fond sur
une bordelaise et le patron le regardait faire. Valery continuait à
travailler, sans rien dire. « Alors, fils, » dit M. Lassalle, « ça va? » 35
Le jeune homme devint tout d'un coup plus maladroit dans ses

1. **entassait** (entasser) was stacking
4. **repiqua** (repiquer) transplanted, stuck
5. **interdit** dumbfounded
6. **se retourna** (retourner) turned round
7. **à califourchon** astride
8. **affûter** sharpening, planing down
8. **tranchant**, *m.* edge
11. **Qu'est-ce qui vous prend?** What's eating you?
15. **souleva** (soulever) raised
16. **plissa** (plisser) pleated, squinted
16. **langoureux** languid
20. **quand ça vous aura passé** when you get over that
23. **vacarme**, *m.* noise
24. **sonnerie**, *f.* bell
24. **retentit** (retentir) rang
25. **pesamment** heavily
30. **au passage** as he was passing
31. **boitant** (boiter) limping
32. **Au-dehors** Outside
33. **gravirent** (gravir) climbed
35. **tapissé de** (tapisser) hung with, adorned with

gestes. Il jeta un regard à Esposito qui, près de lui, entassait sur ses bras énormes une pile de douelles pour les porter à Yvars. Esposito le regardait aussi, tout en continuant son travail, et Valery repiqua le nez dans sa bordelaise sans rien répondre au patron. Lassalle, un peu interdit, resta un court moment planté 5 devant le jeune homme, puis il haussa les épaules et se retourna vers Marcou. Celui-ci, à califourchon sur son banc, finissait d'affûter, à petits coups lents et précis, le tranchant d'un fond. « Bonjour, Marcou, » dit Lassalle, d'un ton plus sec. Marcou ne répondit pas, attentif seulement à ne tirer de son bois que de 10 très légers copeaux. « Qu'est-ce qui vous prend, dit Lassalle d'une voix forte et en se tournant cette fois vers les autres ouvriers. On n'a pas été d'accord, c'est entendu. Mais ça n'empêche pas qu'on doive travailler ensemble. Alors, à quoi ça sert? » Marcou se leva, souleva son fond, vérifia du plat de la 15 main le tranchant circulaire, plissa ses yeux langoureux avec un air de grande satisfaction et, toujours silencieux, se dirigea vers un autre ouvrier qui assemblait une bordelaise. Dans tout l'atelier, on n'entendait que le bruit des marteaux et de la scie mécanique. « Bon, dit Lassalle, quand ça vous aura passé, vous 20 me le ferez dire par Ballester. » A pas tranquilles, il sortit de l'atelier.

Presque tout de suite après, au-dessus du vacarme de l'atelier, une sonnerie retentit deux fois. Ballester, qui venait de s'asseoir pour rouler une cigarette, se leva pesamment et gagna la petite 25 porte du fond. Après son départ, les marteaux frappèrent moins fort; l'un des ouvriers venait même de s'arrêter quand Ballester revint. De la porte, il dit seulement: « Le patron vous demande, Marcou et Yvars. » Le premier mouvement d'Yvars fut d'aller se laver les mains, mais Marcou le saisit au passage par le bras 30 et il le suivit en boitant.

Au-dehors, dans la cour, la lumière était si fraîche, si liquide, qu'Yvars la sentait sur son visage et sur ses bras nus. Ils gravirent l'escalier extérieur, sous le chèvrefeuille où apparaissaient déjà quelques fleurs. Quand ils entrèrent dans le corridor tapissé de 35 diplômes, ils entendirent des pleurs d'enfant et la voix de M.

1. **la coucheras** (coucher)   will put her to bed
2. **si ça ne lui passe pas**   if she doesn't get over that
2. **surgit** (surgir)   appeared
4. **meublé de faux rustique**   furnished with imitation rustic pieces
12. **vous m'en voulez**   you are bearing a grudge against me
12. **pénible**   painful
15. **affaires reprendront** (affaire, *f.*)   business resumes
17. **réfléchir**   to ponder
21. **butés** (buté)   stubborn
23. **tendit** (tendre)   held out
23. **chao**   (colloquial) so long, good-bye
24. **pâlit** (pâlir)   turned pale
24. **d'un seul coup**   at one swoop, suddenly
24. **chanteur de charme**, *m.*   crooner
24. **se durcit** (durcir)   hardened
26. **talons** (talon, *m.*)   heels
27. **Allez vous faire foutre** (vulgar and not in polite usage)   The devil
    with you!
30. **Du vent**   A lot of wind
31. **mordre**   bite (here, biting)
33. **musette**, *f.*   musette bag
36. **verrières** (verrière, *f.*)   glass windows
36. **bleuies** (bleuir)   made blue

Lassalle qui disait: «Tu la coucheras après le déjeuner. On appellera le docteur si ça ne lui passe pas.» Puis le patron surgit dans le corridor et les fit entrer dans le petit bureau qu'ils connaissaient déjà, meublé de faux rustique, les murs ornés de trophées sportifs. «Asseyez-vous,» dit Lassalle en prenant place 5 derrière son bureau. Ils restèrent debout. «Je vous ai fait venir parce que vous êtes, vous, Marcou, le délégué et, toi, Yvars, mon plus vieil employé après Ballester. Je ne veux pas reprendre les discussions qui sont maintenant finies. Je ne peux pas, absolument pas, vous donner ce que vous demandez. L'affaire a été 10 réglée, nous sommes arrivés à la conclusion qu'il fallait reprendre le travail. Je vois que vous m'en voulez et ça m'est pénible, je vous le dis comme je le sens. Je veux simplement ajouter ceci : ce que je ne peux pas faire aujourd'hui, je pourrai peut-être le faire quand les affaires reprendront. Et si je peux le faire, je le 15 ferai avant même que vous me le demandiez. En attendant, essayons de travailler en accord.» Il se tut, sembla réfléchir, puis leva les yeux sur eux. «Alors?» dit-il. Marcou regardait au-dehors. Yvars, les dents serrées, voulait parler, mais ne pouvait pas. «Écoutez,» dit Lassalle, «vous vous êtes tous 20 butés. Ça vous passera. Mais quand vous serez devenus raisonnables, n'oubliez pas ce que je viens de vous dire.» Il se leva, vint vers Marcou et lui tendit la main. «Chao!» dit-il. Marcou pâlit d'un seul coup, son visage de chanteur de charme se durcit et, l'espace d'une seconde, devint méchant. Puis il tourna 25 brusquement les talons et sortit. Lassalle, pâle aussi, regarda Yvars sans lui tendre la main. «Allez vous faire foutre,» cria-t-il.

Quand ils rentrèrent dans l'atelier, les ouvriers déjeunaient. Ballester était sorti. Marcou dit seulement : «Du vent,» et il 30 regagna sa place de travail. Esposito s'arrêta de mordre dans son pain pour demander ce qu'ils avaient répondu; Yvars dit qu'ils n'avaient rien répondu. Puis, il alla chercher sa musette et revint s'asseoir sur le banc où il travaillait. Il commençait de manger lorsque, non loin de lui, il aperçut Saïd, couché sur le dos dans 35 un tas de copeaux, le regard perdu vers les verrières, bleuies par

2.   **figues** (figue, *f.*)   figs
3.   **malaise**, *m.*   uneasiness
6.   **refus**, *m.*   refusal
10. **casserole**, *f.*   saucepan
11. **fit réchauffer**   warmed up
13. **épicier**, *m.*   grocer
13. **échec**, *m.*   failure
14. **verre à moutarde**, *m.*   mustard glass (jar)
15. **versait** (verser)   poured
15. **avala** (avaler)   swallowed
15–16. **avec plus de plaisir qu'il n'avait mis à manger**   with more pleasure than he had shown in eating
16–17. **buvait . . . à même** (boire)   drank . . . out of
17. **clappements** (clappement, *m.*)   smacking
18. **jurons** (juron, *m.*)   oaths, curses
19. **reprise**, *f.*   resumption of work
20. **vaisselles** (vaisselle, *f.*)   plates
24. **bouder**   to sulk
27–28. **qu'on leur avait fermé la bouche**   that their mouths had been stopped
29. **colère**, *f.*   anger
29. **impuissance**, *f.*   powerlessness
29. **font . . . si mal** (faire)   hurt so much
31. **faire . . . des mines** (mine, *f.*)   to simper
32. **se détendit** (détendre)   relaxed
35. **s'emplit** (emplir)   filled
36. **mouillés** (mouillé)   wet
36. **sueur**, *f.*   sweat
36. **vrombissait** (vrombir)   whirred, hummed

un ciel maintenant moins lumineux. Il lui demanda s'il avait
déjà fini. Saïd dit qu'il avait mangé ses figues. Yvars s'arrêta de
manger. Le malaise qui ne l'avait pas quitté depuis l'entrevue
avec Lassalle disparaissait soudain pour laisser seulement place
à une bonne chaleur. Il se leva en rompant son pain et dit, devant 5
le refus de Saïd, que la semaine prochaine tout irait mieux.
« Tu m'inviteras à ton tour, » dit-il. Saïd sourit. Il mordait
maintenant dans un morceau du sandwich d'Yvars, mais
légèrement, comme un homme sans faim.

Esposito prit une vieille casserole et alluma un petit feu de 10
copeaux et de bois. Il fit réchauffer du café qu'il avait apporté
dans une bouteille. Il dit que c'était un cadeau pour l'atelier
que son épicier lui avait fait quand il avait appris l'échec de la
grève. Un verre à moutarde circula de main en main. A chaque
fois, Esposito versait le café déjà sucré. Saïd l'avala avec plus de 15
plaisir qu'il n'avait mis à manger. Esposito buvait le reste du
café à même la casserole brûlante, avec des clappements de lèvres
et des jurons. A ce moment, Ballester entra pour annoncer la
reprise.

Pendant qu'ils se levaient et rassemblaient papiers et vaisselles 20
dans leurs musettes, Ballester vint se placer au milieu d'eux et
dit soudain que c'était un coup dur pour tous, et pour lui aussi,
mais que ce n'était pas une raison pour se conduire comme des
enfants et que ça ne servait à rien de bouder. Esposito, la casserole à la main, se tourna vers lui ; son épais et long visage avait 25
rougi d'un coup. Yvars savait ce qu'il allait dire, et que tous
pensaient en même temps que lui, qu'ils ne boudaient pas, qu'on
leur avait fermé la bouche, c'était à prendre ou à laisser, et que la
colère et l'impuissance font parfois si mal qu'on ne peut même
pas crier. Ils étaient des hommes, voilà tout, et ils n'allaient pas 30
se mettre à faire des sourires et des mines. Mais Esposito ne dit
rien de tout cela, son visage se détendit enfin, et il frappa doucement l'épaule de Ballester pendant que les autres retournaient à
leur travail. De nouveau les marteaux résonnèrent, le grand
hangar s'emplit du vacarme familier, de l'odeur des copeaux et 35
des vieux vêtements mouillés de sueur. La grande scie vrombissait

2. **morsure**, *f.*   bite, contact
3. **sciure**, *f.*   sawdust
3. **jaillissait** (jaillir)   spurted out
3. **chapelure**, *f.*   fine crumbs
4. **poilues** (poilu)   hairy
5. **rugissante** (rugissant)   roaring
6. **tranchée** (trancher)   cut
7. **courbature**, *f.*   stiffness
7. **penché** (pencher)   bent, leaning
9. **entraînement**, *m.*   training
13. **maudit**   wretched
14. **justement**   exactly, precisely
15. **instituteur**, *m.*   elementary school teacher
18. **se redressa** (redresser)   straightened up
22. **se décida** (décider)   made up his mind
26. **chaussé** (chausser)   wearing (shoes)
26. **espadrilles** (espadrille, *f.*)   canvas shoes
26. **enfilant** (enfiler)   slipping on
26. **veste**, *f.*   jacket
29. **faubourg**, *m.*   suburb

et mordait dans le bois frais de la douelle qu'Esposito
poussait lentement devant lui. A l'endroit de la morsure, une
sciure mouillée jaillissait et recouvrait d'une sorte de chapelure
de pain les grosses mains poilues, fermement serrées sur le bois,
de chaque côté de la lame rugissante. Quand la douelle était 5
tranchée, on n'entendait plus que le bruit du moteur.

Yvars sentait maintenant la courbature de son dos penché
sur la varlope. D'habitude, la fatigue ne venait que plus tard.
Il avait perdu son entraînement pendant ces semaines d'inaction,
c'était évident. Mais il pensait aussi à l'âge qui fait plus dur le 10
travail des mains, quand ce travail n'est pas de simple précision.
Cette courbature lui annonçait aussi la vieillesse. Là où les
muscles jouent, le travail finit par être maudit, il précède la mort,
et les soirs de grands efforts, le sommeil justement est comme
la mort. Le garçon voulait être instituteur, il avait raison, ceux 15
qui faisaient des discours sur le travail manuel ne savaient pas
de quoi ils parlaient.

Quand Yvars se redressa pour reprendre souffle et chasser
aussi ces mauvaises pensées, la sonnerie retentit à nouveau.
Elle insistait, mais d'une si curieuse manière, avec de courts 20
arrêts et des reprises impérieuses, que les ouvriers s'arrêtèrent.
Ballester écoutait, surpris, puis se décida et gagna lentement la
porte. Il avait disparu depuis quelques secondes quand la
sonnerie cessa enfin. Ils reprirent le travail. De nouveau, la porte
s'ouvrit brutalement, et Ballester courut vers le vestiaire. Il en 25
sortit, chaussé d'espadrilles, enfilant sa veste, dit à Yvars en
passant : « La petite a eu une attaque. Je vais chercher Germain, » et courut vers la grande porte. Le docteur Germain s'oc-
cupait de l'atelier ; il habitait le faubourg. Yvars répéta la
nouvelle sans commentaires. Ils étaient autour de lui et se re- 30
gardaient, embarrassés. On n'entendait plus que le moteur de la
scie mécanique qui roulait librement. « Ce n'est peut-être rien, »
dit l'un d'eux. Ils regagnèrent leur place, l'atelier se remplit de
nouveau de leurs bruits, mais ils travaillaient lentement, comme
s'ils attendaient quelque chose.   35

Au bout d'un quart d'heure, Ballester entra de nouveau,

1. **déposa** (déposer)   laid down
2. **fléchissait** (fléchir)   was growing softer
4. **timbre**, *m.*   tone, bell
4. **mat**   dull
7. **se déshabillant** (déshabiller)   undressing
8. **d'un coup**   suddenly, all of a sudden
8. **fauchée** (faucher)   cut down, mowed down
9. **Ça, alors!**   Imagine that!
10. **avait l'air** (avoir)   seemed
10. **bouleversé**   upset
12. **flots** (flot, *m.*)   waves
12. **déversés** (déversé)   poured out, emitted
15. **se traîna** (traîner)   dragged
18. **taciturnes** (taciturne)   taciturn, silent
18. **se lisaient** (lire)   one could read
19. **malheur**, *m.*   misfortune
20. **bulle**, *f.*   bubble
20. **éclate** (éclater)   bursts
22. **justement**   precisely (at that time)
23. **clôture**, *f.*   closing time
23. **se presser**   hurrying
24. **éteindre**   to put out
24. **ranger**   to put in order
25. **devait** (devoir)   was to
25. **nettoyer**   to clean
26. **arroser**   to sprinkle
26. **poussiéreux**   dusty
27. **velu**   hairy
28. **se savonnant** (savonner)   lathering himself
29. **plaisantait** (plaisanter)   joked
30. **ours**, *m.*   bear
30. **dissimulait** (dissimuler)   concealed
31. **s'en apercevoir**   to notice it
31–32. **à reculons**   backwards
32. **enroula** (enrouler)   rolled
32. **hanches** (hanche, *f.*)   hips
33. **pagne**, *m.*   loincloth
33. **claquait** (claquer)   slapped
34. **flancs** (flanc, *m.*)   flanks, sides

déposa sa veste et, sans dire un mot, ressortit par la petite porte.
Sur les verrières, la lumière fléchissait. Un peu après, dans les
intervalles où la scie ne mordait pas le bois, on entendit le
timbre mat d'une ambulance, d'abord lointaine, puis proche, et
présente, maintenant silencieuse. Au bout d'un moment, Balles- 5
ter revint et tous avancèrent vers lui. Esposito avait coupé le
moteur. Ballester dit qu'en se déshabillant dans sa chambre,
l'enfant était tombée d'un coup, comme si on l'avait fauchée.
« Ça, alors! » dit Marcou. Ballester hocha la tête et eut un geste
vague vers l'atelier ; mais il avait l'air bouleversé. On entendit à 10
nouveau le timbre de l'ambulance. Ils étaient tous là, dans
l'atelier silencieux, sous les flots de lumière jaune déversés par
les verrières, avec leurs rudes mains inutiles qui pendaient le
long des vieux pantalons couverts de sciure.

    Le reste de l'après-midi se traîna. Yvars ne sentait plus que 15
sa fatigue et son coeur toujours serré. Il aurait voulu parler.
Mais il n'avait rien à dire et les autres non plus. Sur leurs visages
taciturnes se lisaient seulement le chagrin et une sorte d'obstination. Parfois, en lui, le mot malheur se formait, mais à peine, et il
disparaissait aussitôt comme une bulle naît et éclate en même 20
temps. Il avait envie de rentrer chez lui, de retrouver Fernande,
le garçon, et la terrasse aussi. Justement, Ballester annonçait la
clôture. Les machines s'arrêtèrent. Sans se presser, ils commencè-
rent d'éteindre les feux et de ranger leur place, puis ils gagnèrent
un à un le vestiaire. Saïd resta le dernier, il devait nettoyer les 25
lieux de travail, et arroser le sol poussiéreux. Quand Yvars
arriva au vestiaire, Esposito, énorme et velu, était déjà sous la
douche. Il leur tournait le dos, tout en se savonnant à grand
bruit. D'habitude, on le plaisantait sur sa pudeur ; ce grand
ours, en effet, dissimulait obstinément ses parties nobles. Mais 30
personne ne parut s'en apercevoir ce jour-là. Esposito sortit à
reculons et enroula autour de ses hanches une serviette en forme
de pagne. Les autres prirent leur tour et Marcou claquait
vigoureusement ses flancs nus quand on entendit la grande porte
rouler lentement sur sa roue de fonte. Lassalle entre. 35

---

35. **roue de fonte**, *f*. cast-iron wheel

1. **lors de**   at the time of
2. **dépeignés** (dépeigné)   ruffled
5. **se balançait** (balancer)   was rocking
8. **se saisit de** (saisir)   seized
8–9. **la passait** (passer)   was putting it on
9. **prestement**   quickly
10. **détimbrée** (détimbré)   toneless
12. **se rhabilla** (rhabiller)   put on his clothes again
14–15. **enfourcha** (enfourcher)   mounted
15. **courbature,** *f.*   stiffness
16. **encombrée** (encombré)   crowded
18. **buanderie,** *f.*   wash-house
19. **plus foncée** (foncé)   darker
19. **rampes** (rampe, *f.*)   handrails
22–23. **illustrés** (illustré, *m.*)   illustrated magazines
25. **linge,** *m.*   linen
25. **reprisé**   mended
26. **par-delà**   beyond, on the other side of
27. **anisette,** *f.*   anisette, liqueur
28. **gargoulette,** *f.*   goglet, water jug
32. **crépuscule,** *m.*   twilight

Il était habillé comme lors de sa première visite, mais ses cheveux étaient un peu dépeignés. Il s'arrêta sur le seuil, contempla le vaste atelier déserté, fit quelques pas, s'arrêta encore et regarda vers le vestiaire. Esposito, toujours couvert de son pagne, se tourna vers lui. Nu, embarrassé, il se balançait un peu 5 d'un pied sur l'autre. Yvars pensa que c'était à Marcou de dire quelque chose. Mais Marcou se tenait, invisible, derrière la pluie d'eau qui l'entourait. Esposito se saisit d'une chemise, et il la passait prestement quand Lassalle dit : « Bonsoir, » d'une voix un peu détimbrée, et se mit à marcher vers la petite porte. Quand 10 Yvars pensa qu'il fallait l'appeler, la porte se refermait déjà.

Yvars se rhabilla alors sans se laver, dit bonsoir lui aussi, mais avec tout son cœur, et ils lui répondirent avec la même chaleur. Il sortit rapidement, retrouva sa bicyclette, et, quand il l'enfourcha, sa courbature. Il roulait maintenant dans l'après-midi 15 finissant, à travers la ville encombrée. Il allait vite, il voulait retrouver la vieille maison et la terrasse. Il se laverait dans la buanderie avant de s'asseoir et de regarder la mer qui l'accompagnait déjà, plus foncée que le matin, au-dessus des rampes du boulevard. Mais la petite fille aussi l'accompagnait et il ne pou- 20 vait s'empêcher de penser à elle.

A la maison, le garçon était revenu de l'école et lisait des illustrés. Fernande demanda à Yvars si tout s'était bien passé. Il ne dit rien, se lava dans la buanderie, puis s'assit sur le banc, contre le petit mur de la terrasse. Du linge reprisé pendait au-dessus de 25 lui, le ciel devenait transparent ; par-delà le mur, on pouvait voir la mer douce du soir. Fernande apporta l'anisette, deux verres, la gargoulette d'eau fraîche. Elle prit place près de son mari. Il lui raconta tout, en lui tenant la main, comme aux premiers temps de leur mariage. Quand il eut fini, il resta immobile, 30 tourné vers la mer où courait déjà, d'un bout à l'autre de l'horizon, le rapide crépuscule. « Ah, c'est de sa faute ! » dit-il. Il aurait voulu être jeune, et que Fernande le fût encore, et ils seraient partis, de l'autre côté de la mer.

EXERCICES

I. Répondez aux questions suivantes :

1. Qu'est-ce qu'Yvars ne voyait pas?
2. Où Yvars roulait-il?
3. Qu'est-ce que Fernande avait placé dans la musette?
4. Quel âge Yvars avait-il?
5. Qui est-ce que le journaliste appelait vétéran?
6. Le journaliste avait-il tout à fait tort?
7. Quand Yvars aimait-il la mer?
8. De quoi Yvars était-il content quand il était assis sur la terrasse après le travail?
9. Quand Yvars était-il rentré de la réunion?
10. Qu'avait-il annoncé à Fernande?
11. Est-ce que la grève avait réussi?
12. Qu'est-ce qui menaçait la tonnellerie?
13. Qu'est-ce que les patrons voulaient préserver?
14. Est-ce qu'on change vite de métier?
15. De quoi Yvars était-il fier?
16. Qu'est-ce que le patron a dit, tout sec?
17. Où le patron a-t-il grandi?
18. Que donnait-il à chacun des ouvriers à la nouvelle année?
19. Est-ce que le patron était allé chez ses employés?
20. A qui le patron pensait-il? Pourquoi?
21. Qui avait forcé la main au syndicat?
22. Selon le patron, quand faisait-il des économies?
23. Combien de jours de grève y avait-il?
24. Qu'est-ce que le syndicat avait conseillé?
25. Pourquoi le cœur d'Yvars s'alourdissait-il?
26. Selon Yvars, qu'est-ce qui suffit?
27. Dans quelles rues Yvars s'est-il engagé quand il a quitté le boulevard?
28. Comment la maison du patron était-elle?
29. Est-ce que les portes de l'atelier étaient ouvertes ou fermées?
30. Décrivez Esposito.
31. Comment le délégué syndical s'appelait-il?
32. Comment s'appelait le seul Arabe de l'atelier?
33. Qui est-ce qui ouvrait les portes de l'atelier?
34. Est-ce que Ballester approuvait la grève?
35. Quand Ballester s'était-il tu?
36. Qu'est-ce que les ouvriers savaient de Ballester?

37. Où les ouvriers étaient-ils maintenant?
38. En quoi la dernière stalle avait-elle été transformée?
39. Que voyait-on au centre du hangar?
40. Où les piles de douelles s'entassaient-elles?
41. Pour quoi le hangar était-il devenu trop grand?
42. Qu'est-ce qui recouvrait les bancs, les caisses d'outils, et les machines?
43. Pourquoi Ballester allait-il d'un poste à l'autre?
44. Qu'est-ce qui a résonné bientôt?
45. Qu'est-ce que Saïd faisait?
46. Pourquoi le coeur d'Yvars s'est-il desserré un peu?
47. Qu'est-ce qui remplissait le hangar?
48. Comment le patron semblait-il en franchissant la porte?
49. Vers qui M. Lassalle a-t-il avancé?
50. Depuis quand Valery travaillait-il avec eux?
51. Pourquoi M. Lassalle était-il un peu interdit?
52. Qu'est-ce que Lassalle a dit en se retournant vers les ouvriers?
53. Quel était le seul bruit que l'on entendait dans tout l'atelier?
54. Comment Lassalle est-il sorti de l'atelier?
55. Qu'est-ce qui a retenti presque tout de suite après?
56. Quels deux ouvriers le patron demandait-il?
57. Quel a été le premier mouvement d'Yvars?
58. Comment était le corridor où ils sont entrés?
59. Qu'est-ce qu'ils ont entendu?
60. Où M. Lassalle les a-t-il fait entrer?
61. Est-ce qu'ils se sont assis?
62. Pourquoi M. Lassalle les a-t-il fait venir?
63. Qu'est-ce qui a été réglé?
64. Est-ce que les ouvriers en veulent au patron?
65. Quelle a été la réaction de Marcou?
66. Que faisaient les ouvriers quand Yvars et Marcou sont rentrés dans l'atelier?
67. Pourquoi Esposito s'est-il arrêté de mordre dans son pain?
68. Qu'est-ce qu'Yvars est allé chercher?
69. Est-ce Saïd avait déjà mangé?
70. Qu'a offert Yvars à Saïd?
71. Qui est-ce qui a fait réchauffer du café?
72. Pourquoi Ballester est-il entré?
73. Selon Ballester, est-ce que ça servait à quelque chose de bouder?
74. Est-ce qu'Esposito a dit tout ce qu'il voulait dire?

75. De quoi le hangar s'est-il empli de nouveau?
76. Qu'est-ce qui recouvrait les grosses mains d'Esposito?
77. Pourquoi Yvars avait-il perdu son entraînement?
78. Qu'est-ce qui fait plus dur le travail des mains?
79. Quand la sonnerie a-t-elle cessé enfin?
80. Pourquoi Ballester allait-il chercher le docteur?
81. Qu'est-ce qu'un ouvrier a dit?
82. Quand Ballester est-il entré de nouveau?
83. Qu'a-t-il dit?
84. Est-ce que le reste de l'après-midi a passé rapidement?
85. Yvars avait-il envie de rentrer chez lui?
86. Qui est-ce qu'Yvars allait retrouver chez lui?
87. Comment les ouvriers savaient-ils que c'était l'heure de partir?
88. Pourquoi Saïd est-il resté le dernier?
89. Où était Esposito quand Yvars est arrivé au vestiaire?
90. A quel animal l'auteur compare-t-il Esposito?
91. Qui est-ce qui est entré?
92. De quoi Esposito s'est-il saisi?
93. Est-ce que quelqu'un a dit quelque chose à Lassalle?
94. Quelles deux choses Yvars a-t-il retrouvées quand il est sorti du hangar?
95. Comment était la ville?
96. Où Yvars se laverait-il?
97. A quoi Yvars ne pouvait-il s'empêcher de penser?
98. Est-ce que le garçon était à la maison?
99. Qu'est-ce que Fernande a apporté?
100. S'ils avaient été jeunes, lui et Fernande, où seraient-ils partis?

II. Remplacez les mots en italique par un antonyme :

1. Ce *malheur* passait avec la jeunesse.
2. Yvars aimait la mer *au commencement* du jour.
3. Il s'asseyait sur la terrasse *avant* le travail.
4. Il avait envie de *rire*.
5. Le cœur aussi était *léger*.
6. La grève *avait réussi*.
7. On faisait *de plus en plus* de barils et de bordelaises.
8. Le plus *compliqué* leur paraissait de freiner les salaires.
9. Celui-là était *facile*.
10. Le *mauvais* tonnelier les resserre au feu et au cercle de fer.
11. Yvars *l'ignorait* et il en était fier.

12. Cela suffit *de plus en plus*.
13. Il avait dit en effet que c'était à *prendre*.
14. Le patron n'était pas un *bon* bougre.
15. Il était vraiment très *méchant*.
16. A *la mort* de sa fille, il y avait eu des dragées pour tout le monde.
17. Il était *toujours* allé chez eux.
18. L'atelier avait *ouvert* ses portes.
19. Ce n'était pas *faux*.
20. L'autre avait le sang *froid*.
21. Ils avaient décidé *l'abandon* du travail.

III. *Traduisez en français les mots entre parenthèses :*

1. Les chemins ne lui avaient jamais paru aussi (long).
2. Il était resté (lean) comme un sarment de vigne.
3. Elle lui promettait une fin de semaine (happy).
4. Il regardait l'eau (deep).
5. Le journaliste n'avait (entirely) tort.

IV. *Mettez les verbes à l'imparfait :*

1. Une journée radieuse se lève sur la ville.
2. Yvars ne les voit pas.
3. On est au plein de l'hiver.
4. La mer et le ciel se confondent.
5. Les automobiles le doublent.

V. *Apprenez les expressions suivantes :*

1. **cependant**
2. **au bout de**
3. **pourtant**
4. **le long de**
5. **tandis que**
6. **de temps en temps**
7. **au lieu de**
8. **vieillir**
9. **hausser les épaules**
10. **avoir tort**
11. **se lasser**
12. **peu à peu**
13. **être d'accord**
14. **au contraire**
15. **d'habitude**
16. **la veille au soir**
17. **la grève**
18. **le syndicat**
19. **en vouloir à**
20. **de moins en moins**
21. **surtout**
22. **quand même**
23. **de moins en moins**
24. **se mettre en colère**
25. **dire tout sec**
26. **d'ailleurs**
27. **grandir**
28. **se rendre compte de**

29. buté
30. faire des économies
31. avoir le sang chaud
32. en même temps
33. conseiller
34. bien sûr
35. avoir beau + verb
36. s'engager dans
37. au delà de
38. au bout de
39. se diriger
40. de loin
41. s'entrouvrir
42. se taire
43. à partir de
44. de moins en moins
45. à mesure que
46. aimer bien
47. selon
48. le long de
49. la poignée de
50. un à un
51. peu à peu
52. près de
53. à peine
54. la trentaine
55. avoir l'air
56. malgré
57. la plupart de
58. tout d'un coup
59. être d'accord   to agree
60. se retourner
61. se diriger
62. tout de suite
63. au-dehors
64. gravir l'escalier
65. coucher   to put to bed
66. rester debout

67. en vouloir à
68. ajouter
69. être buté
70. d'un seul coup
71. se durcir
72. s'arrêter de + inf. to stop
73. faire réchauffer
74. boire à même   to drink (right)
      out of
75. faire mal
76. la reprise
77. rougir
78. en même temps
79. s'emplir
80. mouillé
81. de chaque côté
82. rugir
83. d'habitude
84. se redresser
85. se décider
86. gagner (la porte) to reach
      (the door)
87. aller chercher quelqu'un
88. s'occuper de
89. d'un coup
90. avoir l'air
91. il devait   he was to
92. à peine   scarcely
93. avoir envie de
94. plaisanter
95. s'apercevoir
96. autour de
97. lors de
98. se saisir de
99. à travers
100. s'empêcher de
101. d'un bout à l'autre
102. de l'autre côté de

Biographical Sketches
of Authors

VOLTAIRE was the pseudonym of François-Marie Arouet (1694–1778). During his early years as a student he displayed a quick intelligence and was encouraged by his Jesuit teachers to cultivate his poetic talent. His petulant spirit, which was to keep him in the bad graces of the authorities during a great part of his life, showed itself very early. Because of his satiric poems against the Regent he was first exiled to the provinces, then in 1717 imprisoned in the Bastille, where he stayed for eleven months. Another incident in 1726 brought about a second imprisonment in the Bastille, after which Voltaire was authorized to seek exile in England. The few years spent in England were a great influence on his thinking and consequently on his writing. Living in a new civilization made him compare the institutions of France with those of his country of exile. Upon returning to France he published several tragedies inspired by Shakespeare, and his *Histoire de Charles XII*. In 1734 he published *Lettres Philosophiques*, a direct attack on the *ancien régime*, and was obliged to exile himself again, this time to Lorraine. The following years were filled with exhaustive literary production. At the invitation of Frederick the Great of Prussia he spent three years in the king's palace in Potsdam, near Berlin. It was at Berlin in 1751 that he published *Le siècle de Louis XIV*. In 1760 Voltaire went to Switzerland, where he bought property on the Franco-Swiss border; there he did much of his writing. He made a triumphal return to Paris in 1778 and was entertained so lavishly that he became ill from the strain and died, at the age of 84.

Although Voltaire was one of the leaders in the age of science and reason and an iconoclast as far as religious and political institutions were concerned, he is nevertheless considered a classicist from the literary point of view. This is due to his respect for the literature of the age of Louis XIV and his use of the *genres* of that age. He was the enemy of superstition and fanaticism. The distinctive characteristic of Voltaire is his critical spirit. He is at his best in his philosophical tales, of which *Candide* is an example. *Candide* or *l'Optimisme* is a reply to the disciples of the optimistic philosophy of Leibnitz. The character Pococuranté is the arch-critic, usually expressing the ideas of his creator. The farcical satire, an expression of Voltaire's own philosophy of pessimism, concludes with the reminder: "Il faut cultiver notre jardin."

ALBERT CAMUS (1913–1960) was born in Algeria, where he grew up in hardship and poverty. He studied to become a teacher, but poor health caused him to abandon this aim. In Algiers he associated with writers and worked with a theatrical group. His interest in drama revealed itself in the creation of a series of plays, among which are *Le Malentendu*, *Caligula*, *L'État de Siège*, and *Les Justes*. During the German occupation Camus helped with a clandestine newspaper of the Résistance. After the liberation he went to Paris, where he was editor-in-chief of *Combat*. Camus' first major work was the novel *L'Etranger*, 1942, the theme of which is the apparent meaninglessness of life. *La Peste*, Camus' second novel and probably his masterpiece, appeared in 1947. Camus' theme again is the search for meaning in life, but he finds meaning for existence in the struggle that man is forced to make to survive rather than in religious convictions. In the short novel *La Chute*, 1956, Camus' writing takes on a more pessimistic tone. A confessional monologue, the novel revolves around one of the most daring art thefts of the century and has as its theme man's isolation from salvation.

In 1957 Camus received the Nobel Prize for Literature. The same year he published a collection of short stories entitled *L'Exile et le Royaume*, from which "Les Muets" is taken. The author's feeling for human suffering is strongly reflected in these stories as well as in his novels. In addition to his short stories and novels, Camus published a collection of essays, *Le Mythe de Sisyphe*. Camus was killed in a tragic automobile accident on January 4, 1960.

ANTOINE DE SAINT-EXUPÉRY (1900–1944) served as an aviator during his military service and eventually worked as a pilot for an air service from France to the west coast of Africa. His interest in flying inspired three of his books: *Vol de nuit*, *Terre des hommes*, and *Pilote de guerre*. *Le Petit Prince*, an entirely different kind of book, something like a fairy tale, was written during his stay in the United States during World War II. When events turned in favor of the Allies, Saint-Exupéry was able to rejoin his squadron. He disappeared during a reconnaissance flight from Corsica to the French mainland at the end of July, 1944. "Le Jardinier" is a selection from his *Citadelle*, published posthumously in 1948.

The airplane had a great influence on the works of Saint-Exupéry. It was an instrument that gave the writer the possibility of experiencing a personal liberty and solitude that he was unable to find elsewhere. During stop-overs, Saint-Exupéry often meditated about mankind and the problems that man created for himself in a complex civilization. As a war pilot, Saint-Exupéry learned the true meaning of fraternity, the need for support and cooperation among men. Among the writer's major themes are sacrifice and the search for understanding.

Saint-Exupéry's deep compassion for man is reflected in much of his writing.

CHARLES BAUDELAIRE (1821–1867) was born in Paris. When the boy's father died, his mother married a Commandant Aupick, whom the boy disliked intensely because of jealousy for his mother's affection. Charles was sent on a journey to India, a trip that was shortened, however, when he refused to go farther than the island of Mauritius. He returned to Paris, and, on reaching his majority, received an inheritance from his father's estate. The money was quickly used up. He turned to writing for newspapers and at the same time became interested in the works of Edgar Allan Poe. His volume of poems, *Les Fleurs du mal*, published in 1857, caused him to be brought to trial. The result was a fine and the suppression of six of the poems. His other works include *Paradis artificiels, opium et haschische* and *Petits Poèmes en prose*. During a lecturing tour in Belgium, Baudelaire suffered a stroke accompanied by loss of speech. He died a year later.

Baudelaire was a precursor of the symbolist school of poets that flourished in the latter part of the nineteenth century. Unlike the romantic poets, Baudelaire felt that nature was evil and that the role of the poet was not to love nature or accept the universe as it was. On the contrary, the poet should provoke inquietude, and to do so should surprise and even shock his public. The poet had to look beyond the occurrences of life to find their deeper meaning. In *Les Fleurs du mal* Baudelaire expresses himself generally in the vocabulary of his time and in a language that is almost conversational. His prose poems show many of the characteristics of his verse: a balanced, rhythmic line, allusions rather than direct ideas, and a vocabulary that contains a power of suggestion. Although unfavorably received in the epoch of their first publication, the works of Baudelaire have since had a greater and greater influence and have taken an increasingly important position in French literature.

MARCEL PROUST (1871–1922) was the son of a professor of the Faculté de Médecine in Paris. When his mother, whom he adored, and his father died within two years of each other, Proust, then 35, closed himself up in his room and began work on *A la Recherche du temps perdu*. The first volume, *Du Côté de chez Swann*, was published by the author in 1913. The second volume, *A l'Ombre des jeunes filles en fleurs*, found an interested publisher and appeared in 1919. After the appearance of the next two titles, overwork brought on the author's death in 1922, and the remaining volumes were published posthumously. "La Jalousie de Swann" is an excerpt from *Du Côté de chez Swann*.

Proust added to the development of the novel keen observation and psychological analysis of character. His writing is not only an expression of the impressions of past life that he had accumulated in notes during a very active social life in leading *salons* of Paris but is also a meticulous examination and analysis of certain segments of society of his time. His characters are to a certain extent his own associates and acquaintances, vaguely disguised. Proust's manner of constructing sentences is often complex because of the author's desire to incorporate into each sentence as complete an expression of his idea as possible.

Among the literary influences on Proust, John Ruskin and Saint-Simon are possibly the most important, the latter serving him as an example of a keen and inquiring observer. Proust's writing shows great individual sensitivity; it is a study of the strong desires and passions of man as well as an investigation into man's destiny.

PROSPER MÉRIMÉE (1803–1870) was, among other things, an archeologist. This interest led him to be appointed inspector-general of historical monuments. He traveled to England, Italy, Greece, Spain, and Corsica, the latter two places serving as settings for his best known works, *Carmen*, *Colomba*, and *Mateo Falcone*. His stories are written in a simple, clear style.

Mérimée belongs to the school of romanticism in his search for the exotic. His writing is permeated with descriptions of the customs and mores of the places he visited. He does not stop with simple descriptions of countryside and customs: he analyzes his characters in the light of the strong influence of their environment. As a naturalist, he seeks the realistic but yields to the need to change the real to conform to whatever circumstances he finds necessary for his story. Mérimée's protagonists are solitary and tragic; they display the primitive nature of their character, usually with violence. Mateo Falcone is a person who is a victim of his education and of his race. The lack of sentimentality and the objectivity in *Mateo Falcone* contrast sharply with the style of other romantic writers of the nineteenth century.

GUY DE MAUPASSANT (1850–1893) is one of the masters of the short story. He was born in Normandy, where he grew up in close company with the peasants and the bourgeois. He did military service during the war with Prussia in 1870. Afterwards, he went to Paris and worked with the Ministry of the Navy. His first short story, "Boule de Suif," was an immediate success and inspired him to write some 300 more in the next ten years. His health failed and he suffered a nervous breakdown. He died at the age of 43.

Maupassant's concise style was influenced primarily by his literary master Gustave Flaubert, who was also a Norman. In Maupassant's writing are reflected both the region in which he was born and the people by whom he was surrounded. He found his themes in everyday life and wrote about ordinary people, those of the lower middle class and the peasant class. The peasant in Maupassant's works is one whose laborious life makes him realize the value of his small income; he is a person insensitive to the sufferings of others and often pitiless toward the weak. Maupassant shows a sympathy for the humble and the defenseless, a sympathy which extends to mistreated animals. His writing is especially noted for its purity of style, its clarity, and its measured language. All excess language has been eliminated and each word is necessary to convey the exact idea of the author. In his attempt to give his work more *vraisemblance*, the author at times corrects reality to lend it more probability. As in "L'Aventure de Walter Schnaffs" Maupassant often uses the theme of the war of 1870. In this story the author mixes humor with a light study of fear. "Pierrot" shows the author's genius in depicting the character of the people he grew up with.

ALPHONSE DAUDET (1840–1897) is possibly best known for his short stories and one short novel portraying the spirit of Provence, the region in southern France near his birthplace, where he enjoyed spending his leisure moments. As a young man he worked in a school near Nîmes, but he soon became disgusted with his work and went to Paris. He devoted some of his time to writing and enjoyed success both with his poetry and his prose pieces. Two volumes of poetry, published in 1858 and 1859, received the praise of critics, but it was not until the publication of *Lettres sur Paris* in 1865 and *Lettres de mon moulin* in 1866 that he was recognized as one of the top literary figures of his time. A trip to Algeria gave him the details for his novel *Tartarin de Tarascon*, which appeared in 1872. His other best known works are *Fromont jeune et Risler aîné*, *Contes du lundi*, and *Le Nabab*. "L'Élixir du Révérend Père Gaucher" and "La Mule du Pape" are taken from the collection of short stories, *Lettres de mon moulin*.

In an age in which writers were turning to stark realism, Daudet dedicated himself to naturalism. His works show a careful mixture of sensitivity and irony, sentiment and the picturesque. Few authors had realized the possibilities that popular tradition, local customs, and regional themes offered until Daudet began his work. His writing reflects a deep feeling for the humble, for animals, and for children. His stories, although regional from one standpoint, are universal in their appeal.

Vocabulary

à at, to, in, on

abandon, *m.* abandonment

abandonner to abandon, to forsake, to release

abattre to shoot down; **s'–** to swoop down, to ring

abbaye, *f.* monastery

abbé, *m.* priest, abbot

abeille, *f.* bee

abîme, *m.* abyss

abîmer, s'– to bury oneself

aboiment, *m.* barking

abord, *m.* approach; **–s** surroundings; **d'–** at first; **tout d'–** at the very first

aborder to accost, to come near

aboutir to come to, to end

abri, *m.* shelter; **a l'–** protected from, sheltered from

abruti sodden

académie, *f.* academy

accabler to crush, to overwhelm

accéléré speeded up

accommoder, s'– to agree

accompagner to accompany

accomplir, s'– to be performed, to be accomplished

accord, *m.* harmony, agreement; **d'–** in agreement

accoucher to be delivered

accourir to run up, to rush

accoutumé accustomed

accoutumer, s'– to become accustomed

accroché attached, hooked

accrocher to hang up

accroire to believe

accueil, *m.* reception, welcome

accumuler, s'– to accumulate, to increase

acharné desperate

acharnement, *m.* fury

acheminer to send on

acheter to buy; **s'–** to buy for oneself

achever to end, to finish

acier, *m.* steel

actif active

actrice, *f.* actress

actuel actual, present

acuité, *f.* sharpness

adieu, *m.* goodbye

adjudant, *m.* first sergeant

admirer to admire

adorer to adore

adosser, s'– to lean against

adresse, *f.* skill

adulation, *f.* adulation, flattery

affaiblir to weaken, to diminish; **s'–** to grow weak, to grow faint

affaire, *f.* business, matter, affair; **une bonne –** a good business deal

affaisser, s'– to sink down, to collapse

affamé famished, hungry

affligé aggrieved, distressed

affreusement frightfully

affreux frightful

affronter to face, to brave

affûter to smooth down

afin de in order to

afin que in order that

âge, *m.* age

âgé aged

agenda, *m.* **– de commerce** notebook for records

agenouiller, s'– to kneel

agilité, *f.* agility

agir to act; **s'– de** to be a question of

agitation, *f.* agitation

agiter to wave, to shake; **s'–** to move

agoniser to be dying, to be at the point of death

agrandir to enlarge, to grow larger

agréable pleasant, agreeable

ahurissement, *m.* perplexity

aide, *f.* aid, help

aider to help, to aid, to assist

aïeul, *m.* grandfather

aigre harsh

aigu sharp, piercing

aiguille, *f.* needle

aiguiser to sharpen

aile, *f.* wing, sail

ailleurs elsewhere; **d'–** besides

aimable kind, pleasant

aimer to like, to love; **– mieux** to like better, to prefer; **– bien** to like

ainsi that way, thus, so

air, *m.* air, appearance, look; **avoir l'– de** to look like, to seem, to appear

aise, *f.* ease; **être à son –** to be comfortable, to be well off; **à l'–** comfortable

aisément easily

ajouter to add

ajuster to tune, to adjust

alambic, *m.* still

alarmé alarmed

alcool, *m.* alcohol

aligner to lay out in a straight line; **s'–** to be lined up

aliment, *m.* food, nourishment

allégresse, *f.* cheerfulness

Allemagne, *f.* Germany

Allemand German

aller to go; – **son train** to continue along, to keep going, to go its course; **allons!** enough, come! now!; **s'en–** to go away

allongé, *m.* a person stretched out

allonger s'– to stretch out

allumer to light

allure, *f.* pace

alors then, well

alouette, *f.* lark

alourdir, s'– to grow heavy

Alpilles, *f. pl.* small mountain range around Baux

amandier, *m.* almond tree

amant, *m.* lover

ambassade, *f.* deputation, mission

amble, *m.* canter, amble

âme, *f.* soul

amener to introduce

amer bitter

amertume, *f.* bitterness

ameublement, *m.* furnishing

ami, *m.* friend

amical friendly

amitié, *f.* friendship

amour, *m.* love

amoureux in love

amusant amusing

amuser to amuse; **s'–** to have a good time, to amuse oneself

an, *m.* year

ancien old, ancient, former

âne, *m.* donkey

ange, *m.* angel

angelus, *m.* bell ringing that announced the evening prayer service

anglais English

angoisse, *f.* anguish, distress

anisette, *f.* anisette, liqueur flavored with aniseed

anneau, *m.* ring

année, *f.* year; **nouvelle –** New Year's

annoncer to announce, to reveal, to show

antiquité, *f.* antiquity

antonins (les) Antonines, name given to seven Roman emperors

anxieux anxious

apaisement, *m.* appeasement

apaiser to calm, to appease; **s'–** to grow quiet, to abate

apercevoir to perceive, to notice, to catch sight of; **s'–** to notice

aperçu noticed

apparaître to appear

appartenir to belong

appel, *m.* call, appeal

appeler to call; **s'–** to be called, to be named

appentis, *m.* shed, lean-to

appliqué studious

appliquer to apply

apporter to bring

apprendre to learn, to teach

apprenti, *m.* apprentice

apprentissage, *m.* apprenticeship

apprêter, s'– to get ready, to prepare

approcher to come near; **s'–** to approach, to come near

approprié suitable

approuver to approve

appuyé backed up, leaning

appuyer to push down; **s'–** to lean against, to rest

après after

après-midi, *m. or f.* afternoon
aquilin aquiline, curved, hooked
arabe Arab
arbitrage, *m.* arbitration
arbre, *m.* tree
arbrisseau, *m.* shrub
arcade, *f.* arch-shaped opening
argent, *m.* money, silver
argentier, *m.* treasurer
arme, *f.* weapon; **–s** coat of arms; **– à feu** fire-arm
armée, *f.* army
armer to cock
armoire, *f.* closet
aromate, *m.* aromatic substance, spice
arôme, *m.* scent, aroma
arracher to snatch from; **s'–** to tear out
arranger to arrange, to settle
arrêt, *m.* stop
arrêter to stop, to arrest; **s'–** to stop
arrière behind; **en –** backwards, placed behind, on the back of his head
arrière-pensée, *f.* thought in back of the mind
arrivage, *m.* arrival
arriver to arrive, to happen
arrondir to make round
arroser to sprinkle
artillerie, *f.* artillery
assaillir to assail
assaut, *m.* attack, assault; **à l'–** to the attack
assemblée, *f.* assembly
assembler to assemble
asseoir to seat; **s'–** to sit down

assez enough, rather
assiéger to besiege
assiette, *f.* plate
assis seated
associer to associate, to take into partnership
assombrir to darken, to cloud
assoupir to hush up
astre, *m.* star
astuce, *f.* cunning, guile
atelier, *m.* shop, workshop
athlète, *m.* athlete
attacher to attach, to engage, to fasten
attaque, *f.* attack
attaquer to attack
atteindre to touch, to reach, to overcome
atteinte, *f.* reach; assault, attack
attendre to wait, to wait for, to expect; **en attendant** in the meantime
attendri moved, softened, tender
attentif attentive
attention, *f.* attention, care; **faire – à** to pay attention to
atterrer to overwhelm
attirer to attract, to draw; **s'–** to draw upon oneself
attraper to catch, to get
attribuer to attribute
aube, *f.* alb (white linen vestment)
aucun any; **ne –** not any, no
audace, *f.* boldness
au-dehors outside
au-dessous below, beneath
au-dessus above
augmenter to increase, to give a raise (in salary)
aujourd'hui today

aumône, *f.* alms, charity; **faire l'–** to give alms

auprès near; **– de** near

auquel to which, to which one

auréole, *f.* halo

aurore, *f.* dawn

aussi also, as, so, therefore, and so; **– que** as; **– bien que** as well as

aussitôt immediately; **– que** as soon as

autant as much

auteur, *m.* author

automne, *m.* autumn, fall

autour around; **autour de** around

autre other; **– chose** something else; **les uns... les – s** some... the others

autrefois formerly; **d'–** of former times

autrement otherwise; **– dit** in other words

avaler to swallow

avaleur, *m.* swallower

avance, *f.* advance, start; **d'–** in advance

avancer to advance; **s'–** to advance, to go forward

avant before; **en –** in front, forward; **– de** before; **– que** before

avant-garde, *m.* vanguard

avec with

Ave Maria, *m.* Hail Mary (a prayer)

avenant pleasing, courteous

avenir, *m.* future

aventure, *f.* adventure; **par –** by chance

aventurer to venture out

avertir to warn

avis, *m.* advice, opinion

aviser s'– to take into one's head, to think (of)

avocat, *m.* **– général** Solicitor-General; **– du diable** devil's advocate

avoine, *f.* oats

avoir to have; **– l'air** to seem; **qu'avez-vous?** what is the matter with you; **– à** (with inf.) to have to; **– beau** to be useless, to be in vain; **– besoin de** to need; **– envie de** to have a desire to, to feel like; **– peine à** to have difficulty in; **– raison** to be right; **– tort** to be wrong

avouer to confess, to admit

azuré sky-blue

babine, *f.* lip, chop

bagatelle, *f.* mere trifle

baie, *f.* bay

bâiller to yawn

baïonnette, *f.* bayonet

baiser to kiss; *m.* kiss

baisser to lower

balancer to balance, **se –** to rock

balbutier to stammer, to mumble

balcon, *m.* balcony

baleine, *f.* whale

balle, *f.* ball, bullet

balloter to toss about

balourd stupid

banc, *m.* bench

bandit, *m.* bandit, outlaw

bandoulière, *f.* sling; **en –** slung across his shoulder

bannière, *f.*   banner
banquet, *m.*   banquet
baraque, *f.*   booth, stall
barbare, *m.*   barbarian
barbe, *f.*   beard
barbu   bearded
baril, *m.*   cask
barrette, *f.*   cap, cardinal's cap
bas, *m.*   bottom, foot
bas, basse   low; **en** – below;
    tout – in a very low voice;
    mettre – to put down
basané   sunburnt, bronzed
bassine, *f.*   pan
bât, *m.*   packsaddle
bataille, *f.*   battle
bateau, *m.*   boat
bâtiment, *m.*   building
battre   to pack, to beat, to search,
    to scour;–**en retraite**   to re-
    treat
Baux (les)   town near Arles
bavarder   to gossip, to babble
béant   wide open, gaping
béat   blissful
beau, bel, belle   beautiful, fine;
    avoir – to be in vain, to be
    useless
beaucoup   much, many
beauté, *f.*   beauty
bec, *m.*   bill, beak
bêche, *f.*   spade
bénédiction, *f.*   blessing
bénéfice, *m.*   profit
bénir   to bless
bénit   holy
bénitier, *m.*   holy-water font
béquille, *f.*   crutch
berger, *m.*   shepherd
besicles, *f.pl.*   spectacles

besogne, *f.*   job, work
besoin, *m.*   need; **avoir** – **de**   to
    need; **au** – in case of need
bête, *f.*   beast, animal
bêtise, *f.*   stupidity
beurre, *m.*   butter
beurrer   to butter
bibliothèque, *f.*   library
bicyclette, *f.*   bicycle
bien   well, very, indeed, much,
    quite; – **que**   although; **eh** –!
    well!; – **sûr**   of course; **aimer** –
    to like
bien, *m.*   property
bien-être, *m.*   comfort, snugness
bientôt   soon
bienveillant   kind
bière, *f.*   beer
bifteck, *m.*   steak
bijou, *m.*   jewel
biner   to dig
bise, *f.*   north wind, cold wind
bizarre   odd, strange
blanc   white
blancheur, *f.*   whiteness
blesser   to wound
blessure, *f.*   wound
bleu   blue; – **marine**   navy-blue
bleuir   to become blue
blond   fair, blond; *m.*   fair-haired
    person
blotti   crouched
blottir, se – to crouch
boire   to drink
boire, *m.*   drinking
bois, *m.*   wood
boîte, *f.*   watch-case
boîter   to limp
boîterie, *f.*   limping
bol, *m.*   bowl

bon, bonne good; – **gré, mal gré** willing or unwilling

bonasse silly

bondir to bound, to leap, to jump

bonheur, *m.* happiness

bonhomme, *m.* good-natured person

bonjour, *m.* good-day, hello, greeting

bonne, *f.* maid, servant

bonnet, *m.* cap, bonnet

bonsoir, *m.* good evening

bord, *m.* brim, edge

bordé bordered, embroidered

bordelaise, *f.* cask of 225–230 liters

border to border

botte, *f.* boot

bottelée, *f.* bunch, bundle

bouche, *f.* mouth

bouché stopped up

bouchée, *f.* mouthful

boucle, *f.* buckle

bouder to sulk

boudin, *m.* blood pudding

bouffée, *f.* gust, puff

bouffette, *f.* bow (ribbon)

bouger to move, to budge

bougre, *m.* chap, fellow

bouillie, *f.* pulp

boulanger, *m.* baker

bouleverser to upset

bouquet, *m.* bouquet, aroma

bourdonnant buzzing

bourdonner to buzz, to hum

bourgeois, *m.* middle-class person

bourre, *f.* wad (small plug of cloth or paper used to hold shot in place in a gun)

bourrer, se – to stuff oneself

bousculade, *f.* hustling, jostling, rush

bout, *m.* end, tip; **au – de** at the end of

bouteille, *f.* bottle

bouvier, *m.* cowherd

brancard, *m.* stretcher

branchage, *m.* branches

branche, *f.* branch

branle, en– in motion

bras, *m.* arm

brasserie, *f.* bar, drinking-saloon

brasseur, *m.* brewer

brave worthy, courageous; *m.* worthy fellow

braver to brave

bref, brève short

Brenta, *f.* Italian river near Venice

brevet, *m.* certificate, diploma, license

bréviaire, *m.* breviary, prayer book

bricoler to do odds and ends

brièvement briefly

brillant brilliant, shining

briller to shine

brin, *m.* bit, sprig, blade

Brindes Brundisium (now, Brindisi)

brique, *f.* brick

briser to break, to shatter

brodé embroidered

brouiller, se – to have trouble

broussaille, *f.* bushes, undergrowth

bruit, *m.* report, noise, rumor

brûlant burning

brûler to burn

brun brown, dark

brusque sudden

brusquement abruptly, suddenly
brutaliser to bully, to brutalize
brute, *f.* brute, brutal person
buanderie, *f.* wash-house
buée, *f.* moisture
buis, *m.* boxwood
bulle, *f.* bubble
bureau, *m.* desk, office; – **de tabac** tobacco shop
burette, *f.* cruet, pitcher, pot
but, *m.* mark, aim
buter, se – to become stubborn

ça, cela that; – **et là** here and there; **or** – well now
cabane, *f.* cabin
cabaretier, *m.* tavern-keeper
cabine, *f.* hut, stall; – **de douche** shower-stall
cacher to hide; **se** – to hide one-self
cacheté sealed
cachette, *f.* hiding place
cachot, *m.* solitary confinement, dungeon
cadavre, *m.* corpse
cadeau, *m.* gift, present
cadran, *m.* dial
cadre, *m.* frame
café, *m.* coffee
caisse, *f.* box
calcul, *m.* calculation, reckoning
califourchon, à – astride
calme calm, quiet
calmer to quiet, to calm; **se** – to calm down
camail, *m.* hood
camarade, *m.* comrade

Camargue delta of the two branches of the Rhône river near Marseilles
camion-citerne, *m.* tank truck
camionnage, *m.* trucking
campagnarde, *f.* countrywoman, peasant
campagne, *f.* country
candeur, *f.* frankness, candor
candide frank, candid
canon, *m.* cannon, barrel (of a gun)
cantique, *m.* song, hymn
cantonnier, *m.* road-man
cape, *f.* cape
caporal, *m.* corporal; Corsican tribune or administrative officer
capote, *f.* overcoat
captif (*adj.*) captive; *m.* captive
capturer to capture
capuche, *f.* hood, cowl
capuchon, *m.* hood, cowl
car for, because
caramel, *m.* caramel
caravane, *f.* caravan
carchera, *f.* cartridge-pouch
cardinal, *m.* cardinal
caresse, *f.* caress, endearment
caresser to caress, to pet
carillonner to chime
carré square
carrière, *f.* career, quarry
cartouche, *f.* cartridge
cas, *m.* case; **en tout** – at any rate; **en** – **de** in case of
caserne, *f.* barracks
casque, *m.* helmet; – **à point,** pointed helmet
casqué with (his) helmet on
casquette, *f.* cap

casse-croûte, *m.* snack
casser to break
casserole, *f.* saucepan
Caton Cato
cauchemar, *m.* nightmare
cause, *f.* à – de because of
causer to cause, to talk
causerie, *f.* chat
Caux, pays de – region of Normandy to the north of the Seine river
cavalier, *m.* rider, horseman
ce this, that, it, he; – **qui,** – **que** which, what, that which
ce, cet, cette this, that; –... -**là** that; **ces** these, those
ceci this
céder to give, to yield
ceinture, *f.* waist, belt
cela that
célébrer to celebrate
cellule, *f.* a cell
celui (–ci), celui (–là), celle (–ci), celle (–là), ceux this one, that one, the one, the latter, the former
cendre, f. ashes
cent hundred
centime, *f.* centime
centre, *m.* center
cépée, *f.* cluster of young shoots
cependant meanwhile, yet, nevertheless, however
cercle, *m.* hoop
cercler to hoop, to bind with hoops
cérémonie, *f.* ceremony
certain certain
certainement certainly
certes certainly, indeed
certitude, *f.* certitude, certainty

cerveau, *m.* brain
cervelle, *f.* brains
César Caesar
cesser to stop, to cease
chacun each one
chagrin, *m.* chagrin, sorrow, trouble; gloomy, sad
chaîne, *f.* chain
chair, *f.* flesh
chaire, *f.* pulpit, stall
chaleur *f.* heat, heat wave, warmth
chalumeau, *m.* tube
chamarré bedecked
chambre, *f.* room; – **à coucher** bedroom
champ, *m.* field, ground
chandelle, *f.* candle
changer to change
chanoine, *m.* canon
chanson, *f.* song
chanter to sing
chanteur, *m.* singer; – **de charme** crooner
chapeau, *m.* hat
chapelet, *m.* rosary
chapelle, *f.* chapel
chapelure, *f.* fine crumbs
chaperon, *m.* hood
chapitre, *m.* chapter, chapter meeting
chaque each
charger to load, to burden, to charge
charité, *f.* charity
charmant charming, lovely
charme, *m.* charm
chartreuse, *f.* liqueur originated by the Carthusian order
chasse, *f.* hunt, hunting

chasser to hunt, to drive out, to chase

chasseur, *m.* hunter

châssis, *m.* window-sash

chasuble, *f.* chasuble (priest's vestment)

chat, *m.* cat

châtaigne, *f.* chestnut

châtaignier, *m.* chestnut-tree

château, *m.* castle

châtré, *m.* eunuch

chaud hot, warm

chaume, *m.* thatch

chaussée, *f.* highway, roadway

chausser to put on shoes, to wear shoes

chef, *m.* chief, leader

chemin, *m.* road, way, path; **– de la croix** Way of the Cross, pictures showing stages of Christ's Passion

chemise, *f.* shirt

chenille, *f.* caterpillar

cher dear, costly, expensive

chercher to look for, to seek, to get; **– midi à quatorze heures** to look for difficulties where there are none; **se –** to look for one another

chèrement dearly

cheval, *m.* horse

cheveu, *m.* (a) hair; *pl.* the hair

chèvre, *f.* goat

chèvrefeuille, *m.* honeysuckle

chevreuil, *m.* roebuck

chevrotine, *f.* buckshot

chez at the house of, with, among, in, at

chien, *m.* dog

chocolat, *m.* chocolate

chœur, *m.* chorus, choir

choix, *m.* choice

choquer to shock

chose, *f.* thing; **peu de –** very little; **autre –** something else

chouette, *f.* screech-owl

chrétien (*adj.*) Christian; *m.* Christian

chronique, *f.* chronicle, history

chuchotement, *m.* whisper

chuchoter to whisper

chut! hush!

Cicéron Cicero; **un –** a volume of Cicero's works

cidre, *m.* cider

ciel, *m.* heaven, sky

cierge, *m.* candle

cigale, *f.* locust, cricket

cigare, *m.* cigar

cilice, *m.* hair-cloth shirt

cimetière, *m.* cemetery

cinq five

cinquante fifty

circonstance, *f.* circumstance

circulaire round, circular

circuler to circulate

ciseleur, *m.* carver, sculptor

citer to cite, to point out

citre, *f.* citron

civière, *f.* stretcher, litter

clair clear, bright

clairement clearly

clairière, *f.* clearing, glade

clameur, *f.* clamor, outcry

claquer to slap

clé, *f.* key

clerc, *m.* clergyman, clerk; **petit –de maîtrise** choir boy

clergé, *m.* clergy

clientèle, *f.* clients

cliquette, *f.* clapper
cloche, *f.* bell
clocher, *m.* steeple
clocheton, *m.* bell-turret
clochette, *f.* small bell
cloître, *m.* cloister
clopiner to hobble
clos closed
clôture, *f.* closing
cœur, *m.* heart, courage
coffre, *m.* chest, trunk
coiffé having on one's head
coin, *m.* corner, wedge
coincer to corner, to wedge in
col, *m.* collar
colère, *f.* anger; **se mettre en –**
to become angry
colifichet, *m.* trinket, knick-knack
colimaçon, *m.* snail; **escalier en –**
winding staircase
collet, *m.* collar; **– jaune** yellow
collar, name given to Corsican
policemen
colonne, *f.* column
colonnette, *f.* small column
combat, *m.* fight, struggle, combat; **hors de –** disabled
combattre to fight
combien how many
comique comical, ludicrous
commande, *f.* order
commander to order, to command
comme as, how, as if
commencement, *m.* beginning
commencer to begin
comment how
commentaire, *m.* commentary
commérage, *f.* gossip
commerce, *m.* **de–** in circulation

commère, *f.* neighbor-woman
commodément comfortably, comfortable
communauté, *f.* community
compagnie, *f.* society, company
compagnon, *m.* companion
comparaison, *f.* comparison
compas, *m.* compass
compère, *m.* confederate
complaisance, *f.* complacency
complet complete, full; *m.* suit
(of clothes)
complètement completely
complie, *f.* prayer service
compliquer to complicate
composer to compose, to make
up; **se –** to be composed of
comprendre to understand
compromettre to compromise
compte, *m.* **se rendre – de** to
realize
compter to count; **– sur** to count
on
compte rendu, *m.* article, report
concentré concentrated
concerto, *m.* concerto
conclure to conclude
condamner to condemn
conduire to lead, to conduct, to
drive; **se —** to behave
conduit, *m.* tube
conduite, *f.* conduct
confection, *f.* preparation
conférence, *f* assembly, meeting
confiance, *m.* confidence
confiant confident
confidence, *f.* confidence, secret
confier to confide, to entrust
confins, *m.pl.* ends, confines

confondre to confound, to confuse; **se –** to be confused, to blend

confrérie, *f.* brotherhood, organization

confus vague, indistinct

congé, *m.* leave; **prendre –** to take leave

connaissance, *f.* acquaintance

connaître to be acquainted with, to know; **se –** to know one another, to know all about

conseil, *m.* advice

conseiller to advise

considérable considerable, great

considérer to look at

consister to consist

constater to verify

constituer, se – prisonnier to give oneself up

construire to build, to construct

consulter to consult

consumer, se – to be consumed

conte, *m.* story, tale; **– à dormir debout,** fantastic stories, tall tales

contempler to contemplate, to look at

contemporain, *m.* contemporary

contenir to contain

content glad, content, satisfied, happy

contentement, *m.* satisfaction

contenter, se – to be content, to be satisfied

conter to tell, to relate

continuel continual

continuer to continue

contracter to contract

contraire, au– on the contrary

contre against, for, in exchange for; **le pour et le –** the pros and the cons

contremaître, *m.* foreman

contrevent, *m.* shutter

convaincre to convince

convaincu sincere

convenable suitable

convenir to agree

conviction, *f.* conviction

convoitise, *f.* covetousness

convoquer to convoke, to summon

copeau, *m.* shaving, chip

coquetterie, *f.* coquetry

coquin, *m.* rascal, scamp

coquine, *f.* hussy, rascal

corbeau, *m.* raven, crow

corbeille, *f.* basket

corde, *f.* cord, rope

cornue, *f.* retort (vessel)

corps, *m.* corps, body

corridor, *m.* hallway, corridor

corriger, se – to reform

corrompre to corrupt

Corse, *f.* Corsica

Corse Corsican

corset, *m.* corset

côté, *m.* direction, side; **à – de** by, near, beside; **de ce –** in this direction, on this side; **de chaque –** on each side; **du – de** in the direction of, toward

cou, *m.* neck; **sauter au –** to embrace

couche, *f.* layer

couché lying

coucher to sleep, to put to bed; **se –** to go to bed, to lie down; **envoyer –** to send to bed; **– en joue** to aim

coude, *m.* elbow

couleur, *f.* color

couleuvre, *f.* adder, snake

couloir, *m.* passage, hall

coulpe, *f.* confession of sin

coup, *m.* blow, stroke, drink, beat, sip; – de sabot kick; d'un – suddenly, with one blow; tout d'un – all of a sudden; – d'oeil glance; – de pied kick; – de reins movement of the back; – de vent gust of wind; – sur – one after another; – de feu shot; – de fusil rifle shot; – de cloche ringing of bells; – de fourche jab with a pitchfork; – de stylet stab; tout à – suddenly

coupé, *m.* coupé (closed carriage)

couper to cut, to cross, to cut off

cour, *f.* courtyard, court; faire la – to woo, to pay court

courageux brave, courageous

courbature, *f.* stiffness

courbe curved, bent

courber to bend

courir to run, to spread through, to spread

courrier, *m.* mail-steamer

course, *f.* job

court short

cousin, *m.* cousin; cousine, *f.* cousin

couteau, *m.* knife

coûter to cost

couvent, *m.* convent, monastery

couvert (*adj.*) covered; *m.* shelter, cover; à – under cover, protected

couverture, *f.* cover

couvrir to cover

cracher to spit

craindre to fear

craintif fearful

crâner to bluster, to swagger

crapaud, *m.* toad

crécelle, *f.* rattle

credo, *m.* creed, Apostle's creed

créer to create

crépu frizzled

crépuscule, *m.* twilight

creuser to dig, to hollow out

creux hollow, empty

crever to burst, to break, to split

cri, *m.* cry, shout

cric, *m.* jack

crier to shout, to cry, to complain, to protest

criminel criminal

crisper to give (someone) the fidgets

critiquer to criticize

crocheteur, *m.* vulgar man

croire to believe; se – to believe oneself

croiser to cross

croissant, *m.* crescent

croix, *f.* cross

crosse, *f.* butt end (of a musket), staff

crossé beaten

crouler to crumble

croupe, *f.* rump, back

cru, *m.* vintage, regional wine

cruauté, *f.* cruelty

cruche, *f.* pitcher, jar, jug

cucule, *f.* cowl, hooded garment

cueillir to gather

cuiller, *f.* spoon

cuir, *m.* leather; or, an incorrect liaison, an error in speaking a language

cuisine, *f.* kitchen

cuisse, *f.* thigh

cuit cooked, done, finished; **vin –** old wine, mulled wine, fortified wine

cuivre, *m.* **– rouge** brass

cul, *m.* tail

culbuter to throw down, to throw over

culotte, *f.* short trousers, pants, trousers

cultiver to cultivate

curé, *m.* parish priest

curieux curious; *m.* curious person

curiosité, *f.* curiosity

dague, *f.* dagger

daim, *m.* buck

dalle, *f.* slab, flagstone

dame, *f.* lady

damné damned

damner to damn

danger, *m.* danger

dangereux dangerous

dans in, inside of, from, into, on

danse, *f.* dance

danser to dance

davantage more

de of, from, with, about, on, to, in, any, some, by, as (dependent on context and construction)

débarrasser, se – de to get rid of

débattre, se – to be argued, to be debated, to struggle

débaucher to lead astray

déblayer to clear

déborder to overflow, to flood, to pour out

déboucher to emerge, to arrive, to come out, to open, to uncork

debout standing, standing up

déboutonner to unbutton

débuter to begin

décapité decapitated, beheaded

décharger to discharge

déchiffrement, *m.* deciphering

déchirant piercing, shrill, heart-rending

déchirer to tear

décidé determined, ready

décider to decide; **se –** to make up one's mind

décisif decisive

déclarer to declare, to announce

déconcerter to disconcert, to confuse

décoré decorated

décourager to discourage

découvrir to uncover, to detect

décrépit decrepit, broken-down

dedans within, inside, in it

dédire, s'en – to go back on one's word

dédoré with the gilt off

défaire, se – to get rid of

défaite, *f.* defeat

défaut, *m.* fault

défendre to defend; **se –** to defend oneself

défigurer to disfigure, to mar, to distort

défiler to march past, to file by, to file off, to defile

dégoût, *m.* disgust

dégoûtant disgusting

dégoûter to disgust

degré, *m.* degree, strength, extent, proof (of alcohol)

dégringoler to scamper down, to come hurriedly down

déguiser to disguise

déguster to sip, to taste

dehors outside

déjà already

déjeuner to have lunch; *m.* lunch

delà, au – beyond

délaver to fade

délégué, *m.* delegate, representative

délibérer to deliberate

délicat delicate, fine

délice, *m.* delight, pleasure

délicieux delightful, delicious

délivrer to free; **se –** to free oneself

demain tomorrow

demande, *f.* request

demander to ask, to ask for; **se –** to wonder, to ask oneself, to ask each other

démanger to itch

démarrer to start up

démêlé, *m.* dispute

démener, se – to wave wildly

demeurer to live, to remain

demi half; **à –** halfway

demi-heure, *f.* half an hour

demi-lieue, *f.* half a league

demoiselle, *f.* young lady

démon, *m.* demon

dénoncer to denounce

dent, *f.* tooth; **dire entre ses –** to mumble to oneself

dentelé lacy

dentelle, *f.* lace

départ, *m.* departure

dépasser to go beyond, to extend beyond, to pass

dépeigner to ruffle

dépens, *m.pl.* expense

dépense, *f.* pantry

déplaire to displease

déplaisir, *m.* displeasure

déployer to display

déposer to lay down, to deposit, to place

dépôt, *m.* depot, warehouse

depuis ever since, since, from; **– que** since

déranger, se – to trouble oneself

dernier last, last one

derrière behind, after; **sabots de –** hind hoofs

dès from; **– que** as soon as

désaccorder to get out of tune

désagréable disagreeable

désappointé disappointed

désapprouver to disapprove of

descendre to go down, to come down, to get out

descente, *f.* descent, going down

désert deserted, solitary

déserter to desert

désespéré desperate

désespérément desperately

désespoir, *m.* despair

déshabiller to undress

désintéressé disinterested

désir, *m.* desire
désirable desirable
désirer to desire, to wish
désoler, se – to despair
désormais henceforth, for ever after
dessein, *m.* design, plan, purpose
desserrer se – to relax
desservi served, attended
dessin, *m.* drawing, plan, design
dessus on, over, above
destinataire, *m.* addressee, receiver
détachement, *m.* detachment
détacher to let fly, to let loose
détaler to be off, to decamp
détendre, se – to relax
détente, *f.* trigger
détester to hate, to dislike
détimbré toneless
détour, *m.* turn, detour
détourner to turn away, to turn aside
dette, *f.* debt
deuil, *m.* mourning, funeral procession
deux two; **tous –** both; **tous les –** both
devancier, *m.* predecessor
devant before, in front of; **au –** out in front, towards
devenir to become, to happen
déverser to flow out, to emit
devoir to owe, to have to, to be obliged to, to be to, to be expected to
dévorer to devour, to eat up
diable, *m.* devil; **avocat du –** devil's advocate
dicton, *m.* saying
dieu, *m.* God

difficile difficult
digne worthy
diligence, *f.* (stage) coach
dimanche, *m.* Sunday
dîner to dine; *m.* dinner
diplomatie, *f.* diplomacy
diplôme, *m.* diploma
dire to say, to ask, to tell; **c'est à –** that is, that is to say
diriger to aim, to direct; **se –** to go toward
discipline, *f.* discipline, lash
discours, *m.* speech, oration
discrètement discreetly
discrétion, *f.* discretion
discuter to discuss, to examine, to argue
disette, *f.* want, famine
disparaître to disappear
dispenser to dispense, to exempt
disposer to prepare
disposition, *f.* intention, disposal, disposition
disputer to argue, to discuss
dissimuler to conceal, to hide
distillerie distillery, still house
distinguer to notice, to make out
distrait distracted
district, *m.* region, district
dit told; **autrement –** in other words
divers different, various
dix ten
dix-huit eighteen
dix-neuf nineteen
dix-sept seventeen
doigt, *m.* finger, nip, finger's breadth
domestique, *m. or f.* servant
dominer to dominate, to look over

donc   then, thus

donner   to give; – **sur** to look out on, to open out on, to look over; **se – au diable** to curse one's luck

donneur, *m.*   giver

dont   whose, from which

doré   gilded, of gold

dorénavant   henceforth

dormir   to sleep

dos, *m.*   back; **tourner le –** to turn one's back to

doubler   to pass

doucement   gently, softly, sweetly, slowly

doucettement   gently, slowly

douceur, *f.*   sweetness, gentleness

douche, *f.*   shower

douelle, *f.*   small stave of a cask

douleur, *f.*   suffering, grief, pain

douloureux   painful

doute, *m.*   doubt; **sans –** doubtless

douter   to doubt; **se – de** to suspect

doux   sweet, pleasant, gentle

douzaine, *f.*   dozen

douze   twelve

dragée, *f.*   sugar-almond

drame, *m.*   drama

drap, *m.*   sheet, cloth

draperie, *f.*   drapery

dresser   to raise

droit   right

droit, *m.*   right, law

droite, *f.*   **à –** to the right; **de –** on the right, to the right

drôle, *m.*   rascal, rogue

dû   due

dur   hard

durant   during; **des années –** for years

durcir, se –   to harden

durer   to last, to continue

eau, *f.*   water; – **bénite** holy water

éblouissant   dazzling

écarquiller   to open wide

ecclésiastique, *m.*   ecclesiastic

échanger   to exchange; **s'–** to exchange oneself

échapper   to escape; **s'–** to escape

échec, *m.*   failure

échelle, *f.*   scale

échouer   to fail, to strand

éclairer   to reconnoitre, to light up

éclaireur, *m.*   scout

éclat, *m.*   glare, brightness, radiancy

éclatant   loud, brilliant

éclater   to burst out, to break out; **– de rire** to burst out laughing

école, *f.*   school

économie, *f.*   saving

économiquement   economically

écoulement, *m.*   drainage

écouter   to listen, to listen to

écrier, s'–   to cry out, to exclaim

écrire   to write

écrit   written

écriture, *f.*   writing, handwriting

écru   raw

écu, *m.*   crown (obsolete French coin)

écumoire, *f.*   skimmer

écurie, *f.*   stable barn

effaré   frightened

effectivement   indeed

effet, *m.* effect, result; **en –** in fact, indeed

effilé sharp

effiler to taper

efforcer, s'– to strive, to attempt

effort, *m.* effort, attempt

effrangé frayed

effrayant frightful, dreadful

effrayé frightened

effronté impudent

égal equal; **c'est –** it's all the same, never mind

égard, *m.* consideration; **à l'– de** concerning

égayer to amuse

église, *f.* church

élan, *m.* **prendre un –** to get ready to kick

élancer, s'– to dash forth, to rush, to spring, to shoot forth

élégant elegant

élevage, *m.* raising

élever to raise, to bring up; **s'–** to rise

élixir, *m.* alcoholic liquid; cure-all

elle she, it, her; **– même** herself, itself

éloigner, s'– to go away

emballeur, *m.* packer

embarrassé embarrassed

embrasser to embrace, to kiss

embrasure, *f.* recess, opening, embrasure

embuscade, *f.* ambush

émeraude, *f.* emerald

emmener to lead away, to take away

émouvoir to stir; **s'–** to be roused

empêcher to prevent; **s'–** to prevent oneself, to keep from

empereur, *m.* emperor

empesé starched

emphase, *f.* emphasis, pomposity

emplir to fill; **s'–** to be filled

emploi, *m.* function, job, employment

employé, *m.* employee

empoigner to seize, to lay hold of

emporter to take away, to carry off, to carry away, to remove, to obtain

empressement, *m.* haste, eagerness

empresser, s'– to hasten

ému touched, moved

en of it, of them, some, in, while, on, as, like, by, from him, from it; **– bas** below

encadré surrounded, encircled

encombré crowded

encombrement, *m.* obstruction, confused mass

encore again, still, yet, even then; **– une** one more

endormir, s'– to fall asleep, to go to sleep

endroit, *m.* place

Énée Aeneas, hero of *The Aeneid*

Énéide *The Aeneid,* epic poem by Vergil

énergie, *f.* energy

énergique energetic, vigorous

enfant, *m. or f.* child; **bon –** good-natured

enfer, *m.* hell

enfermer, s'– to seclude oneself, to lock oneself up

enfiler to slip on

enfin at last, finally

enflammé on fire, blazing
enfoncer to go down, to drive in, to break in; **s'–** to sink, to give way, to bury itself, to disappear into
enfourcher to straddle, to mount
enfuir, s'– to run away, to escape
engager to hire, to enlist, to engage; **s'–** to enter
engendrer to produce
engloutir to swallow
engourdir, s'– to become sluggish
enjamber to leap over, to jump over
enlacé entwined
enlever to carry out, to take away, to remove
enluminé illuminated
ennemi, *m.* enemy
ennui, *m.* boredom
ennuyer to bore; **s'–** to be bored
énorme enormous
enquérir, s'– to inquire, to make inquiries
enragé, *m.* mad person, person very fond of
enrager to be enraged
enrichir, s'– to grow rich
enrouler to roll
enseigner to teach, to indicate
ensemble together
ensoleillé sunny
ensorceler to bewitch
ensuite then, next
entasser to pile up; **s'–** to be piled up
entendre to hear, to understand, to intend; **– parler** to hear of
entendu heard; **c'est –** it is agreed

enterrer to bury
entier entire, whole; **tout –** entirely, entire
entièrement entirely
entonner to intone, to sing out
entourer to surround
entrailles, *f.pl.* intestines
entrain, *m.* spirit, animation
entraînement, *m.* training
entraîner to carry away, to lead off
entre between, among
entrée, *f.* entrance
entreprise, *f.* undertaking, enterprise
entrer to go in, to enter
entretenir to keep up
entrevue, *f.* interview
entrouvrir to half open, to open a little
envahir to invade
envelopper to cover, to envelop
envie, *f.* **avoir – de** to have a desire to
environ about, nearly
environs, *m.pl.* **aux –** in the surroundings
envoler, s'– to disappear
envoyer to send
épais thick
épanoui full-blown, spreading (as if in bloom)
épargne, *f.* saving
épargner, s'– to spare himself, to save himself
épaule, *f.* shoulder
épaulette, *f.* epaulet
éperdu bewildered, mad
éperdument madly
éphémère ephemeral, short-lived

épi, *m.* ear (of grain)
épicier, *m.* grocer
épingle, *f.* pin
éponger, s'– to wipe one's forehead
époque, *m.* period, time
épouvantable frightful
épouvante, *f.* terror
épouvanté frightened, terrified
épouvanter, s'– to be terrified
époux, *m.* husband
éprouver to feel, to experience
éprouvette, *f.* test-tube
épuisé exhausted, worn out
épuiser to exhaust
Érasme Erasmus, a Dutch humanist
ermite, *m.* hermit
errant stray
errer to wander, to ramble
erreur, *f.* mistake
escalier, *m.* stairs; – **en colimaçon** winding staircase
escopette, *f.* carbine
espace, *m.* space
espadrille, *f.* canvas shoe
espagnol Spanish; **à l'espagnole** in the Spanish fashion
espèce, *f.* kind, species
espérer to hope, to expect
espionner to spy on, to spy
espoir, *m.* hope
esprit, *m.* mind, spirit, wit, intelligence
essayer to try, to try on
essentiel, *m.* essential, main point
essouffler to wind, to put out of breath
essuyer to wipe, to wipe off
estimable estimable, fairly good
estimer to esteem, to respect

estomac, *m.* stomach
et and; – **bien** well
établi, *m.* bench
établir to establish, to put
étage, *m.* floor, story (of a house); **premier –** second story
état, *m.* state; **mettre hors d'–** to put it out of someone's power to
éteindre to extinguish, to put out
éteint extinguished, darkened, faint
étendre to extend, to stretch out
étendu extensive, stretched out
étendue, *f.* extent, expanse
éternel eternal
éternité, *f.* eternity
étincelant sparkling, fiery
étinceler to sparkle
étique consumptive
étiqueteur, *m.* labeller
étiquette, *f.* label
étoffe, *f.* material, cloth
étoile, *f.* star
étonnement, *m.* astonishment, surprise
étonner to astonish, to surprise
étouffer to suffocate, to choke
étoupe, *f.* stuffing, oakum, fiber obtained from old ropes
étourneau, *m.* starling
étrange strange
étranger strange; *m.* foreigner
être to be; **– à** to belong to, to be; **c'est-à-dire** that is to say; **c'est entendu** it is agreed
être, *m.* being, creature
étroit narrow
eux them; **– mêmes** themselves
évaluer to estimate

évanouir, s'– to faint

éveil, *m.* awakening, warning, alarm; **donner l'–** to give warning

éveillé intelligent

éveiller, s'– to wake up

événement, *m.* event, occurrence

évidemment evidently

éviter to avoid

exactement exactly, carefully

exagéré exaggerated

examiner to examine

exaspérer to exasperate, to enrage

excellence, *f.* excellency

excuser, s'– to excuse oneself

exécrable execrable, abominable, detestable

exécuter to carry out, to perform, to execute

exécuteur, *m.* executioner

exemplaire, *m.* copy, specimen

exemple, *m.* example; **par –** for example, really!, indeed!

exercer to exercise; **s'–** to train oneself

exiger to demand, to require

existence, *f.* existence, life

exister to exist

exorcisé, *m.* one freed of devils

expédier to send, to dispatch, to send off

expliquer to explain

explorer to explore

explosion, *f.* explosion, outburst

exposer, s'– to expose oneself, to risk

exquis exquisite

extase, *f.* ecstasy

extérieur outside

extraordinaire extraordinary

extravagance, *f.* extravagant act, extravagance

extrémité, *f.* end

fabriquer to manufacture

façade, *f.* front, facade

face, *f.* face; **en – de** in front of

fâcher, se – to become angry

fâcheux troublesome

facile easy

facilement easily

façon, *f.* manner

faculté, *f.* faculty

fagot, *m.* bundle of sticks

faible weak, small

faiblesse, *f.* weakness

faillir to come near to, to almost

faim, *f.* hunger; **avoir –** to be hungry

faire to make, to do, to say, to have; **– attention à** to pay attention to; **– la cour** to pay court, to woo; **– faire** to have made; **– fête** to entertain; **– feu** to shoot, to fire; **– mal** to harm, to hurt, to ache; **– le malin** to try to be clever; **– peine** to distress; **– tomber** to pound; **– valoir** to show off; **se – vieux** to age, to grow old

fait done; *m.* fact, deed; **tout à –** entirely

falbala, *m.* furbelow, showy trimming

falloir to be necessary, must, ought; **il faut** it is necessary; **il fallait** it was necessary

famé with a reputation; **bien –** with a good reputation

fameux famous
familier familiar
famille, *f.* family
fantaisie, *f.* fancy, caprice, joke
fantastique fantastic
farandole, *f.* farandole (dance of Provence)
fardeau, *m.* burden, weight
farouche wild, fierce
fatigant tiring
fatigue, *f.* fatigue
fatigué tired
fatiguer to tire; **se –** to tire oneself
fatras, *m.* rubbish
faubourg, *m.* suburb
faucher to cut down, to mow down
fausseté, *f.* falsity
faute, *f.* fault; **– de** for want of
fauteuil, *m.* armchair
faux (*adj.*) false, imitation; *f.* scythe
faux-monnayeur, *m.* counterfeiter
fébrile feverish
femelle, *f.* female, woman
femme, *f.* woman, wife; **prendre –** to take a wife
fendre to split
fenêtre, *f.* window
fente, *f.* slit; crack
fer, *m.* iron, horseshoe
ferme, *f.* farm
fermement strongly
fermer to close
fermier, *m.* tenant-farmer
ferraille, *f.* scrap-iron
ferré ferruled
fertiliser to fertilize
ferveur, *f.* fervor

fête, *f.* holiday, festival, entertainment; **faire –** to entertain, to welcome; **être –** to be time of festivities
Fête-Dieu, *f.* Corpus-Christi
feu, *m.* fire; **faire du –** to make a fire; **faire –** to fire, to shoot; **coup de –** shot
feuille, *f.* leaf
fiacre, *m.* cab, carriage, hackney-coach
ficeler to tie up
ficher, se – to laugh at
fidèle faithful; *m.* regular guest
fier proud
fier, se – to trust, to rely on
fièrement proudly
fiévreux feverish; *m.* feverish person
fifre, *m.* fife, fife player
figue, *f.* fig
figure, *f.* face, figure; **en pleine –** right to the face
figurer, se – to imagine, to pretend
fil, *m.* thread, line; **– de la vierge** cobweb
fille, *f.* daughter, girl
fils, *m.* son
fin fine, sharp, delicate, cunning
fin, *f.* end
finesse, *f.* cunning
fini, *m.* right taste
finir to end, to finish; **– par** finally
fiole, *f.* phial, small flask
fixe fixed, stationary
fixer to fasten
flacon, *m.* flask, bottle
flamboyer to flame

flamme, *f.* flame, blaze
flanc, *m.* side, flank
flanquer to flank
flatteur flattering
flèche, *f.* arrow
fléchir to give way, to give in, to grow soft
fleur, *f.* flower
fleuri flowery, florid
fleurir to decorate with flowers
flot, *m.* flood, wave
foi, *f.* faith
foin, *m.* hay
foire, *f.* fair
fois, *f.* time; **une** – once; **encore une** – once more, again; **à la** – at the same time
folle, *f.* crazy woman
follement madly
follet downy
foncé dark
foncer to become dark
fond, *m.* bottom, foundation, rear; **au** – at the bottom, at the rear
fonte, *f.* cast-iron
forçage, *m.* forcing
force, *f.* force, strength, violence; **à** – **de** by dint of
forcer to force, to compel
forme, *f.* form
formidable formidable, frightful
fort strong, loud, very much, very
fortement strongly
fortune, *f.* fortune, good luck
fossé, *m.* ditch
fossoyeur, *m.* grave-digger
fou, fol, folle insane, crazy, fool; crazy person

foudre, *m.* large cask, tun
foudroyant terrible, dreadful
fouet, *m.* whip
fouetter to whip
fouiller to dig, to search
fourbi polished
fourche, *f.* pitchfork; **coup de** – jab with a pitchfork
fourmi, *f.* ant
fourneau, *m.* stove
fournisseur, *m.* provider
fourré bushy, thick; *m.* thicket
fourrer, se – to hide oneself
fragile fragile, frail
frais fresh, cool, new; **de** – in new clothes
frais, *m.pl.* expenses
franc, *m.* franc
franchir, to pass over, to cross, to go through
franc-tireur, *m.* sniper
frapper to hit, to knock, to strike
fredonner to hum
freiner to curb, to freeze, to hold back
freluquet, *m.* puppy
frémir to quiver, to shudder, to tremble
frénétique frantic
frère, *m.* brother
fricot, *m.* stew
fripon, *m.* rascal
friser to curl
frisson, *m.* shudder
frit fried
froid cold; *m.* cold
froidement coldly
froideur, *f.* coolness, indifference
froisser to bend, to crumple
fromage, *m.* cheese

front, *m.* forehead
fuir to flee
fuite, *f.* flight, running away
fumée, *f.* smoke, mist
fumer to smoke, to fertilize
funeste fatal, melancholy, disastrous, distressing
fureur, *f.* rage
furieux furious
fusil, *m.* gun; **coup de –** gunshot
fusillade, *f.* discharge of musketry, fusillade
fusiller to shoot
futaille, *f.* cask, barrel

gabardine, *f.* gabardine
gagner to earn, to win, to reach
gai gay, merry
gaillard, *m.* jolly fellow, lively fellow
gaieté, *f.* good humor, cheerfulness
galant gallant
galère, *f.* galley
galerie, *f.* picture-gallery, gallery, corridor, passageway
galopin, *m.* scamp, rogue
gant, *m.* glove
garance, *f.* madder (plant)
garantir to guarantee, to shield
garçon, *m.* boy
garçonnet, *m.* young boy
garde, *f.* guard, watch; **monter la –** to mount watch, to be on guard duty
garder to keep, to protect, to save; **se – bien de** to take care not to
gardien guardian, *m.* guard

gargoulette, *f.* goblet, water jug
garnement, *m.* scamp
garni furnished, adorned
garrotté tied up
garrotter to bind securely
gâter to spoil
gauche left, awkward; *f.* left; **à –** to the left; **de –** on the left; to the left
gavotte, *f.* old French dance
gémir to lament, to moan, groan
gendre, *m.* son-in-law
gêner to get in one's way
Genèse, *f.* Genesis
génie, *m.* genius
genou, *m.* knee; **à –x** on one's knees, kneeling
gens, *pl.* people
gentil nice, amiable
gentiment gently
géographie, *f.* geography
germe, *m.* source
geste, *m.* gesture, movement
giberne, *f.* cartridge-box
gigantesque gigantic, huge
gilet, *m.* vest
girouette, *f.* weathervane
glace, *f.* mirror, looking-glass
glapissement, *m.* screaming
glisser to slip, to slide
gloire, *f.* glory
glorieux glorious
gobelet, *m.* goblet, tumbler
gondole, *f.* gondola
gonfler to swell
gorge, *f.* throat
gosier, *m.* throat, gullet
goujat, *m.* boy, lad
gourde, *f.* gourd, flask
goût, *m.* taste

goûter to taste
goutte, *f.* drop
gouverne, *f.* guidance, information
gouverner to govern
grâce, *f.* mercy, gracefulness, charm; **– à** thanks to
grade, *m.* rank
grand large, big, tall, high, great
grand-chose a lot, much
Grande, *f.* Grande Chartreuse, monastery where the liqueur "Chartreuse" is manufactured
grandi grown
grandiose grand
grandir to grow, to grow up
grand-livre, *m.* ledger
grange, *f.* barn
grappe, *f.* bunch, cluster
gras fat, thick, greasy
gratis for nothing
grave grave, serious
graver to engrave; **se –** to be engraved
gravir to climb
gré, *m.* **bon –, mal –** willing or not
grec Greek
grelot, *m.* little round bell
grès, *m.* sandstone
grêve, *f.* strike; **faire –** to strike
griffe, *f.* claw
griffonner to scribble, to scrawl
griller to grill, to broil
grimper to climb
gris gray
grisonnant greying
gros big, fat, large
grossier rude, rough, uncouth, common, coarse
groupe, *m.* group

guère, ne... – hardly
guerre, *f.* war
guerrier, *m.* warrior
guetter to lie in wait for, watch; **se –** to watch each other
gueule, *f.* jaw, mouth (of animal)
guidon, *m.* handle-bar
guillotiner to guillotine

habile able, skillful
habilement cleverly, artfully
habileté, *f.* skill
habillé dressed
habit, *m.* garment, apparel, uniform
habitant, *m.* inhabitant
habitation, *f.* habitation, dwelling
habiter to live in, to inhabit
habitude, *f.* habit; **avoir l'– de** to be accustomed to; **d'–** ordinarily
habituer, s'– to become accustomed
***hache,** *f.* ax
***haie,** *f.* hedge; **faire la –** to line up
***haillon,** *m.* rag, tatter
***haine,** *f.* hatred
***haleter** to pant
***hallebarde,** *f.* halberd
***halte,** *f.* halte; **faire –** to halt, to stop
***hanche,** *f.* hip
***hangar,** *m.* shed
***hanneton,** *m.* May fly
***hanter** to haunt
***hardi** fearless, brash, bold
***hardiesse,** *f.* boldness
harmonie, *f.* harmony; **table d'–** primitive organ, lute, soundboard

*harnaché rigged out
*hasard, *m.* chance, risk, luck; par – by chance
*hâte, *f.* haste
*hausser to shrug; se – to raise oneself; – les épaules to shrug one's shoulders
*haut high
*haut, *m.* top
*hautain haughty, proud
*hauteur, *f.* height
*hein! what! hey!
hélas alas
Hélène Helen
herbe, *f.* grass, herb
héritier, *m.* heir
*hérisser to bristle, to cause to stand on end
hermétiquement hermetically, air-tight
hésiter to hesitate
heure, *f.* hour, time; de bonne – early; tout à l'– a little while ago, in a little while
heureux happy, fortunate
*heurter to strike against
hier, *m.* yesterday
hirondelle, *f.* swallow
histoire, *f.* story, history
historiette, *f.* little story
historique historical
hiver, *m.* winter
*hocher to nod; – la tête to shake the head
*holà! hello there!
Homère Homer; un – a volume of Homer's works
homme, *m.* man
honneur, *m.* honor

*honte, *f.* shame; avoir – to be ashamed
*honteux ashamed
hôpital, *m.* hospital
*hoquet, *m.* hiccup
horizon, *m.* horizon
horreur, *f.* horror; faire – to horrify
*hors outside; – de combat disabled; – d'atteinte out of reach
hospitalité, *f.* hospitality
hostile hostile
hostilité, *f.* hostility
hôtel, *m.* mansion, house
huile, *f.* oil
huiler to oil
*huit eight; – jours a week
humain human
humeur, *f.* disposition, humor
humide damp, wet, humid
humilier to humiliate
humilité, *f.* humility
*hurlement, *m.* howl, howling, roaring
*hurler to roar, to scream, to howl
*hutte, *f.* hut
hypothèse, *f.* hypothesis

ibis, *m.* ibis (bird)
ici here; par – this way
idée, *f.* idea
il he, it; – y a there is, there are, ago; – y a... que it's been... since
île, *f.* island
illuminer to enlighten, to lighten
illusion, *f.* illusion

illustre illustrious
illustré, *m.* illustrated magazine
illustrissime, *m.* most illustrious person
image, *f.* image, picture
imaginer, s'– to fancy, to imagine
imbécile fool, simpleton
imitateur, *m.* imitator
immédiat immediate
immédiatement immediately
immobile motionless
immodéré immoderate, excessive
immonde impure, unclean
immortel immortal
impatienté impatient, made impatient
impérieux imperious
impitoyable pitiless, merciless
impliqué implied
imploration, *f.* supplication
implorer to implore, to supplicate, to entreat
importer to matter; n'importe no matter
impôt, *m.* tax
impressionner to impress, to move
impudeur, *f.* immodesty
impuissance, *f.* powerlessness
impuissant powerless
incliner, s'– to bow
inconnu unknown
inconvénient, *m.* inconvenience
incrédulité, *f.* unbelief
incroyable unbelievable
inculte uncultivated
indécis uncertain, wavering
indifférent (*adj.*) indifferent; *m.* casual witness
indigne unworthy

indigné indignant
indiquer to point out, to indicate
individuel individual
indulgence, *f.* leniency, indulgence
inégal unequal
ineptie, *f.* foolishness, absurdity
inexplicable unexplainable
infâme base, despicable
inférieur inferior
infini infinite
infirme crippled
informer, s'– to inquire
informulable incapable of being expressed definitely or according to formulas
infortuné (*adj.*) unfortunate; *m.* unfortunate person
infusé brewed
ingénieux clever
innocent innocent; *m.* innocent person
inquiet uneasy, anxious
inquiéter to disturb, to annoy; s'– to be worried, to be anxious
insecte, *m.* insect
insigne, *m.* badge, insignia
insignifiant insignificant
insister to insist
inspirer to inspire
installer to install; s'– to install oneself
instant, *m.* instant, moment
instinctif instinctive
instituteur, *m.* elementary school teacher
insulte, *f.* insult
intact intact, untouched
intellectuel intellectual

intention, *f.* benefit
interdit dumbfounded
intérêt, *m.* interest
intérieur, *m.* interior, inside
interminable endless
interposer to interpose
interrompre to interrupt; **s'**– to interrupt oneself
intervalle, *m.* interval
intimider, s'– to be intimidated to be frightened
intrigant, *m.* intriguer
inutile useless
inventaire, *m.* inventory
inventer to invent
inventeur, *m.* inventor
invention, *f.* trick, invention
inviter to invite
irrégulier irregular, desultory
irrésistiblement irresistibly
irrévérencieux irreverent, disrespectful
isolé isolated, separate
issue, *f.* escape
Italie, *f.* Italy
italien Italian

Jacobin, *m.* Jacobin friar; Dominican
jaillir to spurt out
jais, *m.* jet
jalousie, *f.* jealousy
jaloux jealous; *m.* jealous person
jamais ever, never; **ne**...– never; **à tout** – for ever and ever
jambe, *f.* leg
japper to yap
jaquette, *f.* jacket
jardin, *m.* garden
jardinier, *m.* gardener

jarre, *f.* jar
jatte, *f.* bowl, dog's bowl
jaune yellow
je I
jetée, *f.* jetty, pier
jeter to throw, to cast; **se** – to throw oneself; – **bas** to down
jeu, *m.* play, game, acting, work
jeune young
jeûne, *m.* fasting
jeunesse, *f.* youth
joie, *f.* joy
joindre to join
joli pretty, fine
jonché heaped, strewn
joue, *f.* cheek; **mettre en** – to aim
jouer to gamble
joueur, *m.* player
jouir de to enjoy
jouissance, *f.* enjoyment, pleasure
jour, *m.* day; **au** – **levant** at daybreak; **huit** –**s** a week
journaliste, *m.* journalist
journée, *f.* day
joyeusement joyfully
joyeux joyful
juge, *m.* judge
juger to judge; **se** – to judge oneself
jupe, *f.* skirt
juron, *m.* oath, curse
jusque until, as far as; **jusqu'à** up to, until, as far as, to the point of
juste exactly
justement exactly, precisely, at precisely a time
justice, *f.* justice, law
justifier to justify; **se** – to justify oneself

la   her, it, the

là   there; --dessus thereupon; --bas over there; --haut up there; par --dessus over and above that

laboratoire, *m.*   laboratory

laboureur, *m.*   ploughman

lâche   cowardly, loosely; *m.* coward

lâcher   to loose, to let go, to pull, to release

là-dedans   therein, in there

lai   lay, laic; frère – lay brother

laid   ugly

laine, *f.*   wool

laisser   to leave, to let, to permit; – tomber to drop, to let fall; se – to let oneself

lait, *m.*   milk

laitier   for milking

lame, *f.*   blade, slat (of shutters)

lamentable   mournful, sad

lampe, *f.*   lamp

lancer   to turn on, to hurl, to throw

langoureux   languid

langue, *f.*   tongue

languir, se –   to pine away

lapidaire, *m.*   lapidary, gem cutter or dealer

lapin, *m.*   rabbit

larcin, *m.*   theft

large   broad, wide

largement   fully

larme, *f.*   tear

larmoyant   pathetic, tearful, whining

las   tired

lasser   to tire; se – to tire, to become tired

latin   Latin

Latinus   Latinus, legendary king of the people of Latium and father of Lavinia

lavande, *f.*   lavender

laver   to wash

le   him, it, the

lécher, se –   to lick

lecture, *f.*   reading

légendaire, *m.*   collection of legends

léger   light, slight

légèrement   lightly, slightly

légitime   lawful, rightful

légume, *m.*   vegetable

lendemain, *m.*   next day

lent   slow

lentement   slowly

lequel   whom

les   the, them

lettre, *f.*   letter

leur   their, to them; le –, la –, les –s theirs

levant, au jour –   at daybreak

levée, *f.*   rising

lever   to raise; se – to get up, to rise

lèvre, *f.*   lip

liane, *f.*   climbing vine

libérer   to liberate

liberté, *f.*   liberty, freedom

libre   free

librement   freely

lice, *f.*   warp

lien, *m.*   bond

lier   to bind

lieu, *m.*   place; au – de instead of; avoir – to take place, to happen, to have occasion

lieue, *f.*   league (about three miles)

lièvre, *m.* hare
linge, *m.* laundry
liqueur, *f.* liquid, liqueur, cordial
liquide watery; *m.* liquid
lire to read; **se –** to be read
lisible legible
lit, *m.* bed
litanie, *f.* litany
litière, *f.* litter
littoral, *m.* coast
livre, *m.* book
livrer, se – to take part in
loger to lodge, to put up
logique logical
logis, *m.* house
loi, *f.* law
loin far; **de –** from a distance; **– de** away from
lointain distant
long long; **le – de** along; **à la longue** in the long run
longtemps long, a long time
longuement a long time
lorgner to look at, to squint at
lors at the time; **pour –** then, at that point; **– de** at the time of
lorsque when
louer praise
lourd heavy
lourdement heavily
lueur, *f.* glimmer, gleam, light
lui him, himself, to him, to her, he, on him, on her; **– -même** himself, itself
luire to shine
luisant shining, gleaming
lumière, *f.* light
lumineux luminous, bright
lune, *f.* moon
luron, *m.* good fellow

luthier, *m.* lute-maker
lutte, *f.* struggle, fight
lutter to struggle
lyrique lyric

maçonner to wall up
magnanime high-minded
magnifiquement magnificently
maigre thin, slender
main, *f.* hand; **– d'œuvre** labor, man power
maintenant now
mais but
maison, *f.* house, home; **– de ville** town hall, city hall
maître, *m.* master
maître-autel, *m.* main altar
maîtresse, *f.* mistress
maîtrise, *f.* mastery; singing school for choir boys; choir
maîtriser to master, to control, to dominate
mal badly, ill; **bon gré, – gré** willing or unwilling
mal, *m.* evil, harm, wrong; **faire – à** to hurt
malade *m.* or *f.* sick person
maladresse, *f.* clumsiness, lack of skill
maladroit clumsy, awkward
malaise, *m.* discomfort, uneasiness
malédiction, *f.* damnation
malgré in spite of
malhabile awkward, clumsy
malheur, *m.* misfortune
malheureusement unfortunately
malheureux (*adj.*) contemptible, unfortunate, unhappy, miserable; *m.* miserable person, unfortunate person

malice, *f.* prank
malignement maliciously
malin clever, cunning; *m.* clever fellow
manche, *f.* sleeve
mangeaille, *f.* food, victuals
mangeoire, *f.* manger, crib
manger to eat
manière, *f.* manner, way; de - à so as; de - que so that
manivelle, *f.* crank
manœuvrer to manœuver
manquer to lack, to fail, to miss
manteau, *m.* cloak, cape
manuel manual
manufacture, *f.* factory
manuscrit, *m.* manuscript
maquis, *m.* jungle, thicket
maraudeur, *m.* plunderer
marbre, *m.* marble
marchand, *m.* merchant
marche, *f.* march, walking, step
marché, *m.* market
marcher to walk, to go along
marge, *f.* margin
marguillier, *m.* church warden
mari, *m.* husband
mariage, *m.* marriage, wedding
marié married
marier, se - to get married
marine, *f.* navy
marjolaine, *f.* sweet marjoram
marle, *f.* marl (soil deposit used as a fertilizer)
marner to marl, to fertilize with marl
marnière, *f.* marlpit
marquer to mark, to note
marri grieved
marteau, *m.* hammer

mas, *m.* farm, country house; piquer du - to give "the farm house treatment"
massacrer to massacre, to butcher
masse, *f.* mass
mat dull
matelas, *m.* mattress
matière, *f.* matter, subject, material
matin, *m.* morning
matines, *f.pl.* morning prayers
maudit cursed, wretched
mauvais bad
maxime, *f.* maxim
me me, to me
mécanique mechanical
méchant wicked, ill-natured, bad
mécontenter to displease, to dissatisfy
médaille, *f.* medal
méditer to meditate
méfier, se - to beware, to be on one's guard
meilleur better; le - the best
mélanger to mix
mêlée, *f.* scramble
mêler to mix; se - to get mixed in
membre, *m.* limb
même same, even; à - out of, in; quand - anyway; en - temps at the same time
mémoire, *f.* memory
menace, *f.* threat
menacer to threaten
ménage, *m.* household, married couple
ménagère, *f.* housewife
mendiant, *m.* beggar
mener to lead, to take, to bring

mentir to lie

menu (*adj.*) slender, small, trifling, insignificant; *m.* menu

mépris, *m.* contempt, scorn

mépriser to scorn, to despise

mer, *f.* sea

mère, *f.* mother

méridional southern

mérite, *m.* merit

mériter to merit, to deserve

merle, *m.* blackbird

merveilleux marvelous

messe, *f.* mass

Messiah, *m.* Messiah

messieurs, *m.pl.* gentlemen

mesure, *f.* à – **que** as, according to, in proportion as

méthode, *f.* method, system

métier, *m.* trade, loom

mètre, *m.* meter

mettre to put, to set, to place; – **bas** to put down; **se** – to place oneself; **se** – **à** to begin to; **se** – **en colère** to become angry; – **en joue** to aim

meubler to furnish, to fill

microscopique microscopic

midi, *m.* noon

Midi, *m.* South of France

mien, mienne mine

mieux better; **le** – best; **tant** – so much the better

mi-hauteur halfway up

milieu, *m.* middle, center; **au** – **de** in the midst of; **au beau** – right in the middle

militaire military; *m.* soldier

mille thousand

millier, *m.* a thousand

mince thin, slender

mine, *f.* look, appearance, facial expression, greeting, mine; **faire des** –**s**, to simper; **faire** – **de** to pretend

minuit, *m.* midnight

minutieux minute, meticulous

mirer, se – to look at oneself

miroir, *m.* mirror

mis dressed

misérable wretched, miserable; *m.* miserable person

misère, *f.* poverty, distress

miséricorde, *f.* mercy

mitre, *f.* miter

moi I, me, as for me

moindre, least

moine, *m.* monk, friar

moinette, *f.* little nun

moinillon, *m.* novice

moins less; **du** – at least; **de** – **en** –, fewer and fewer, less and less

mois, *m.* month

Moïse Moses

mollement softly

moment, *m.* moment; **en ce** – at this moment

mon my

monastère, *m.* monastery

monde, *m.* world, society; **tout le** – everybody

monnaie, *f.* money, change; **fausse** – counterfeit coin

monseigneur, *m.* monsignor, my lord

monsieur, *m.* sir

monstre, *m.* monster

mont, *m.* hill, mountain

montagnard, *m.* mountaineer

monté equipped

montée, *f.* rising, increase

monter to go up, to climb up, to mount; **ça se monte encore** it's well enough to go up

montre, *f.* watch

montrer to show, to exhibit; **se –** to show oneself, to show to one another

monument, *m.* monument

moquer, se – de to make fun of

moral, *m.* morale

morceau, *m.* piece, morsel

mordre to bite

morne gloomy, mournful, dull

morsure, *f.* bite

mort dead

mort, *f.* death

mort, *m.* dead man

morte, *f.* dead woman

mortel mortal, extreme

mortifier to mortify

mot, *m.* word

moteur, *m.* motor

mou, mol, molle soft

moucheté spotted, speckled

mouflon, *m.* wild Corsican sheep

mouiller to wet, to moisten

moulin, *m.* mill

mourir to die

mousser to froth, to foam

moustache, *f.* mustache

moutarde, *f.* mustard

moutardier, *m.* mustard maker

mouvement, *m.* movement

mouvoir, se – to move, to stir

moyen, *m.* means, way

muet silent; *m.* dumb man, silent man

mule, *f.* mule

multiplier to multiply

munition, *f.* ammunition; *pl.* provisions, munitions

mur, *m.* wall; **tirer au –** to practice kicking against the wall; **– d'appui** breast-high wall

murmure, *m.* murmur

musette, *f.* musette bag, bag carried by shoulder strap

musique, *f.* music; **faire de la –** to play music

mystérieux mysterious

nage, *f.* swimming

nager to swim, to float

naïf, naïve simple

naissance, *f.* birth

naïvement naively

naître to be born

Napolitain Neapolitan, of Naples

narine, *f.* nostril

naufrage, *m.* shipwreck, wrecking

navette, *f.* shuttle

naviguer to navigate, to sail

navire, *m.* vessel, ship

ne –... aucun not any; **–... guère** hardly; **–... jamais** never; **–... pas, –... personne** no one; **–... point** not at all; **–... que** only; **–... rien** nothing; **–... plus** no longer

nécessaire necessary

nécessité, *f.* necessity

nécromant, *m.* sorcerer, magician, necromancer

nef, *f.* nave

négligence, *f.* negligence, carelessness

négliger to neglect

neige, *f.* snow

net clear
net point-blank, short
nettement clearly, cleanly
nettoyer to clean
neuf, neuve new
neveu, *m.* nephew
nez, *m.* nose
ni neither; –... –... neither...
nor...
niais simple, silly, foolish
niche, *f.* niche
noble, *m.* nobleman
noblement nobly, honorably
nocturne nocturnal
nœud, *m.* knot, bow
noir black, dark
noircir to blacken
noisette, *f.* hazelnut
nom, *m.* name
nomade, *m.* nomad
nombreux numerous
nommer to call, to name; se – to
be called, to be named
non no, not; – plus neither
nonobstant notwithstanding
nord-ouest, *m.* northwest
Normandie, *f.* Normandy, region
in northern France along the
English Channel
nos our
note, *f.* note, bill, tune
notre our
nourrir to feed
nourriture, *f.* food
nous we, us
nouveau, nouvelle new; de –
again; à – again
nouvelle, *f.* news; les –s news
nouvellement newly
novice, *m.* novice

noyau, *m.* pit (of fruit)
nu naked, bare; pieds –s bare-
footed
nuit, *f.* night; de – at night;
à la – tombante at nightfall
nullement not at all

obéir to obey
objet, *m.* object
obliger to oblige
oblique oblique, slanting
obscur obscure, dark
obscurcir to darken
obscurité, *f.* darkness, obscurity
observation, *f.* observation, re-
mark
obstination, *f.* stubbornness
obstinément obstinately
obstrué obstructed
occupé busy
occuper to occupy; s'– to busy
oneself, to take care
odeur, *f.* scent, odor, smell
odorant, fragrant
œil, *m.* (yeux, *pl.*) eye; coup
d'– glance
œsophage, *m.* esophagus
œuvre, *f.* work; main d'– labor,
man power
offensif offensive
office, *m.* prayer service
officiant, *m.* officiating clergyman
officier, *m.* officer
offrande, *f.* offering
offrir to offer
oignon, *m.* onion
oiseau, *m.* bird
ombrage, *m.* shade, distrust;
prendre – to take offense

ombre, *f.* shadow

omelette, *f.* omelet

on one, they

oncle, *m.* uncle

ondule, corrugated

onze eleven

or now, then; – ça well now

or, *m.* gold

orage, *m.* storm

oraison, *f.* prayer

oranger, *m.* orange tree

oratoire, *m.* oratory, chapel

ordinaire ordinary, usual; d'– usually, ordinarily

ordre, *m.* order, command

oreille, *f.* ear; tendre l'– to listen intently

orgue, *m.* organ (musical)

orgueil, *m.* pride

orifice, *m.* opening, hole

orner to adorn

ornière, *f.* rut

osciller to swing, to oscillate

oser to dare

osseux bony

ostensiblement openly

ôter to remove, to take off

ou or

où where, when

oublier to forget

ouest, *m.* west

ourdisseuse, *f.* warper, weaver

ours, *m.* bear

outil, *m.* tool

outre beyond; en – besides

ouvert open

ouverture, *f.* opening

ouvrage, *m.* work

ouvragé finely detailed

ouvrier workman

ouvrir to open; s'– to open, to open for oneself

pacifique peace loving

pacifiquement peacefully

pagne, *m.* loin cloth

paille, *f.* straw

paillette, *f.* spangle

pain, *m.* bread

paître to graze

paix, *f.* peace

palais, *m.* palace

pâlir to turn pale

palme, *f.* palm

pâmer, se – to swoon

panache, *m.* plume

panier, *m.* basket

panique, *f.* panic

panser to dress

pantalon, *m.* trousers

paon, *m.* peacock

papa, *m.* papa, daddy

pape, *m.* pope

papier, *m.* paper

Pâques, *m.* Easter

paquet, *m.* package, bundle

par by, on, through, along; – -ci, – -là here and there; – delà beyond, on the other side of; – la-dessus over and above that

paradis, *m.* paradise

paraître to appear, to seem

paralyser to paralyze

parc, *m.* park

parce que because

parcimonieux stingy, parsimonious

par-dessus above

pardonner to forgive, to pardon

pareil similar, such

parent, *m.* relative, parent

parenté, *f.* relationship

parfaitement perfectly

parfois sometimes

parfum, *m.* perfume, flavor

parfumé perfumed, scented

parler to speak; **entendre** – to hear of

parmi among

paroissien, *m.* parishioner

parole, *f.* word

part, *f.* part; **de la** – **de** on behalf of; **à** – aside

partager to share

parti, *m.* party; **prendre** – to come to a decision

particulier, *m.* person, individual, fellow

particulièrement particularly

partie, *f.* part, party

partir to leave, to set out to come; **à** – **de** beginning from

partout everywhere

parvenir to arrive, to reach, to succeed in

pas not; **ne...** – not; – **un** not one

pas, *m.* step, pace; **à** – **comptes,** slowly

passage, *m.* passing, passage; **au** – while passing

passant, *m.* passerby

passé (*adj.*) past, last, spent; *m.* past

passementer to decorate

passer to pass, to put on; **se** – to happen, to pass, to go by

passerelle, *f.* bridge

passionner to excite

pastèque, *f.* watermelon

pâtée, *f.* hash, mess, food for a dog

patenôtre, *f.* prayer

pater, *m.* paternoster, the Lord's prayer

patrie, *f.* native country, country

patron, *m.* owner, employer, boss

patte, *f.* leg, paw; **à quatre** –**s** on all fours

pâture, *f.* food, pasturage, pasture

pâturer to graze

paupière, *f.* eyelid

pauvre poor; *m.* poor man

pauvreté, *f.* sorry thing

pavé, *m.* pavement, street, paving-stone

payer to pay

pays, *m.* country

paysan, *m.* peasant

paysanne, *f.* peasant woman

peau, *f.* skin

pécaïre! alas! (expression used in Provence, a region in southern part of France)

peccadille, *f.* slight fault

péché, *m.* sin

pédale, *f.* pedal

peine, *f.* trouble, difficulty; **à** – scarcely; **avoir** – **à** to have difficulty in; **valoir la** – to be worth the trouble; **être en** – to be troubled; **faire** – to distress

peiner to labor

peintre, *m.* painter

pèlerinage, *m.* pilgrimage

pelle, *f.* shovel

pencher to lean, to bend; **se** – to lean, to stoop

pendant during, for; – **que** while
pendre to hang, to suspend
pénétrer to penetrate, to enter
pénible painful
pensée, *f.* thought
penser to think, to imagine
percer to penetrate, to pierce
perdre to lose
père, *m.* father
période, *f.* period
perle, *f.* pearl
permettre to permit; **se** – to allow oneself
perpendiculaire perpendicular
perplexité, *f.* perplexity
perron, *m.* stairs and landing before a house
personne nobody, anybody; **ne...** – nobody
personne, *f.* person
pesamment ponderously, heavily
pèse-liqueur, *m.* alcoholometer
peser to weigh
pétard, *m.* firecracker
pétiller to sparkle
petit little; *m.* little one
petite, *f.* little girl
petitesse, *f.* narrowness, smallness
peu little; – **de** few; – **à** – little by little; **à** – **près** almost, about; – **de chose** very little
peuple, *m.* people
peur, *f.* fear; **avoir** – to be afraid
peut-être perhaps
philosophe, *m.* philosopher
picholine, *f.* **à la** – pickled olive
pièce, *f.* room, piece, play, coin
pied, *m.* foot; –**s nus** barefoot; **coup de** – kick; **à** –**s joints** with feet together

pierre, *f.* stone
pieux pious
pigeonnier, *m.* pigeon house
pile, *f.* heap, pile
pillard, *m.* plundering, looting
pioche, *f.* pickaxe
piquer to peck; – **du mas** to give "the farm house treatment"
piquet, *m.* picket; – **de grève** picketer
pis worse; **tant** – too bad
pitance, *f.* allowance of food
pitié, *f.* pity
pittoresque picturesque
placard, *m.* cupboard
place, *f.* square, place, job, position
placer to place
plafond, *m.* ceiling
plage, *f.* beach
plaider to plead
plaindre to pity; **se** – to complain
plaine, *f.* plain
plainte, *f.* wailing, groan
plaintif plaintive, doleful
plaire to please; **se** – **à** to delight in
plaisanter to joke
plaisanterie, *f.* joke
plaisir, *m.* pleasure
planche, *f.* board
plancher, *m.* floor
plante, *f.* plant
planter to stand, to plant, to set
plat flat
plat, *m.* dish, flat side (of sword)
plate-bande, *f.* flower bed, border
plate-forme, *f.* platform
Platon Plato, Greek philosopher (427–347 B.C.)

plein full; **au – milieu de** in the middle of; **en –** fully, entirely

plénier plenary, full

pleur, *m.* tear, lament

pleurer to cry, to weep

pleuvoir to rain; **– à verse** to pour rain

plisser to squint, to pleat

plomb, *m.* lead, lead (lining)

pluie, *f.* rain

plume, *f.* feather

plupart, la – the most

plus more; **de –** besides; **non –** neither; **ne... –** no longer; **– de** more, no more; **de – en –** more and more; **– que** more than

plusieurs several

plutôt rather

poche, *f.* pocket, bag

poème, *m.* poem

poète, *m.* poet

poids, *m.* weight

poignard, *m.* dagger

poignée, *f.* handful

poil, *m.* hair

poilu hairy

poing, *m.* fist, hand

point, ne... – not at all; **ne... – du tout** not at all

point, *m.* point; **au – de vue** from the point of view

pointe, *f.* tip, point, top

pointu pointed

poitrine, *f.* chest

polaire polar

poliment politely

pompon, *m.* pompon, ornamental ball

pont, *m.* bridge

pontife, *m.* pontiff

port, *m.* port, harbor

portail, *m.* portal

porte, *f.* door

porte-bannière, *m.* standard-bearer

porter to carry, to wear, to bring, to bear; **se –** to be (of health)

Porte-Vecchio port in the southeastern part of the island of Corsica

poser to set, to put; **se –** to place oneself

posséder to possess, to own, to have

possesseur, *m.* possessor

poste, *m.* post, position; *f.* post office

poster, se – to be stationed, to station oneself

posture, *f.* posture, position

potager, *m.* garden

pouce, *m.* thumb

poudre, *f.* powder

poulet, *m.* chicken

poupée, *f.* doll

pour in order to, to, for; **– que** in order that; **– lors** at that point; **le – et le contre** the pros and the cons

pourquoi why

pourriture, *f.* rottenness

poursuivre to pursue, to continue

pourtant however, still, yet

pousser to push, to urge, to utter, to grow

poussière, *f.* dust

poussiéreux dusty

pouvoir to be able, may, can; **rien ne pouvait** nothing was of any use; **n'en – plus** to be worn out; **il se peut** it is possible; **il peut y avoir** there can be

pouvoir, *m.* power

pratique practical

préau, *m.* courtyard, covered area

précéder to precede

précieux precious

précipiter to hurl, to throw; **se –** to rush forward, to rush

précis precise, exact

prélasser, se – to stalk along

premier first; *m.* first

Premontré, *m.* member of a religious order established by Saint Norbert in 1120

prendre to take, to seize, to drink; **– garde** to take care; **– congé** to take leave

préparer to prepare; **se –** to prepare oneself

près near, nearly; **de –** closely, near to; **à peu –** almost, about

presbytère, *m.* parsonage

présent, *m.* present, gift

présenter to present

préserver to preserve

presque almost

pressé urgent

presser to press, to force; **se –** to hurry, to crowd, to press upon

prestance, *f.* commanding appearance

prestement quickly

prêt ready

prétendre to claim, to assert

prétentieux pretentious

prétention, *f.* wish

prêter to lend

preuve, *f.* proof; **à –** as proof

prévenance, *f.* kindness

prévenir to warn, to inform, to prevent

prier to request, to implore, to pray

prière, *f.* prayer

prieur, *m.* prior

principalement principally

principe, *m.* principle; **dans le –** basically

printemps, *m.* spring

prise, *f.* capture

prison, *f.* prison

prisonnier, *m.* prisoner

prisonnière, *f.* prisoner

priver to deprive, to rob

privilège, *m.* privilege

privilégié privileged; *m.* privileged person

prix, *m.* price

prochain next

proche near, approaching

proclamer to proclaim

procurer to secure, to provide, to get

prodigalité, *f.* prodigality, lavishness

prodigieux prodigious

produire to produce

produit, *m.* product

profit, *m.* benefit; **faire son –** to profit by

profond deep, profound

profondeur, *f.* depth

projet, *m.* plan

prolonger to prolong, to extend along; **se –** to extend, to be, to be prolonged

promener, se to take a walk, to walk about

promesse, *f.* promise

promettre to promise

prononcer to pronounce

propogateur, *m.* spreader, disburser

propos, *m.* words; **à –** by the way, opportunely; **mal à –** inappropriately

proposer to propose

propre own

proprement properly, correctly

propriété, *f.* property

proscrit, *m.* outlaw

prosterné prostrate

provençal language of Provence; *m.* a person from Provence; **à la provençale** in the Provence manner

Provence region in southeastern France

proverbe, *m.* proverb

Prussien, *m.* Prussian

psaume, *m.* psalm

pudeur, *f.* modesty

puis then

puisatier, *m.* shaft-sinker

puisque since

puits, *m.* well, pit

pulpe, *f.* pulp

punir to punish

pygmée, *m.* pygmy

qualité, *f.* quality; **en – de** in the capacity of, as

quand when; **– même** anyway

quant à as for

quarante forty

quart, *m.* quarter; **– d'heure** quarter of an hour

quartier, *m.* district, quarter

quatorze fourteen

quatre four

quatre-vingts eighty

quatrième fourth

que whom, what, that, may, let, as, than, how; **qu'est-ce –** what; **ne...–** only; **– de** how many

quel, quelle what, what a

quelque some; **– peu** somewhat, slightly

quelque chose something

quelquefois sometimes

quelque part somewhere

quelqu'un someone

quête, *f.* collection

quêter to beg for alms

queue, *f.* tail

qui who, whom, that, whoever, which; **ce –** what; **qu'est-ce –** what

quiconque whosoever, whoever

quin (a Norman pronunciation of *chien*)

quinzaine, *f.* about fifteen; two weeks

quinze fifteen

quitter to leave; **se –** to leave one another

quoi what, which; **avoir de –** to have the means; **de –** enough; **– que,** whatever

quoique although

quotidien daily, regular

raboter to plane

racine, *f.* root; line

raconter to relate, to tell

radieux radiant

rafia, *m.* raffia, fiber of a palm leaf

raffoler de to be very fond of

rafraîchir to cool

rage, *f.* rage

raide stiff

rail, *m.* rail

raison, *f.* reason; **avoir –** to be right

raisonnable reasonable

raisonner to think out

rallumer to turn the light on again

ramener to bring back

rampe, *f.* hand-rail

rancune, *f.* rancor, grudge

rancunier rancorous, spiteful

rang, *m.* rank

ranger to arrange to park; **se –** to step aside, to pull over to the side

Raphaël Italian painter (1483–1520)

rapide rapid, steep

rapidement rapidly

rapiécé patched

rappeler to remind, to recall; **se –** to remember

rapport, *m.* report

rapprocher to approach; **se –** to draw near

raser, se – to shave

rassasier to satisfy

rassembler to gather

rasseoir to sit down again

rassurer to reassure, to comfort

ratatiné shrivelled, wrinkled

raturer to erase

ravin, *m.* ravine

ravissant delightful

rayon, *m.* beam, shelf

rayonner to beam

realité, *f.* reality

rebattre to repeat

rebuter to refuse, to reject

recenser to examine, to count over

recette, *f.* recipe

recevoir to receive

rechange, *m.* refill, spare

réchapper to escape

réchaud, *m.* small stove

réchauffer to warm up again

recherche, *f.* search

réciter to recite

réclamer to call for, to claim

récolte, *f.* crop, harvest

recommencer to begin again

récompenser to reward

reconduire to take back

reconnaissance, *f.* reconnoitering, reconnoitering party

reconnaître to recognize, to acknowledge

recoucher, se – to lie back down

recouvrir to cover up

recueil, *m.* collection, selection

recueilli collected, gathered, taken in

recueillir to gather

reculer to draw back

reculons, à – backwards

récupération, *f.* recovery, recuperation

redevenir to become again

redonner to revive, to give back

redoubler to do again, to increase

redoutable dangerous, formidable, terrible

redouter to fear

redresser, se – to straighten up

refermer to close again; **se –** to close again

réfléchir to reflect

reflet, *m.* reflection

réformer to form again

refrapper to knock again

refroidir to cool

refus, *m.* refusal

refuser to refuse

regagner to go back to

regard, *m.* look, glance, eye; **jeter un –** to cast a glance

regarder to regard, to consider, to look at, to concern; **se –** to look at one another; **– à sa montre** to look at the time (by one's watch)

régler to regulate, to settle

regretter to miss, to regret

régulièrement regularly

reine, *f.* queen

reins, *m.pl.* back; **coup de –** moving the back

rejeter to reject, to throw back

rejoindre to rejoin, to reach

réjouir to cheer, to gladden, to delight

relever to raise, to lift up again; **se –** to rise, to get up

relier to bind

reluire to glitter

remarquable remarkable

remarquer to observe, to notice

rembruni dark, gloomy

remercier to thank

remettre to hand over, to deliver, to give; **se –** to recover, to deliver oneself, to start again, to begin again

remise, *f.* shed

remords, *m.* remorse

rempart, *m.* rampart

remplacer to replace

remplir to fill

remuer to stir, to wag, to move

renaître to be born again

renard, *m.* fox

rencontre, *f.* meeting; **faire la –** to meet

rencontrer to meet

rendez-vous, *m.* appointment, meeting, date

rendre to give back, to make, to return; **se –** to go, to surrender; **se – compte** to realize

renflé inflated, bulging

renoncer to renounce, to give up

renouveler to renew

renseigner to inform

rentrer to return, to return home

renverser to knock down, to upset; **se –** to lean back, to fall over

renvoyer to push back, to send away

répandre, se – to spread

reparaître to reappear, to come back

réparer to repair

repartir to reply quickly; to leave again, to be off again

répartition, *f.* division, distribution

repasser to iron

repentir, se – to repent

répéter to repeat

répétition, *f.* repetition

repiquer to transplant, to stick

replier, se – to fall back

répliquer to reply
replonger to plunge back, to dive back
répondre to answer, to assure
répons, *m.* response (in church)
réponse, *f.* answer
repos, *m.* rest
reposer to rest, to relax; **se** – to rest
repousser to repulse, to drive, to push away
reprendre to resume, to reply, to continue, to catch again, to regain, to take back again, to take back
représenter to represent
reprise, *f.* resumption
repriser to mend
reproche, *m.* reproach
républicain republican
réserver to reserve
résigné resigned
résigner, se – to resign oneself
résistance, *f.* opposition, resistance
résolu resolved
résonner to resound
résoudre to solve; **se** – to determine, to make up one's mind
respecter to respect
respectueusement respectfully
respirer to breathe, to inhale
ressembler to resemble; **se** – to look alike, to be like
ressentir to experience, to feel
resserrer to confine, to tighten
ressortir to go out again
reste, *m.* rest, remainder; **du** – moreover; **au** – besides; **– -s** remains

rester to remain
restituer to reconstruct
retard, en – late
retenir to detain, to keep, to hold back
retentir to resound, to ring
retirer to withdraw; **se** – to withdraw
retour, *m.* return; **au** – on one's return
retourner to return; **se** – to turn around; **s'en** – to go back
retraite, *f.* retreat, retirement, hiding place; **battre en** – to retreat
retrouver to find again
réunion, *f.* meeting
réunir to bring together
réussir to succeed
rêve, *m.* dream
réveiller to awaken; **se** – to wake up
révélateur revealing, tell-tale
révéler to reveal, to disclose
revenir to return, to come back
revenu returned
rêver to dream
révérence, *f.* bow
revers, *m.* top
rêverie, *f.* dream, revery
revêtu covered
revoir to see again
révolter to disgust
revue, *f.* review
rez-de-chaussée, *m.* ground floor
rhabiller, se – to put on one's clothes again
Rhône, *m.* river that flows from the Alps through the southeast

of France, emptying into the Mediterranean near Marseilles

ricaner to sneer

riche rich

richesse, *f.* wealth

ridé wrinkled

rideau, *m.* curtain

ridicule ridiculous

rien nothing; **ne...** – nothing; **en** – in any way

rigole, *f.* channel, small ditch

rire to laugh; **se** – to make sport, to poke fun; **éclater de** – to burst out laughing

rire, *m.* laughter

risette, *f.* smile, pleasant little laugh

river to rivet

rivière, *f.* river

robe, *f.* gown, robe

robuste strong, robust

roc, *m.* rock

rocher, *m.* rock

rôder to prowl, to wander about

roi, *m.* king

rompre to break

ronce, *f.* thorn

rond round

ronfler to snore, to hum, to sound

roquet, *m.* cur, mongrel

rosace, *f.* rose window

rose pink, rosy

rosée, *f.* dew

roue, *f.* wheel

rouge red

rougir to blush

rouillé rusty

rouler to roll, to roll along

route, *f.* way, road; **se mettre en** – to set out on the way

ruade, *f.* kick

ruban, *m.* ribbon

rubis, *m.* ruby

ruche, *m.* beehive

rude rough

rue, *f.* street

rugir to roar

ruine, *f.* ruin

ruiner to ruin

ruisseau, *m.* stream, gutter

rusticité, *f.* rustic manner

rustique, *m.* rustic style

sabot, *m.* hoof; **coup de** – kick; – **de derrière** hind hoofs

sabre, *m.* saber

sac, *m.* sack, bag

sacrifier to sacrifice

sacristain, *m.* sexton

safran saffron-colored

sainfoin, *m.* timothy grass

saint (*adj.*) holy; *m.* saint

Sainteté, *f.*, **Sa** – His Holiness

Saint-Père, *m.* Holy Father

saisir to take hold of, to seize; **se** – **de** to seize, to catch hold

saisissement, *m.* shock

salaire, *m.* wages, salary

salle, *f.* large assembly room, hall, room; – **à manger** dining room

saluer to greet, to salute, to bow

samedi Saturday

sang, *m.* blood; **avoir le** – **chaud** to be hot-blooded

sang-froid, *m.* composure, coolness

sanglant bloody

sanglot, *m.* sob

sangloter to sob

sanguinaire bloodthirsty

sans without; – **que** without

santé, *f.* health

saoul drunk

sarment, *m.* vine-branch, vine-shoot

satisfaire to satisfy

saucisson, *m.* salami

sauf except, save, safe

saut, *m.* leap

sauter to jump; – **au cou** to embrace

sautillant hopping, skipping

sauvage (*adj.*) wild; *m.* savage

sauver to save; **se –** to run away

sauvetage, *m.* rescue

savant, *m.* scholar, scientist

savoir to know, to know how; really! *m.* knowledge, learning

savon, *m.* soap

savonner, se – to lather oneself with soap

scandale, *m.* scandal

scandaleux scandalous

scandaliser to shock, to scandalize

scène, *f.* scene

sceptique, *m.* skeptic

scie, *f.* saw

scientifique scientific

sciure, *f.* sawdust

scruter to scrutinize

sculpteur, *m.* sculptor

se (to) himself, (to) herself, (to) itself, (to) each other, (to) oneself, (to) themselves

séance, *f.* session; – **tenante** without delay, then and there

sec, sèche dry, thin, dried up; **tout –** quite sharply

sécher to dry

seconde, *f.* second

secouer to shake

seigneur, *m.* lord, nobleman

selle, *f.* seat (of bicycle)

selon according to

semaine, *f.* week

sembler to seem, to appear

semer to sow

sénateur, *m.* senator

sens, *m.* sense, direction; **bon –** common sense

sensible sensitive

sentier, *m.* path

sentiment, *m.* feeling, sentiment

sentir to feel, to smell of; **se –** to feel, to feel oneself

séparer to separate

sept seven

série, *f.* series

sérieusement seriously

sermon, *m.* sermon

serpentin, *m.* coil

serré closed tightly

serrer to squeeze, to grit (teeth)

servante, *f.* servant

serviable obliging, helpful

service, *m.* service

serviette, *f.* towel

servir to serve; **se – de** to make use of, to use; **– de** to serve as

seuil, *m.* threshold

seul only, single; **un –** a single one

seulement only

seulette all alone

si if, so, such

sien, sienne his, hers; **les –s** his family

sifflement, *m.* whistling

signal, *m.* signal

signer, se – to cross oneself

signet, *m.* bookmark

silencieux silent

simple, *m.* medicinal plant

simplement simply

simplicité, *f.* simplicity

simuler to simulate, to feign

singulier strange

sire, *m.* sire, sir

sitôt as soon as

sixième sixth

soi self, itself, himself

soie, *f.* silk

soigneusement carefully

soigneux careful

soin, *m.* care

soir, *m.* evening

soirée, *f.* evening, evening party

soixante sixty

sol, *m.* ground, soil; copper coin

soldat, *m.* soldier

soleil, *m.* sun; **au –** in the sun

somme, *f.* **en –** in short; *m.* nap

sommeil, *m.* sleep

son, sa, ses his, her, its, one's

sonder to test

songer to think

sonner to ring, to sound

sonnerie, *f.* bell

sonnet, *m.* sonnet

sonore resonant

sorcier, *m.* sorcerer

sorte, *f.* sort, kind; **de – que** so that

sortie, *f.* leaving; **à la –** at the close

sortilège, *m.* spell

sortir to leave, to go out, to emerge, to stand out, to stick out

sot, *m.* fool

sottise, *f.* silliness

sou cent

souche, *f.* vine stump

soucier, se – to worry, to care

soudain suddenly

soudainement suddenly

soudoyer to bribe

souffle, *m.* wind, breathing

souffler to blow, to breathe

souffrance, *f.* suffering

souffrant ill

souffrir to suffer

soulagement, *m.* relief

soulever to raise, to lift; **se –** to rise

soulier, *m.* shoe

soumettre to submit

soupçon, *m.* suspicion

soupçonner to suspect

soupe, *f.* soup

soupière, *f.* covered soup dish

soupir, *m.* sigh

sourd muffled, deaf, dull

sourire to smile; *m.* smile

sous under, underneath

sous-préfet, *m.* administrative head of a sub-prefecture, division of a *département*, local administrative headquarters

souvenir, *m.* memory

souvent often
souverain (*adj.*) extreme; *m.* sovereign (monarch)
spécifier to specify
spéculateur, *m.* speculator
sport, *m.* sports
sportif pertaining to sports
stalle, *f.* stall, cubicle
statue, *f.* statue
strié streaked
studieux studious
stupéfait stupefied, dumbfounded
stylet, *m.* stiletto, a dagger with narrow blade
subitement suddenly
succéder, se – to succeed each other
succession, *f.* succession, estate; **prendre la** – **de** to succeed
succomber to yield, to succumb
sucre, *m.* sugar
sucré sweetened
sueur, *f.* sweat
suffire to suffice
suffoquer to suffocate, to stifle
suite, *f.* **tout de** – immediately
suivant following
suivre to follow; **se** – to follow one another
sujet, *m.* subject, cause
supérieur superior
supplémentaire supplementary
suppliant beseeching
supporter to endure
supposer to suppose
suprématie, *f.* supremacy
sur on, out of, about, over, to
sûr sure, certain; **bien** – of course

sûreté, *f.* safety; **en** – in safety, in safe keeping
surexcité excited
surgir to appear
sur-le-champ at once
surnuméraire (*adj.*) additional; *m.* extra person or thing
surplis, *m.* surplice, white linen vestment of clergymen
surprendre to surprise
surpris surprised
sursaut, *m.* start, shock
surtout above all, especially
suspendre to suspend, to hang
sympathie, *f.* sympathy
symptôme, *m.* symptom
syndical of the labor union
syndicat, *m.* labor union
système, *m.* system

tabac, *m.* tobacco; **bureau de** – tobacco shop
table, *f.* table; **se mettre à** – to sit down at the table (to eat)
tableau, *m.* picture
tablier, *m.* apron
tâcher – **de** to try to
taciturne taciturn, silent
taillé cut, pruned, trimmed
tailler to prune
taillis, *m.* underwood, brushwood
taire, se – to become silent
talon, *m.* heel
tambour, *m.* to drum
tambourin, *m.* tambourine
tandis que while, whereas
tanière, *f.* lair, den
tant so much, so many; – **mieux**

so much the better; – **pis** too bad

tante, *f.* aunt

tantôt presently; –... –... now... ... now..., sometimes... sometimes...

tape, *f.* pat, slap, tap

taper to thump

tapi crouched

tapissé hung with, covered with

tard late

tarder to delay

tas, *m.* heap, pile

tâter to feel, to touch

teint, *m.* complexion

tel, telle such; – **que** such as, just as

tellement so, so much

témoignage, *m.* evidence

témoigner to show

témoin, *m.* witness

tempête, *f.* storm

temps, *m.* time; **du** – **de** in the time of; **en même** – at the same time; **de** – **en** – from time to time

tendre tender, affectionate

tendre to hold out, to extend; – **l'oreille** to listen intently

tendresse, *f.* tenderness, affection

ténèbres, *f. pl.* darkness

tenir to hold, to keep, to have, to hold on; – **à** to be anxious to; – **compte de** to make allowances for; **se** – to stand, to be, to remain; **se** – **debout** to keep standing; **tenez! tiens!** look!, look here!, well!; **il tient à** it depends on

tenorio, *m.* light tenor

tentation, *f.* temptation

tenter to try, to temp

terminer to finish, to conclude

terrain, *m.* ground

terrasse, *f.* terrace

terre, *f.* ground, earth, land; **par** – on the ground, on the floor

terreur, *f.* terror

terriblement terribly

terrier, *m.* burrow

territoire, *m.* territory

tête, *f.* head, expression; **homme de** – clever man; **se sentir mal à la** – to have a headache

thé, *m.* tea

théâtre, *m.* theatre

théologie, *f.* theology

tic tac, *m.* tick tack, ticking

tiédir to cool off

tien, tienne your

tigre, *m.* tiger

timbre, *m.* bell, tone

tinter to ring

tir, *m.* firing, shooting, rifle-range, shooting gallery

tirailler to shoot wildly; to plague

tirer to draw, to pull, to extricate, to shoot, to fire; – **au mur** to practice kicking against the wall; – **la langue** to let the tongue protrude

tireur, *m.* person who draws or pulls out, shooter, gatherer, picker

tisser to weave

toi you

toit, *m.* roof

tôle ondulée, *f.* corrugated iron

tombant drooping

tombeau, *m.* tomb, grave

tomber to fall; **laisser –** to drop; **faire –** to pound

ton, ta, tes your

ton, *m.* tone

tonnant thundering

tonneau, *m.* tun, cask

tonnelier, *m.* cooper, one who makes and repairs casks and barrels

tonnellerie, *f.* cooper's shop for making and repairing casks and barrels

tort, *m.* avoir **–** to be wrong

tortiller to twist

tortue, *f.* tortoise

tortueux tortuous, winding

torturer to torture

tôt soon, early; **plus –** sooner

toucher to touch, to affect

touffu bushy

toujours always, still, ever

tour, *m.* trick, turn; **– à –** in turn

tour, *f.* tower; **– Pacôme** Pacôme tower

tourbillon, *m.* whirlwind

tourelle, *f.* turret

tourment, *m.* anguish, torture, torment

tourmenter to torment

tourner to turn; **– le dos** to turn one's back to; **se –** to turn around, to turn

tout, toute, tous, toutes all, any; **tous les deux** both; **– à coup** suddenly; **– de suite** immedi-ately; **– à l'heure** in a little while, a little while ago; **– au plus** at the most; **– le monde** everybody; **– d'un coup** sud-denly; **– à fait** entirely; **en – cas** at any rate

tout rather, quite, very

toutefois still, nevertheless

trace, *f.* trace, mark, print

tracer to draw, to trace, to lay out

tragédie, *f.* tragedy

trahir to betray

trahison, *f.* betrayal

train, *m.* train, bustle, course; **être en – de** to be in the process of; **aller son –** to go its course, to keep going; **– de vie** way of living; **mettre en –** to set going, to start

traîner to drag; **se –** to drag oneself

trait, *m.* trait, feature, gulp

traite, *f.* trip

traiter to treat

traître, *m.* traitor

trajet, *m.* journey, trip

tramway, *m.* streetcar

tranchant, *m.* edge

tranche, *f.* slice

trancher to cut off

tranquille quiet, still; **soit –** don't worry

tranquillement quietly, calmly

tranquillité, *f.* quiet, tranquillity

transcendant superior

transformer to transform

translucide translucent

transparent (*adj.*) transparent; *m.* lined paper

transporter to carry, to transport

trappe, *f.* trap door

Trappe, *f.* Trappist abbey in Normandy

traquer to hunt out, to ferret out

travail, *m.* work, job

travailler to work

travers, à – through, across; **de** – awry, crooked

traverser to cross, to penetrate

tremblant trembling

trembler to tremble

trempé soaked, dipped

tremper to soak, to dip

trentaine, *f.* about thirty; age of thirty

trente thirty

très very

trésor, *m.* treasure

tressaillir to tremble

triage, *m.* sorting

tribune, *f.* gallery

tricorne, *m.* three-cornered hat

tricot, *m.* jersey

trier to sort

triomphant triumphant

triste sad

tristement sadly

Troie, *f.* Troy

trois three

tromper to deceive; **se** – to be mistaken

trompette, *f.* **en** – trumpet-shaped

tronc, *m.* trunk

trop too, too much

trophée, *m.* trophy

trou, *m.* hole

troubler to disturb, to trouble

troué full of holes

trouer to fill with holes

troupe, *f.* troop, band

troupeau, *m.* flock, herd

troupier, *m* soldier

trouver to join, to find; **se** – to be, to find oneself

tu you

tuer to kill; **se** – to kill oneself

tue-tête, à – at the top of one's voice

tuile, *f.* tile

tumultueux tumultuous, riotous

tuyau, *m.* tube, pipe

un, une a, an, one; – **à** – one by one; **les** –**s... les autres** some... the others

uniforme, *m.* uniform

unique only, sole, unique

usage, *m.* custom, enjoyment

usagé worn, second-hand

user, s'– to wear away, to tire out, to wear out

ustensile, *m.* tool, instrument

utile useful

utiliser to use, to utilize

vacarme, *m.* din, noise, uproar

vache, *f.* cow

va-et-vient, *m.* coming and going

vague (*adj.*) vague, indistinct; *m.* uncertainty

vague, *f.* wave

vaguement vaguely

vaincre to subdue, to overcome

vaincu, *m.* defeated (person)

vainqueur, *m.* conqueror
valeur, *f.* value, worth
vallée, *f.* valley
valoir to be worth; **cela vaut** that is worth
varlope, *f.* jointing plane
vaste vast, spacious
vaurien, *m.* good-for-nothing
veille, *f.* day before; night without sleeping; eve
veiller to take care, to look after, to watch over
velours, *m.* velvet
velouté, *m.* smoothness
velu hairy
vendre to sell
venir to come; **– de** to have just
Vénitien, *m.* Venetian
vent, *m.* wind; **coup de –** gust of wind
ventre, *m.* stomach, belly
venu come; **nouveau –** newcomer
vêpres, *f.pl.* evening service, vespers
vérifier to verify, to examine
véritable genuine, real
vérité, *f.* truth; **à la –** indeed
ver, *m.* moth
vermeil, *m.* silvergilt
verre, *m.* glass
verrière, *f.* glass window
vers toward
vers, *m.* verse
verser to pour, to shed
vert green
vertige, *m.* dizziness
veste, *f.* jacket, coat
vestiaire, *m.* changing-room

vêtement, *m.* clothes
vétéran, *m.* veteran
vêtu dressed
veuve, *f.* widow
viande, *f.* meat
victime, *f.* victim, sufferer
victoria, *f.* Victoria (uncovered four-wheeled carriage)
vide (*adj.*) empty, vacant; *m.* emptiness, void
vider to empty
vie, *f.* life
vieille, *f.* old woman
vieillesse, *f.* old age
vieillir to age
Vierge, *f.* Virgin Mary
vieux, vieille old; **se faire –** to age, to grow old
vieux, *m.* old man
vif, vive alive, lively, eager
vigne, *f.* vine, vineyard; **– vierge** virginia creeper
vigoureusement vigorously
vigoureux energetic, vigorous
viguier, *m.* provost, magistrate in southern part of France
vilain mean, nasty, ugly
villageois, *m.* villager
ville, *f.* city
vin, *m.* wine; **– cuit** fortified wine, mulled wine
vinaigre, *m.* vinegar
vidicatif vindictive
vingt twenty
vingtaine, *f.* about twenty
violet purple, violet-colored
Virgile Vergil, Roman poet (70–19 B.C.)
visage, *m.* face

viser   to aim at
visionnaire   visionary
visiter   to visit
vite   quickly
vitrage, *m.*   windowpane, glass window
vitrail, *m.*   stained-glass window
vitré   with glass sides, glass roof, glass walls, with glass windows
vitre, *f.*   windowpane
vivacité, *f.*   vivacity, animation
vivant   alive, living; **de son –**   in his (her) lifetime
vivement   quickly
vivre   to live
vociférer   to bawl, to shout, to call out
vogue, *f.*   craze, vogue
voici   here is
voilà   there is, there are, that is
voir   to see; **se –**   to be seen, to see oneself
voire   indeed
voisin   (*adj.*) neighboring;   *m.* neighbor
voisinage, *m.*   neighborhood, vicinity, proximity
voiture, *f.*   carriage
voix, *f.*   voice; **à – basse**   in a low voice
vol, *m.*   robbery, theft, flight;
vols, *m.pl.*   flocks

volée, *f.*   volley, peal
voler   to steal, to rob
volet, *m.*   shutter
voltiger   to hover over, to flutter, to fly about
voltigeur, *m.*   military policeman
volupté, *f.*   pleasure, sensual pleasure, delight
vomir   to vomit
votre, vos   your
vôtre, vôtres   yours
vouloir   to wish, to want, to like; **en – à**   to hold a grudge against; **– bien**   to be willing
vous   you; **– même**   yourself
voyage, *m.*   trip, journey; **faire un –**   to take a trip
voyager   to travel
vrai   true, genuine
vraiment   really, truly
vrombir   to hum, to whir
vue, *f.*   sight; **au point de –**   from the point of view
vulgaire   vulgar, common
vulnérable   vulnerable

y   there, in it, to it; **il – a**   there is (are), ago
yeux (*pl.* of **œil**)   eyes

zone, *f.*   zone, area